多孔隙材料与透水铺装结构理论与实践

POROUS MATERIALS AND PERMEABLE PAVEMENT STRUCTURE
THEORY AND APPLICATION

李 辉 杜群乐 陆海珠 著

中国建材工业出版社

图书在版编目（CIP）数据

多孔隙材料与透水铺装结构理论与实践/李辉，杜群乐，陆海珠著．——北京：中国建材工业出版社，2020.1

ISBN 978-7-5160-2666-3

Ⅰ.①多… Ⅱ.①李…②杜…③陆… Ⅲ.①透水路面—路面铺装 Ⅳ.①U416.25

中国版本图书馆CIP数据核字（2019）第188702号

内容简介

本书以多孔隙材料与透水铺装为主要研究对象，对透水铺装材料与结构的相关研究成果进行了系统性梳理与阐述，内容涉及透水铺装概述、材料选择、结构设计理论与方法、水文设计、工程实践等多方面内容，并探索可持续路面技术如彩色反射涂层、路面寿命周期综合评价方法等在透水路面中的应用。

本书可供从事海绵城市、透水铺装、道路工程相关技术、管理、决策人员参考，也可供大中专院校相关专业教学人员及对此领域感兴趣的读者借鉴。

多孔隙材料与透水铺装结构理论与实践
Duokongxi Cailiao yu Toushui Puzhuang Jiegou Lilun yu Shijian
李　辉　杜群乐　陆海珠　著

出版发行：中国建材工业出版社
地　　址：北京市海淀区三里河路1号
邮　　编：100044
经　　销：全国各地新华书店
印　　刷：北京雁林吉兆印刷有限公司
开　　本：787mm×1092mm　1/16
印　　张：13.75
字　　数：320千字
版　　次：2020年1月第1版
印　　次：2020年1月第1次
定　　价：86.00元

本社网址：www.jccbs.com，微信公众号：zgjcgycbs
请选用正版图书，采购、销售盗版图书属违法行为
版权专有，盗版必究。本社法律顾问：北京天驰君泰律师事务所，张杰律师
举报信箱：zhangjie@tiantailaw.com　举报电话：(010) 68343948
本书如有印装质量问题，由我社市场营销部负责调换，联系电话：(010) 88386906

前　言

透水铺装作为海绵城市的组成部分之一，也是重要的道路设施、排水载体，在城市基础设施建设中逐步受到关注与重视，各地政府、科研机构及设计单位均对此表现出极高的兴趣与热情。我国在透水铺装设计与建设方面起步相对较晚，目前多应用于居民小区、广场、园林、停车场以及人行道等轻载路面。同时，随着国内对透水铺装体系、结构设计、材料选择、生态功能、建设与养护等方面研究的深入，也推动了透水铺装技术在城市道路、公路、港口等更多领域的逐步应用与推广。

本书将围绕透水铺装材料与结构的相关研究展开，系统阐述透水铺装土基、基层、面层、结构、水文以及环保涂层材料等方面内容。具体包括：概述（第1章）、土基材料与性能（第2章）、开级配碎石基层（第3章）、水泥混凝土面层材料（第4章）、沥青混凝土面层材料（第5章）、结构设计理论与方法（第6章）、彩色透水路面反射涂层光学特性及耐久性研究（第7章）、路面寿命周期经济成本与环境影响综合评价（第8章）、工程应用案例（第9章）。

感谢相关人员在书稿素材整理与校核方面所做的贡献，希望本书能够为从事海绵城市及透水铺装行业的技术研究人员与管理人员提供借鉴和参考，对于书中的不足之处，敬请读者批评指正。

本专著研究成果得到了国家重点研发计划资助（2016YFF0108200）及河北省交通运输厅项目资助（QG2018-5），特此表示感谢！

编著者

2019年11月

目 录

第1章 概述 ··· 1
    1.1 透水铺装研究背景 ·· 1
    1.2 透水铺装材料与结构概述 ·· 3
    1.3 透水铺装的应用范围与现存问题 ··································· 6

第2章 土基材料与性能 ·· 8
    2.1 透水铺装土基加固方法研究现状 ··································· 8
    2.2 试验概况 ··· 12
    2.3 低掺量水泥土力学性能的试验研究 ································· 17
    2.4 低掺量水泥土渗流性能的试验研究 ································· 24
    2.5 脲酶固化土水文性能的试验研究 ··································· 25
    2.6 脲酶固化土力学性能的试验研究 ··································· 27
    2.7 本章小结 ··· 29

第3章 开级配碎石基层 ·· 31
    3.1 研究背景 ··· 31
    3.2 原材料和试验方法 ··· 31
    3.3 回弹模量 ··· 35
    3.4 剪切强度 ··· 38
    3.5 永久变形 ··· 38
    3.6 本章小结 ··· 42

第4章 水泥混凝土面层材料 ··· 43
    4.1 大孔隙水泥混凝土力学性能影响因素研究 ·························· 43
    4.2 大孔隙水泥混凝土增强技术 ······································· 48
    4.3 大孔隙水泥混凝土环保性能研究 ··································· 58
    4.4 大孔隙水泥混凝土堵塞机理分析 ··································· 73

第5章 沥青混凝土面层材料 ··· 81
    5.1 透水沥青混合料孔隙特征及其对性能的影响 ······················ 81
    5.2 固废填料在沥青混合料中的研究及应用 ···························· 94

第 6 章　结构设计理论与方法 … 108

6.1　基于水文性能的透水路面设计理论与方法 … 108
6.2　透水铺装区域模拟 … 116
6.3　透水路面设计理论与方法 … 119
6.4　透水路面典型结构组合与力学分析 … 129

第 7 章　彩色透水路面反射涂层光学特性及耐久性研究 … 144

7.1　绪论 … 144
7.2　研究方法 … 146
7.3　路面材料全频谱光学反射特性变化规律 … 149
7.4　路面材料全频谱光学反射特性与色度空间模型 … 154
7.5　反射路面涂层材料全频谱光学反射特性与热学特性模型 … 155
7.6　路面材料全频谱光学反射特性优化评价方法 … 158
7.7　本章小结 … 170

第 8 章　路面寿命周期经济成本与环境影响综合评价 … 171

8.1　路面寿命周期经济成本和环境影响综合计算方法 … 172
8.2　透水路面透水性影响的计算模型 … 182
8.3　寿命周期经济成本与环境影响评价工具开发及应用 … 188

第 9 章　工程应用案例 … 193

9.1　河北省曲港高速公路安国服务区（南区） … 193
9.2　郑州荥阳市京襄城遗址生态园休闲步道工程 … 198
9.3　上海茸吉路路面工程 … 199
9.4　本章小结 … 200

参考文献 … 201

第1章 概述

1.1 透水铺装研究背景

我国城市化快速发展过程中普遍存在开发强度高、地表铺装硬化等诸多问题，从而改变了城市原有的水文条件与生态环境。首先，地表径流大幅增加，增大了传统末端处理设施的负荷，而且超负荷流量引发了严重的城市内涝问题。据统计，2008—2010年，全国62%的城市发生过不同程度的内涝，内涝灾害超过3次的城市达137个。2012年，我国有184个县级以上城市遭受了不同程度的内涝灾害[1]。其次，地表径流裹挟着空气中的悬浮物及路表各种有机污染物排入附近水体，造成城市面源污染。另外，在近年来气候变化与人类活动的综合影响下，水资源供需矛盾愈发突出。针对以上城市水安全、水环境、水资源三大问题，探讨新型的雨洪管理理念与方法成为目前的主要方向，国内外就此积极开展实践，并提出了适合本国的各种理论体系。

1.1.1 美国——最佳管理措施与低影响开发

1972年，在美国《净水法案》（Clean Water Act，CWA）中首次提出了"最佳管理措施"（Best Management Practices，BMPs），最初是为了解决城市面源污染问题，在逐步推广的过程中发现BMPs措施主要针对排放末端的处理，对于不同的地区与流域不具有普适性。1990年，美国马里兰州乔治王子郡（Prince George's County）首次采用低影响开发（Low Impact Development，LID）理念，减少非渗透路面的使用，保留自然区域[2]。"低影响开发"（LID）理念从微观尺度出发，采用分散、小规模的源头综合性措施，控制道路径流污染和总量，减少城市开发前后水文、生态条件的改变，即开发后的地表径流量不超过开发前的地表径流量，保持径流峰值出现的时间基本不变，如图1.1所示，如今已成为美国及其他发达国家普遍采用的城市绿色雨水基础设施技术。

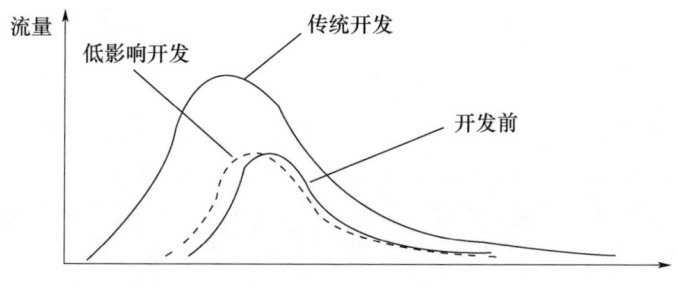

图1.1 "低影响开发"水文原理示意图[3]

1.1.2 英国——可持续排水系统

20世纪90年代，基于美国BMPs措施，英国开始推行一系列雨洪管理政策。1997年，苏格兰的Jim Conlin[4]首次提出了"可持续城市排水系统"（Sustainable Urban Drainage System，SUDS），来描述暴雨径流管理措施。SUDS包括一系列排水技术手段，从源头、传输过程和末端处理三个阶段进行分级削减和控制，在每个环节采用不同的控制措施和设计方法，最终实现预防措施、源头控制、场地控制和区域控制四个目标，形成暴雨径流管理链。

1.1.3 澳大利亚——水敏感性城市设计

20世纪90年代，澳大利亚提出了"水敏感性城市设计"（Water Sensitive Urban Design，WSUD）这一理念，在WSUD理念中，雨洪管理是一个子系统，旨在控制洪水径流、提高水质、收集雨水用于非饮用渠道。在2006年左右，多名学者开始关注WSUD理念在整个城市水循环系统中的生态整合框架，包括供水系统、排水系统以及雨洪管理系统，目的是实现城市建设与城市水循环的协同发展，保护城市生态环境与水资源[5]。与前几种理念不同，WSUD更注重整合资源和学科交叉，将雨水处理和景观设计相结合，以雨洪管理子系统为中心，联合其他子系统，进而形成"工具包"，共同促进城市水循环的健康发展。2016年，国内王晓锋等[6]对WSUD这一理念的内涵、基本原则等进行了总结，以三峡库区城市水体为中心，基于WSUD理论进行了创新性设计。

1.1.4 新西兰——低影响城市设计与开发

新西兰"低影响城市设计与开发"（Low Impact Urban Design and Development，LIUDD）的关键点在于避免水质和流域污染，而非水流状态管理[7]，并不仅仅针对城区的流域和径流进行管理优化。LIUDD理念可表示为

$$LIUDD=LID+CSD+ICM+SB \tag{1-1}$$

式中　LID——低影响开发；
　　　CSD——小区域管理；
　　　ICM——综合流域管理；
　　　SB——可持续建筑。

LIUDD理念不仅采用了低影响开发（LID）这一理念，还将城市设计（Urban Design，UD）融入其中，从综合规划的角度强调人类城市的发展和建设活动不能损害自然环境和资源的理念、方法和措施。

1.1.5 中国——海绵城市

我国于2012年首次提出"海绵城市"（Sponge City）概念，在2014年至2015年期间相继发布了《海绵城市建设技术指南》《关于开展中央财政支持海绵城市建设试点工作的通知》《海绵城市建设绩效评价与考核办法》《关于推进海绵城市建设的指导意见》等一系列政策意见和技术指南，并于2015年和2016年分两批选择了镇江、嘉兴、南宁等30个城市开展试点。预计到2020年，我国城市建成区20%以上的面积将达到海绵城市建设目标要求；到2030年，城市建成区80%以上的面积将达到目标要求。

建设海绵城市所需的技术措施包括透水铺装、绿色屋顶、雨水花园、生态滞留池等。其中道路铺装面积占到城市地表面积的 20%～30%，因此透水铺装技术是海绵城市建设的重要组成部分。透水铺装系统旨在重新构建被硬化地面破坏的"降雨—径流—下渗—回用/循环"这一良性循环，如图 1.2 所示，这对修复城市水环境、实现雨水资源化具有重要意义。

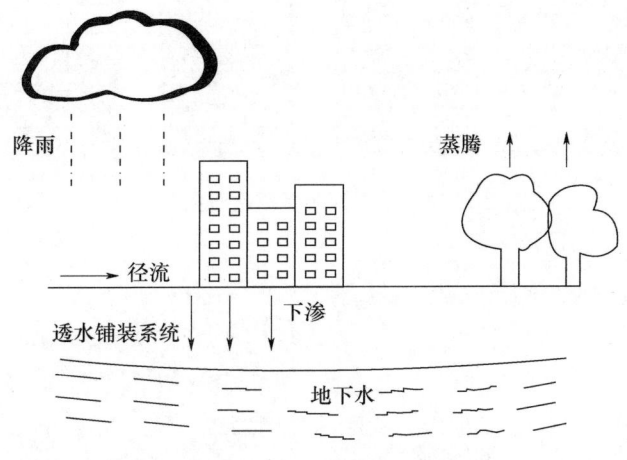

图 1.2　降雨—径流—下渗—回用/循环[8]

1.2　透水铺装材料与结构概述

透水铺装是指采用多孔结构形成骨架，在满足雨水下渗功能的同时，能够满足路用铺筑强度和耐久性要求的地面铺装技术，主要形式有透水沥青混凝土铺装、透水水泥混凝土铺装及透水联锁混凝土铺砖。透水铺装具有减少洪峰流量、防治城市内涝、净化雨水径流污染、降低城市热岛效应等多种生态功能，作为一种环保型路面受到广泛的关注，并应用于多个领域。

1.2.1　透水铺装的主要材料

由于透水铺装兼具雨水渗透与承受荷载的双重作用，因此无论路基、基层还是面层材料都与传统路面有所不同。对透水路面的路基及基层材料而言，如何有效提高承载能力，尽可能避免水损坏，对整个道路结构来说至关重要，有关路基、基层材料及其性能的试验研究将分别在第二、三章进行详细阐述。

通常，透水铺装根据不同的面层材料分为透水沥青混凝土、透水水泥混凝土、透水铺砖和透水新材料，如图 1.3 所示。

1. 透水沥青混凝土

在透水沥青路面中，作为胶结材料的沥青胶浆对于混合料自身的强度与稳定性具有重要作用，如图 1.4 所示。本书第 5 章将详细介绍透水沥青混合料孔隙特征与混合料生态性能之间的关系，探讨固废填料在透水沥青混合料中应用的可能性，并深入研究赤泥、粉煤灰和硅藻土等固体废弃物填料对沥青胶浆和混合物的影响。

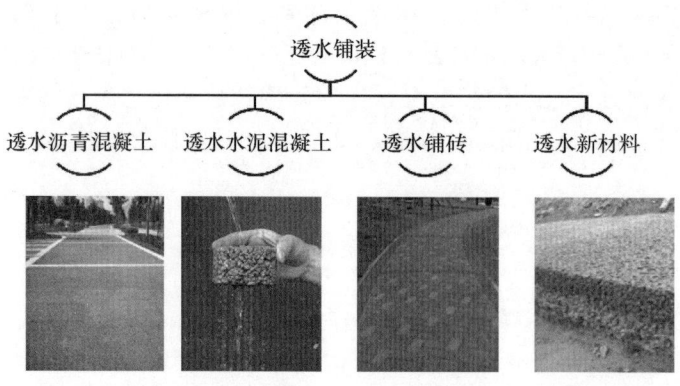

图 1.3　透水铺装（按材料分类）

图 1.4　透水沥青路面及混合料试件

2. 透水水泥混凝土

透水水泥混凝土的主要组成材料为水、水泥、集料及其他增强材料，如图 1.5 所示，透水水泥混凝土的孔隙率较大，导致其不具有与传统混凝土相似的性能和耐久性，这极大地阻碍了透水水泥混凝土路面的推广应用；其次，在道路使用过程中，空气及路表面的悬浮颗粒极易进入路面孔隙之中，受到孔隙嵌锁作用，从而堆积于透水混凝土路面内部，使其透水性能不断下降，甚至丧失。本书第 4 章将着重介绍大孔隙水泥混凝土的增强技术与堵塞机理，并对其控制城市面源污染、降低城市雨洪风险的环保性能进行研究。

图 1.5　透水水泥路面及混合料试件

3. 透水铺砖

透水铺砖起源于荷兰,又称荷兰砖,主要分为两类:一类是以无机非金属材料为主要原料,经成形及固化等工艺制成的透水砖,内部形成大量连通孔隙;另一类是以废弃工业料、建筑垃圾等为主要原料,通过粉碎、筛留、成形和高温烧制而成的陶瓷透水砖,运用造孔工艺,形成连续开口孔隙,如图1.6所示。透水砖的价格比较低廉,性能优良,在城市人行步道及公园、停车场等区域得到了广泛的应用。

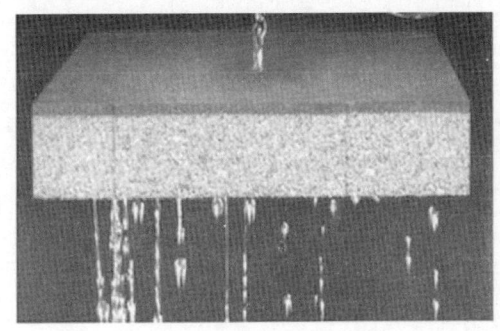

图1.6 透水铺砖路面及透水铺砖

4. 透水新材料

透水新材料采用聚氨酯或环氧树脂等高分子胶结料代替传统的沥青及水泥,掺配具有一定级配的碎石或细砂,通过碾压成型,具有一定的力学强度和透水性能,如图1.7所示。这类材料的相关研究目前处于发展阶段,材料造价较高,在现阶段并未得到广泛推广。

图1.7 透水新材料

1.2.2 透水铺装的基本结构

我国大部分文献按照排水方式(或水流路径)将透水铺装归类为排水型路面、半透水型路面及全透水型路面,如图1.8~图1.10所示。

透水路面功能的特殊性要求在设计时兼顾力学性能和水文性能,本书第6章将介绍透水路面的设计理论与方法,并提出典型的透水路面结构组合,供实际工程应用参考。

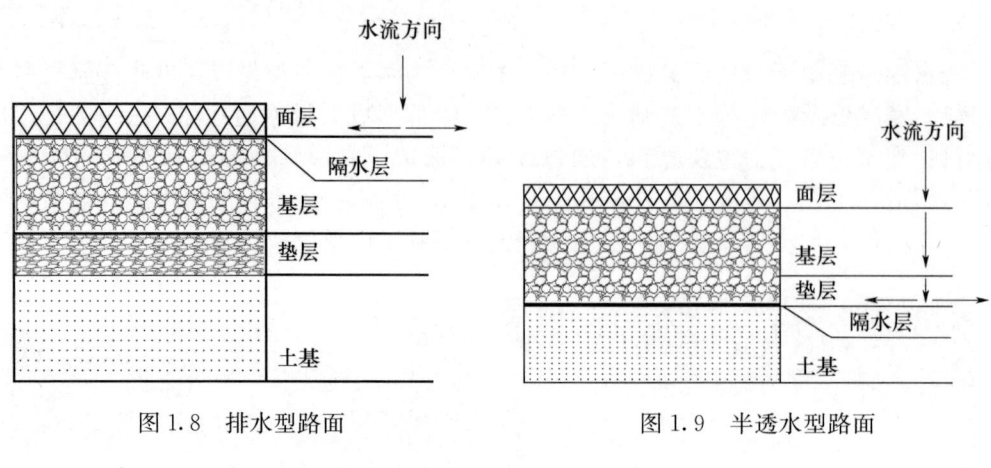

图1.8 排水型路面　　　　　图1.9 半透水型路面

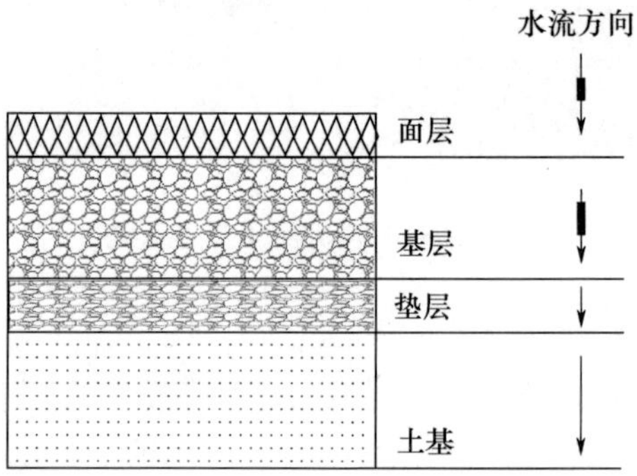

图1.10 全透水型路面

除了介绍透水铺装材料与结构，本书第7章从降低城市热岛效应的角度出发，对彩色透水路面反射涂层光学特性及耐久性进行探究，揭示了路面材料全频谱光学反射特性变化规律，并优化和设计了具备较高反射率、避免眩光、路用性能突出的路面涂层材料配方。第8章主要围绕路面寿命周期经济成本与环境影响综合评价，提出了一种将经济成本与环境影响相结合的综合评价方法，并以透水路面为研究对象进行分析，依托Java语言开发了相应的路面全寿命周期评价工具，为道路工程的多方案比选问题提供了有效的解决办法。

另外，本书第九章将以河北省曲港高速公路安国服务区（南区）、郑州荥阳市京襄城遗址生态园休闲步道工程、上海茸吉路路面工程为例，介绍透水铺装在实际工程中的应用案例。

1.3　透水铺装的应用范围与现存问题

1.3.1　透水铺装的应用范围

目前，在美国、日本、荷兰等国家，透水性路面被广泛应用于新建、扩建、改建的公路工程、室外工程、市政工程、广场、园林工程、停车场以及人行道，并开始尝试应用于港口和机场等重载路面。在我国，透水铺装技术仍处于起步阶段，相关规范标准并不完善，养护技术仍不健全，且我国目前重载车辆相对较多，因此透水铺装技术在我国目前大多应用于小区、广场、园林工程、停车场以及人行道等轻载路面。

1.3.2　透水铺装的现存问题

透水铺装作为一种集多种功能于一体的新型路面结构，目前存在许多问题，这限制了透水铺装的大规模使用，需要做进一步研究和探索。透水铺装主要面临的问题和需要解决的问题有以下几个方面。

（1）堵塞问题

Kuldip Kumar 等[9]在美国对一个停车场的铺装进行堵塞研究，结果发现，从第二年到第四年，由于路面内部颗粒的沉积和车辆的剪切应力作用，导致路面孔隙堵塞，使路面渗透率明显下降60%～90%。Guthrie 等[10]研究了堵塞和饱和度对透水混凝土抗冻融作用的影响。结果显示，被堵塞或完全饱和的试件，损坏的速度更快。针对透水铺装孔隙堵塞问题，目前主要以使用水和真空（或两者结合）的压力清洗为主，但频繁的清洗养护并非长久之计，如何制备防堵塞的透水铺装材料才是保证其可持续发展的关键。

（2）冻融耐久性

影响透水沥青路面使用的主要问题是耐久性不足，使用寿命较短。造成这一问题最主要的原因是低温下集料的剥落和松散，即冻融损伤破坏，如何制备兼具良好的抗冻融特性与经济性的透水沥青混凝土是现阶段研究工作的一大主要任务。

（3）重载应用

目前，针对透水铺装材料性能的研究取得了初步成果，但对于将来用于重载和大规模的推广应用，传统的密集配结构设计方法并不适用。未来针对不同结构层的要求，通过对透水路面的材料和结构各方面的优化来提高透水路面承载能力，使其适用于城市主干道等重交通场所，也是海绵城市和可持续绿色发展的关键问题。

本书希望通过透水铺装材料基本性能以及结构设计方法的相关介绍，为透水铺装的材料性能优化提供理论支持，为透水铺装在高频、重载条件下的应用提供技术参考，从而为突破透水铺装的应用瓶颈做出贡献。

第 2 章 土基材料与性能

2.1 透水铺装土基加固方法研究现状

2.1.1 低掺量水泥固化技术研究

透水路面对于雨水的处理方式，从根本上颠覆了传统路面结构设计将水损坏视为主要破坏形式的理念，主要承担渗透功能的土基材料应受到更多的重视。已有研究表明，透水铺装常见的破坏类型多与下部结构层因外部雨水作用有关；土基渗透性会显著影响透水路面结构的储水能力。采用土壤固化剂对土基进行加固，可以有效提高土基的承载能力，加强路面结构，减少因路基损坏产生的路面灾害。在诸多土壤固化剂中，较为常见的水泥基固化剂具有价格低廉、应用广泛、技术成熟等特点。

目前水泥土的相关研究多集中于力学性质，包括水泥土的抗压强度、抗剪强度、抗拉强度、回弹模量等，也有部分学者对水泥土的渗透性能进行了研究。

（1）水泥土的力学性能

许淼[11]以无侧限抗压强度试验研究了水泥掺量、干密度、含水率、养护龄期和养护方式对水泥土无侧限抗压强度和应力-应变关系的影响。研究发现：随着水泥掺量（6%～18%）的增加，水泥土的最大干密度和最优含水率都有小幅度增加，而且水泥土的无侧限抗压强度呈线性增长。在水泥掺量相同的情况下，随着干密度（$0.92\rho_{dmax}$～$1\rho_{dmax}$）的增加，水泥土无侧限抗压强度呈线性增长；随着含水率的增加，水泥土无侧限抗压强度呈二次函数形式衰减；随着养护龄期的增长，水泥土无侧限抗压强度呈幂函数形式增长。此外，水泥掺量和养护龄期的增加能够减小水泥土的弹塑性变形；干密度和含水率的增加能够增加水泥土的弹塑性变形。

范凌燕[12]通过水泥土无侧限抗压强度室内配比试验，运用灰色系统理论的关联度分析方法，分析水泥掺入比、土样含水率和有机质含量对水泥土无侧限抗压强度的影响。研究结果表明：水泥掺入比（10%～30%）对水泥土无侧限抗压强度影响最大，其次是土样有机质含量，含水率对水泥土无侧限抗压强度影响最小。

王海龙和申向东[13]通过无侧限抗压强度试验，对多掺量和多龄期下水泥土的强度与水泥掺量进行对比分析。试验结果表明：水泥掺量在20%以下时，强度增长速度缓慢，反应物胶凝颗粒覆在颗粒表面，对强度作用弱；水泥掺量在20%以上时，强度近乎幂指数增长，土颗粒间充实了空隙，故对强度增长帮助大。

水泥土与混凝土相似，呈脆性，其抗拉强度与抗压强度相比较小。水泥的抗拉强度与抗压强度均受到多种因素影响。大量的试验数据表明：抗拉强度随着抗压强度的增长而增长，但并不呈严格的线性关系。水泥土的抗拉强度与抗压强度之比随抗压强度增大而减小，即抗压强度增长的同时，抗拉强度亦增长，但增长速率却降低了[14]。

研究者采用三轴试验研究了水泥土在不同水泥掺入比和龄期下的黏聚力、内摩擦角和抗剪强度变化情况。根据王珊珊等[15]的试验结果，水泥土的抗剪强度随水泥掺入比增长而增大；掺入比达到33%时，水泥土抗剪强度增长速率趋于缓慢。阮波等[16]分别研究水泥掺入比为10.7%、13.7%和16.7%的水泥土在14d、28d和90d龄期的抗剪强度。试验结果表明：水泥土应力-应变曲线表现为应变软化型，峰值强度对应的应变为1.56%～5.31%。随着养护龄期的增大，峰值强度不断变大，峰值强度对应的应变却不断减小。随着水泥掺入比和龄期的增大，水泥土较原状土而言，黏聚力从11.2kPa提高到797.2kPa，提高了9.0～71.0倍，内摩擦角从23.8°提高到38.4°，提高幅度为1.1～1.7倍。

杨廷玉等[17]采用三轴试验研究了水泥固化土的力学性能，分析了水泥固化剂掺量、龄期对应力-应变、强度及刚度的作用。研究结果得出：在轴向应变相同时强度、刚度、偏应力和破坏应力随着水泥掺量、龄期的增长而增长；当轴向应变加大时，刚度负载前期降低速度较快，后期趋于平稳。

韩华强等[18]采用室内动三轴试验研究了砂土与水泥胶凝砂土在不同应力条件下的动力变形特性及抗液化特性，结果表明：胶凝材料的掺入显著提高了砂土在动荷载作用下抵抗变形的能力，在水泥掺加量较低的情况下，胶凝砂土中砂土的动力特性仍占据主导地位；胶凝砂土的动模量比砂土大3倍以上，而抗液化动剪应力为砂土的2倍以上，但初始变形量及累计动残余变形量值均较砂土大幅降低；胶凝作用对低应力状态更为敏感，应力水平越低，胶凝作用对砂土抵抗动力变形能力的提高越显著。

宋新江等[19]研制真三轴仪对水泥土进行等小主应力σ_3、等中主应力参数b真三轴试验，研究中主应力参数、小主应力对水泥土应力-应变特性的影响。试验结果表明：相同σ_3条件下，水泥土应力-应变曲线的初始切线模量、破坏强度均随b的增大而增大，破坏时的等大主应变则随b值的增大而减小；水泥土破坏强度与等中主应力参数b近似呈线性关系，直线斜率随σ_3的增大而增大。b值相同时，水泥土的应力-应变曲线初始切线模量、破坏强度、破坏时的大主应变均随σ_3的增大而增大；水泥土破坏强度与σ_3近似呈线性关系，且随b值的增大，线性关系更加明显。

（2）水泥土的渗透性能

水泥土的渗透性能采用渗透系数进行表征，影响渗透系数的主要因素有水泥掺入比、养护龄期、围压、养护环境等。杨俊杰等[20]通过大量试验证明：水泥掺入比是影响水泥土渗透性的主要原因，水泥土的渗透系数随着水泥掺入比的增大而减小，最终渗透系数在一定的范围内并趋于一致。张精禹等[21]通过研究表明：当水泥掺入量一定时，水泥土的渗透系数随着龄期的增大而减小。庞文台等[22]也指出：当龄期小于14d时，渗透系数随时间的变化最明显；当龄期大于14d而小于28d时，渗透系数随时间的变化较明显；当龄期大于28d时，渗透系数随时间的变化不明显，趋于一定值。袁荣宏等[23]采用柔性壁式渗透仪研究围压对水泥土渗透系数的影响，结果表明：当围压低于100kPa时，渗透系数随着围压的增大而减小，且变化幅度较大；当围压大于100kPa时，随着围压的增大渗透系数逐渐减小，变化幅度逐渐减小。傅小妹等[24]研究了水泥土处于不同酸碱环境时的力学与渗透特性，研究发现在不同的酸碱环境下，水泥土均可较好地改善红黏土的力学与渗透特性：碱性环境下水泥土的无侧限抗压强度更高、渗透系数更低；酸性环境则呈相反趋势。倪春雷[25]总结分析了清水环境和海水环境下温度对水泥土的渗透性能的影响，研究发现：随着温度的增加，水泥土渗透系数逐步增大；海水对水泥土有腐蚀作用，海水环境下水泥土的强度、黏聚力和内摩擦角均逐步降低，而渗透系数逐步增大；在清水或海水环境下，在渗流-应力场中，水泥土渗透系数先减小而后逐步增大，呈现 U 形变化趋势。

陶高梁等[26]以不同水泥掺量的水泥黏土为研究对象，进行核磁共振试验，研究水泥掺量对微观孔隙分布的影响，并进行变水头渗透试验，研究水泥掺量对渗透性的影响，在此基础上调查水泥掺量对渗透性影响的微观机制。研究发现：水泥土的渗透系数随水泥掺量的增大而减小，其中在低水泥掺量（4%～12%）范围内急剧减小，在高水泥掺量（15%～25%）范围内呈现相对缓慢减小趋势；在水泥掺量较低时，水泥水化作用优先堵塞大孔和中孔，导致渗透系数随水泥掺量增加而显著减小；在水泥掺量较高时，水泥掺量的增加主要减少小孔隙面积，大孔和中孔面积变化不大，此时增加水泥掺量对减小水泥土渗透系数的效果相对较差。

综上所述，尽管水泥基固化剂领域已经取得了一些研究成果，但绝大多数文献以探究水泥固化剂的外掺剂的应用以及不同特性的土质水泥加固方法为主，较少关注其在透水性路面中的应用情况；同时，受限于以上所述的应用范围，过往文献在性能表现方面大多仅关注力学性能，而忽略了低掺量水泥土在渗流性能方面的应用潜力。鲍俊安等[27]通过研究表明：当水泥掺量降低到 3% 以下时，砂土固化后的透水系数仍然可达到 10^{-4} cm/s 的数量级。因此，有必要通过试验进一步系统地探究低掺量水泥土的各项性能，这有助于拓宽其应用范围，并研究其在透水性路面中的应用效果。

2.1.2 微生物诱导碳酸盐沉淀技术研究现状

（1）微生物诱导碳酸盐沉淀的机理

1973 年，Boquet 等[28]从土壤中分离出细菌，并发现细菌在新陈代谢过程中能诱导碳酸盐沉积。随后，学者们发现，在一定的人为环境和营养条件下，岩土中一些无毒害的天然微生物新陈代谢作用能显著析出多种矿物结晶，如碳酸盐、磷酸盐、氧化物、硅华以及胞外聚合物等，从而为软弱砂土的原位微生物改性与固化创造有利条件。其中，研究者利用一些特定的微生物，比如产脲酶的微生物巴氏芽孢杆菌 *Sporosarcina pasteurii*（*S. pasteurii*）进行试验研究，为其提供富含钙离子和氮源的营养盐，快速析出具有胶凝作用的碳酸钙结晶。这一微生物成矿技术称为微生物诱导碳酸钙沉淀［Microbial Induced Carbonate Precipitation（MICP）］技术[29]。不同种类的细菌 MICP 过程有所差异，主要包括尿素水解[30]、反硝化作用[31]、硫酸盐还原[32]、三价铁还原[33]，其中尿素水解因其反应过程直接、易于控制[34]并且反应产物生成速率快[35]（24h 内 $CaCO_3$ 的转化效率达 90%）的特点而受到较多的关注。

尿素水解 MICP 的反应过程包含两个阶段[36]：在第一个阶段，产脲酶微生物在其自身的生长代谢过程中持续产生一种高活性的脲酶，脲酶催化尿素的水解生成氨和二氧化碳，通过细胞壁分散到溶液中，然后迅速水解生成铵离子和碳酸根离子。在第二个阶段，如果此时溶液中存在钙离子，由于这种细菌带负电，钙离子被吸附到细菌细胞表面，这时，尿素水解后生成的碳酸根将与这些钙离子生成碳酸钙沉淀，包裹住细菌。此外，培养液中尿素分解产生的铵离子使微生物细胞附近呈碱性，有利于碳酸钙沉淀的生成。两个阶段反应过程的化学反应方程式为

$$CO(NH_2)_2 + H_2O \rightarrow CO_3^{2-} + 2NH_4^+ \qquad (2-1)$$

$$Ca^{2+} + CO_3^{2-} \rightarrow CaCO_3 \qquad (2-2)$$

微生物诱导碳酸盐沉淀是一个复杂的过程，反应过程中受一些自然环境因素的影响，这些因素包括菌的种类、菌的浓度、温度、尿素浓度、钙离子浓度、离子强度和pH等[37-39]。Mortensen等[40]指出，尿素水解主要受到细菌浓度（脲酶浓度）和底物尿素的影响；钙离子浓度是碳酸钙沉淀过程的重要影响因素之一。当MICP技术用于固化土壤时，砂土颗粒大小也会对其产生影响，Qabany等[41]发现，级配良好的较大颗粒砂土比级配不好的细砂碳酸钙沉淀效果好。

(2) 尿素水解MICP固化土壤应用

近年来，研究者利用注浆技术在改善土壤的强度和稳定性方面进行了大量探索，且在单元尺度和原型地基上进行了大量试验。试验结果表明：该技术在有效提高土体强度及刚度的情况下，还能够使土体保持一定的渗透性[42]。

采用微生物诱导碳酸钙沉淀方法进行改良后，土壤硬度可以增加3倍，最大强度可以达到500kPa[43-44]。Harkes等[45]将巴氏芽孢杆菌注入柱形砂土样品中，发现30～600kg/m³的碳酸钙沉淀对应0.2～20MPa的无侧限抗压强度。van Paassen等[46]也采用注入巴氏芽孢杆菌的方法进行了MICP固化土壤的研究，结果表明：当碳酸钙百分比为0%～24%时，无侧限抗压强度为1～12MPa。根据文献数据记载，经过MICP方法改良的土壤，无侧限抗压强度至少可达到150kPa，最高可达到34MPa[29]。van Paassen等[47]发现，MICP固化土的无侧限抗压强度与$CaCO_3$含量之间呈指数关系。这表明，MICP固化土的抗压强度不仅与$CaCO_3$沉淀生成量相关，也与起到加固作用的有效$CaCO_3$含量有关。

Duraisamy和Airey[48]运用MICP技术对可液化砂土进行改良，通过剪切波速检测仪对土样固化程度与剪切强度与之间的关系进行研究。结果表明：随着沉淀量的增加，固化土的黏聚力明显提升，但内摩擦角变化并不显著。与之相反，Chou等[49]使用三种状态的巴氏芽孢杆菌（生长、静止与死亡状态）对土体中进行MICP加固，结果表明：固化土的内摩擦角大幅增加，而黏聚力增加幅度较小。此外，与未经处理的土壤相比，MICP固化土的抗剪强度峰值较高，并且经由生长状态的细胞改良后，土壤的抗剪强度峰值普遍高于另外两种状态下的抗剪强度峰值。Montoya和DeJong[50]通过试验发现，在MICP固化过程中，固化土的抗剪强度明显提高。同时，随着固化程度的加强，抗剪强度峰值不断增大，最终导致应力-应变特性从应力硬化转变为应力软化状态。

通常，MICP技术可用于提高土壤强度，同时保持足够的渗透性（用于固化）或者完全堵塞土壤孔隙（用于抗渗）。在土壤生物固化中，相较于普通硅酸盐水泥等其他胶结材料，MICP方法更有利于保持固化前原有的渗透性能。Cheng等[36]认为，当采用硅酸盐水泥加固土壤时，水泥与孔隙水发生水化反应形成的不溶性化合物占据了原来孔隙，因而造成固化土渗透性能严重降低；对于MICP固化土，反应产生的$CaCO_3$沉淀同样会影响渗透性能，但不同的是，$CaCO_3$沉淀在孔隙中会引起轻微的体积变化，从

而保持较好的排水性能。

van Paassen[51]通过研究发现：当$CaCO_3$沉淀量约为$10kg/m^3$时，固化土的渗透系数相较初始值降低了60%，而Ivanov等[52]采用1M浓度的黏结液处理土壤，固化土的渗透系数降低了50%~99%。此外，Qabany和Soga[53]采用0.5M浓度的黏结液处理土壤，当$CaCO_3$沉淀量为2%时，固化土的渗透系数降低了约20%。因此，对于使用高浓度溶液（0.5~1M）处理的样品，固化土的渗透性能通常比采用低浓度溶液（0.1~0.5M）处理的样品降低更多。

从以上的研究结果可知，利用尿素酶微生物诱导碳酸钙沉淀的反应机理，脲酶在整个尿素水解MICP过程中起到核心作用，单独使用脲酶和利用细菌催化尿素水解的效果是相似的[54]。为此，一些学者对于在MICP过程中使用脲酶来替代巴氏芽孢杆菌进行了研究。Nemati和Voordouw[42]通过研究发现：增大脲酶浓度，可以有效提高碳酸钙的产量。Yasuhara等[55]使用脲酶进行MICP固化砂土，固化后的样品无侧限抗压强度可以达到0.40~1.6MPa，也证实了在MICP过程中可以使用脲酶来替代细菌。

2.2 试验概况

2.2.1 原材料组成

本试验的主要研究对象是素水泥土与纤维水泥土，研究水泥掺量、纤维掺量对水泥土无侧限抗压强度、黏聚力、内摩擦角、回弹模量、永久变形、渗透系数、水稳定度的影响。试验中采用的原材料如下所述。

（1）水泥

选用的水泥为PO 42.5普通硅酸盐水泥。

（2）砂土

本试验采用工程拟加固土，并且经过风干、碾碎后通过2mm筛。土样的物理力学指标如表2.1所示，土样的级配曲线与击实曲线如图2.1所示和图2.2所示。

表2.1 土样的物理力学指标

$C_u = d_{60}/d_{10}$	$C_c = d_{30}^2/d_{10}d_{60}$	土的分类	最佳含水率（%）	最大干密度（g/cm³）
3.00	1.48	含细粒土砂，SF	9.6	1.914

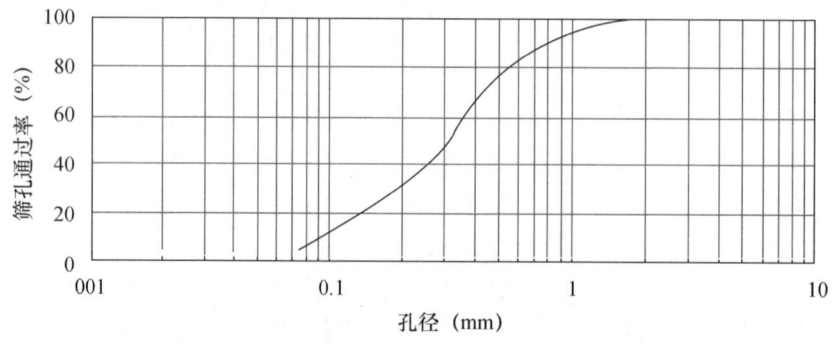

图2.1 土样的级配曲线

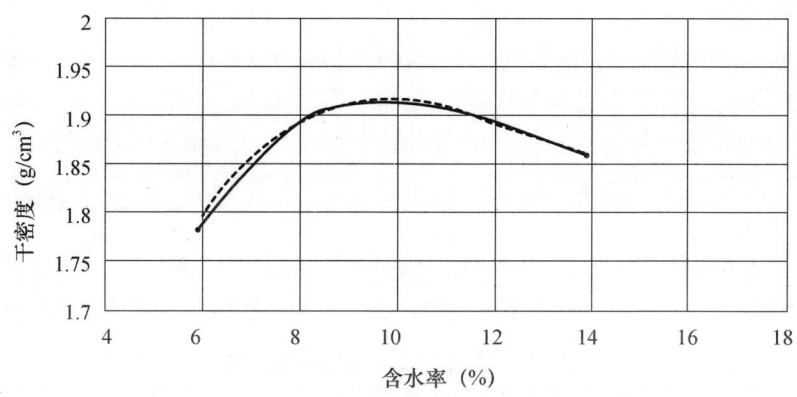

图 2.2 土样的击实曲线

（3）纤维

采用聚丙烯短切纤维作为加筋材料，长度为 12mm。

（4）脲酶

脲酶在自然界中广泛存在，主要存在于植物种子（大豆、洋刀豆中含量丰富）、藜草、桑叶、动物血液和尿液、细菌、真菌、藻类等中，以及在土壤中作土壤酶。其具有绝对专一性，特异性地催化尿素水解，释放出氨和二氧化碳。

从本书第 1 章对 MICP 技术的分析可知，脲酶在细菌催化尿素水解 MICP 过程中起到核心作用。直接采用脲酶代替细菌固化土壤，可以减少细菌培养和保存等操作环节，避免了外界因素对细菌生长繁殖的干扰，有利于在实际工程中应用。本试验使用人工提取的植物酶，即米黄色粉末，使用时根据所需浓度溶于蒸馏水中制备脲酶溶液，脲酶溶液如图 2.3 所示。

图 2.3 脲酶溶液

另外，试验中使用脲酶，需对其活性进行测定。Whiffin 提出，根据溶液中电导率的变化情况判定脲酶的活性。尿素在水解的过程中释放出 NH_4^+ 和 CO_3^{2-}，使得溶液中的电导率发生变化，通过电导率仪来测量电导率的变化情况，电导率变化越大，脲酶活性越高，电导率的变化值间接反映了脲酶的活性。

本试验所用的电导率仪为柯迪达 CT3030 手持式电导率仪。测试时，将 5mL 的脲酶溶液与 45mL 的 1.11mol/L 尿素溶液混合后，保持温度为（25±1）℃，测试 5min 内溶液电导率的平均变化值。电导率与水解尿素活性的对应关系为：1ms/cm=11.1mm urea/min，将平均每分钟电导率变化值（ms/min）换算成单位时间脲酶水解的尿素量，得到待测菌液每分钟水解尿素量（mm urea/min），用此值表示脲酶活性。

（5）黏结液

黏结液的主要作用是为脲酶 MICP 固化土壤提供尿素与钙离子。根据尿素水解的化学反应可知，MICP 过程 urea 和 Ca^{2+} 最佳摩尔比为 1∶1，黏结液各物质浓度如表 2.2 所示。

表 2.2 黏结液中化学物质的浓度

化学成分	物质浓度（g/L）			
	0.25M	0.5M	1M	1.5M
尿素	15	30	60	90
无水氯化钙	27.75	55.5	111	166.5

2.2.2 试验仪器设备

为了研究水泥土试件的无侧限抗压强度、黏聚力、内摩擦角、弹性模量、渗透系数与水稳定性，主要进行了无侧限抗压强度试验、剪切试验、动三轴试验、湿化试验与渗透试验。

（1）无侧限抗压强度试验

本试验采用的动三轴试验仪符合现行国家标准《公路土工试验规程》（JTG E40）与《试验机通用技术规程》（GB/T 2611）的规定，为微机控制电液伺服仪器。试验时选择仪器自带的连续加荷控制程序，采用的竖向应变控制，速度控制 0.5%/min，设置试件的破坏应变为 10%。试验龄期为 7d。

（2）剪切试验

采用直接剪切试验中的直接快剪试验。由于水泥土试件与常规的土样不同，经过水泥与土拌和、振实、养护后，水泥颗粒表面的矿物与软土中的水分快速发生水解和水化反应，增加了水泥土的强度和水稳定性。试验发现：经过一定养护龄期后的水泥土，应力-应变关系曲线与软土有了显著区别，随着龄期的增长，水泥土中的水化和固化反应逐渐充分，强度逐渐增大，水泥土的初始模量越来越大，应力应变曲线的下降段愈发短而陡，呈比较显著的脆性破坏。因此，除了专门的研究，在一般的工程中无须考虑水泥土的固结与排水问题（在破坏时来不及排水），故在本试验中采用不固结不排水快剪试验。试验龄期为 28d。

（3）动三轴试验

采用动三轴试验仪测量土样试件的回弹模量。仪器由压力室、应力控制系统、量测系统和数据采集系统组成。小主应力采用气压加载，其余方向应力采用油压加载。测量回弹模量时选择仪器自带的连续多级荷载加载程序，程序开始前确定加载序列、固结时间、单级荷载加载次数、加载频率等参数。本试验中设置的加载序列基于"剪切应力/强度比"（shear stress/strength ratio，SSR）这一概念进行设计，用于研究不同

SSR 下材料的模量与变形特性对土基变形风险起到的控制作用。试验龄期为 28d。

（4）湿化试验

《公路土工试验规程》（JTG E40—2007）提出了湿化试验方法，通过测定浸水后土体的崩解速度对其湿化性能进行表征。本试验根据这一基本原理，设计了如图 2.4 所示的试验设备，主要由电子天平、金属挂篮、水筒等组成。试验时，将挂篮挂在电子天平下方的挂钩处，清零读数；将试样迅速浸入水筒并置于挂篮上，立刻测记开始时的天平读数以及开始时间；在试验开始时按 5min、1h、12h、24h 测记各个时刻的天平读数，并记录试样的崩解情况。试验完成后计算崩解量为

$$A_t = \frac{R_t - R_0}{R_0} \times 100\% \tag{2-3}$$

式中　A_t——试样在时间 t 时的崩解量，%，计算至 0.01；

　　　R_t——时间 t 时的天平读数；

　　　R_0——试验开始时的瞬间稳定读数。

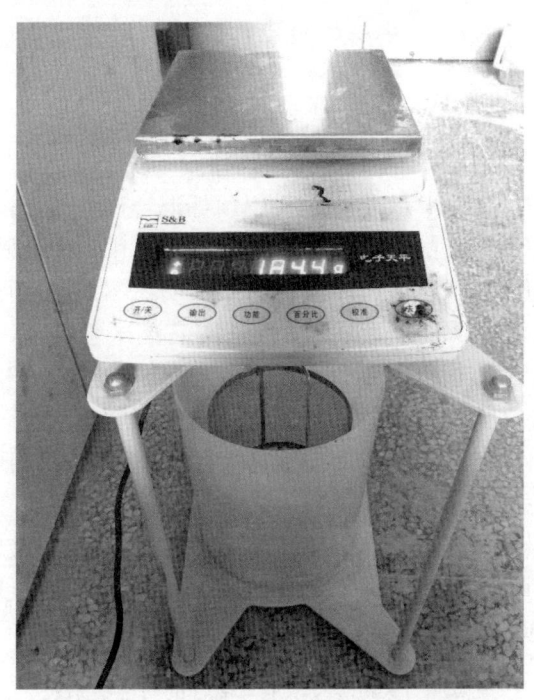

图 2.4　自制的湿化试验测试设备

（5）渗透试验

室内渗透试验分为常水头渗透试验和变水头渗透试验，本试验采用变水头试验方法，试验装置为 TST-55 型变水头渗透仪。

2.2.3　试件制备

（1）低掺量水泥土

水泥土试件的水泥掺入量按质量比原则进行控制。根据以往文献数据，水泥掺量通常为 3%～25%。但本试验研究对象为透水路面路基土，需要兼顾土基强度与渗透性的

需要，因此采用0%、1%、2%、3%水泥掺量进行试验，试件水灰比为1.0。此外，对于水泥纤维土试件，聚丙烯纤维掺量为0%、0.3%、0.6%。风干土按90%压实度进行计算。本试验中成型的试件类型如表2.3所示。

表 2.3　试验成型试件与编号

土样编号	水泥掺量（%）	聚丙烯纤维掺量（%）	土样编号	水泥掺量（%）	聚丙烯纤维掺量（%）
C0F0	0	0	C1F03	1	0.3
C1F0	1	0	C2F03	2	0.3
C2F0	2	0	C3F03	3	0.3
C3F0	3	0	C1F015	1	0.15
C0F03	0	0.3	C1F06	1	0.6

制作时，首先将风干土、水泥、纤维等均匀混合，然后加水搅拌直至均匀，搅拌数分钟后倒入相应的试验模具中，运用压力机静压或分层击实后静压成型的方法制作。成型后，将试件用保鲜膜包裹，置于室内常温养护至预计龄期进行试验，部分试件试验前需要放置于真空饱和桶中饱和24h。

（2）脲酶固化土

本试验采用脲酶进行MICP固化，故采用预拌混合法作为脲酶溶液的引入方法。拌和前，明确脲酶溶液与黏结液的浓度、用量与比例，总用量受孔隙体积控制。通过电导率法对不同浓度的脲酶溶液活性进行测量，结果表明：本试验采用的脲酶活性较低，当脲酶溶液浓度在500g/L及以上时，脲酶活性基本满足试验要求，脲酶溶液浓度与活性的对应关系如表2.4所示。根据麻强[37]的研究，固化土中$CaCO_3$的含量在一定范围内随黏结液浓度增大而提高，但过高的黏结液浓度会抑制脲酶活性，反而减少$CaCO_3$生成沉淀，因此本试验中将黏结液浓度定为1mol/L，其中物质浓度可参照表2.2。此外，通过预试验发现，溶液总量为1倍孔隙体积时，在静压成型阶段由于外界压力部分溶液被挤出，故确定溶液总量为0.7倍孔隙体积，而脲酶溶液与黏结液的比例为6∶4时固化效果较佳。最终确定的拌和配方是0.42倍孔隙体积脲酶溶液拌和0.28倍孔隙体积的1mol/L等摩尔浓度$CaCl_2$和尿素溶液。

表 2.4　脲酶溶液浓度与活性的对应关系表

脲酶浓度（g/L）	250	500	750	1000
脲酶活性（mm urea/min）	3.11	4.55	5.77	8.55

选定配方后，计算脲酶溶液和黏结液用量，将风干土样先拌和脲酶溶液，然后加入黏结液均匀拌和，等待装样。后续成型过程与低掺量水泥土试件类似，按照试验要求成型相应规格的试件，试件的规格参见下文中的尺寸要求。制样完成后将试件用保鲜膜包裹，在室温状态下养护7d后打开保鲜膜，将试件置于室内环境下晾干24h，必要时可放于烘箱内，以40℃烘干4~6h，以保证试件含水率接近最佳含水率。本章试验制备的脲酶微生物固化土配合比与待测试验见表2.5。

表 2.5　脲酶固化土的配合比与试验方案

序号	组号	脲酶浓度（g/L）	黏结液浓度（mol/L）	待测试验	
				常规状态	饱和状态
1	B1	500	1	湿化试验、渗透试验、无侧限抗压强度、动态回弹模量试验Ⅰ	无侧限抗压强度、动态回弹模量试验Ⅰ
2	B2				
3	B3				
4	B4	750			
5	B5				
6	B6				

试件尺寸主要分为三类：
① 直剪试验采用圆柱体试模，内径为 61.8mm，高度为 20mm。
② 渗透试验采用圆柱体试模，内径为 61.8mm，高度为 20mm。
③ 动三轴试验采用圆柱体试模，内径为 50mm，高度为 100mm。

2.3　低掺量水泥土力学性能的试验研究

水泥土的力学特性是水泥土在工程应用中最基本的参考条件，也是施工工程中重要的力学指标。当水泥土受外力作用时，内部将产生应力，外力逐渐增大，内部应力也相应加大，直到水泥土结构无法承受时，水泥土破坏。水泥土所承受的极限应力值即强度，在工程实践中起到至关重要的作用。本试验主要进行水泥土的无侧限抗压强度、黏聚力、内摩擦角、回弹模量等力学性能试验研究。

2.3.1　无侧限抗压强度试验研究

水泥土的无侧限抗压强度是衡量水泥土各项性能最基本的强度因素，也是水泥土力学性能的最基本组成部分。本试验所用的土质为细砂土，自身黏聚力较低，可认定为素土试件，几乎无抗压强度。

（1）试验结果

无侧限抗压强度试验数据可由动三轴试验仪记录，应变每变化约 0.1% 记录一次，将结果导出至 Excel 中，绘制应力-应变-时间曲线，读取竖向应力峰值，试验结果汇总如表 2.6 所示。

表 2.6　7d 无侧限抗压强度的试验结果

土样编号	无侧限抗压强度（kPa）	土样编号	无侧限抗压强度（饱和）（kPa）
C0F0	42.365	C0F0	0
C1F0	337.395	C1F0	154.797
C2F0	724.697	C2F0	411.918
C3F0	1188.01	C3F0	818.658
C1F03	417.188	C1F03	252.566
C1F015	376.001	C1F015	197.551
C1F045	451.359	C1F045	285.484

(2) 水泥掺量的影响

在相同水灰比的条件下，随着水泥掺量的增加，水泥土的 7d 无侧限抗压强度显著增加，在低掺量情况下基本呈现线性关系。与素土试件相比，水泥掺量为 1％、2％、3％ 时水泥土抗压强度分别提高了 6.96 倍、16.11 倍与 27.04 倍，效果明显。试件真空饱和后，抗压强度有一定程度的下降，但随着水泥掺量的增加，抗压强度下降幅度逐渐降低。

(3) 纤维掺量的影响

掺加纤维可以适当提高试件抗压强度，当水泥掺量为 1％ 时，随着纤维掺量增加 (0.15％→0.3％→0.45％)，7d 无侧限抗压强度提高约 11.4％、23.6％ 与 33.8％。对于饱和试件，掺加纤维可以减少因饱和造成的抗压强度下降。

2.3.2 剪切试验研究

试验采用剪切试验中的直剪快剪试验方法，计算水泥土试件的抗剪强度，分析水泥土的黏聚力、内摩擦角随水泥掺量、纤维掺量、饱和状态的影响规律。

(1) 试验结果

将各组试件每级垂直压力下的抗剪强度取平均值后，以垂直压力为横坐标、抗剪强度为纵坐标，画出各点并线性回归成一条直线，如图 2.5 所示，求出黏聚力 c 和内摩擦角 ϕ，结果汇总如表 2.7 所示。

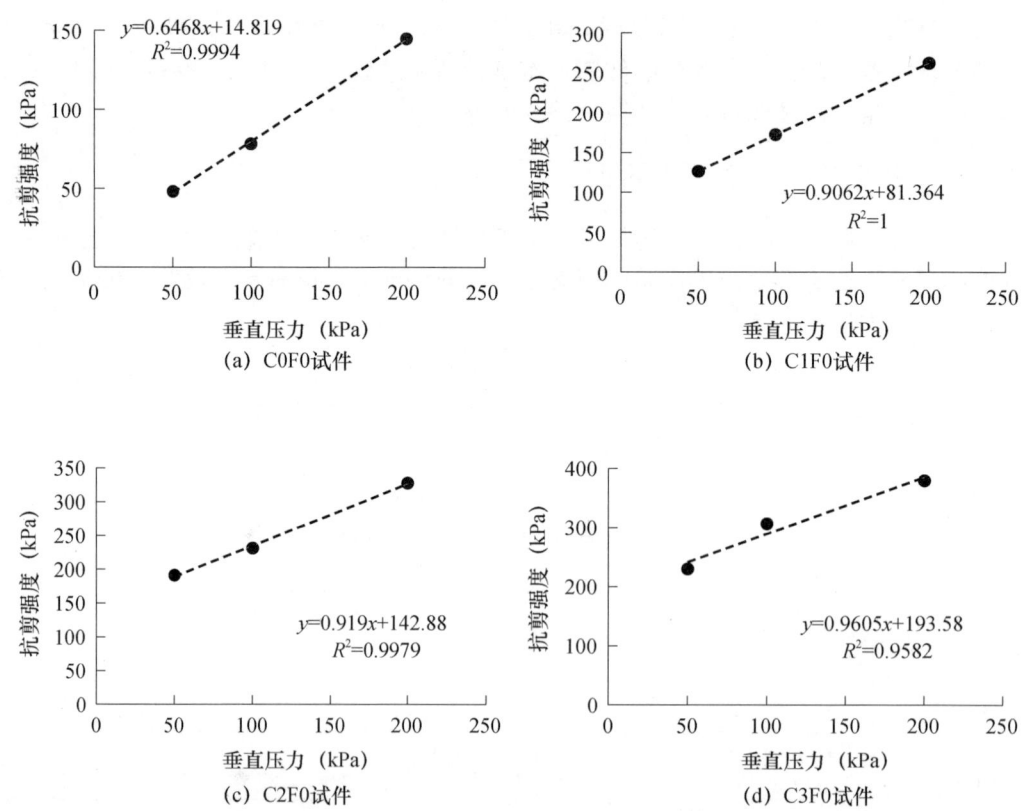

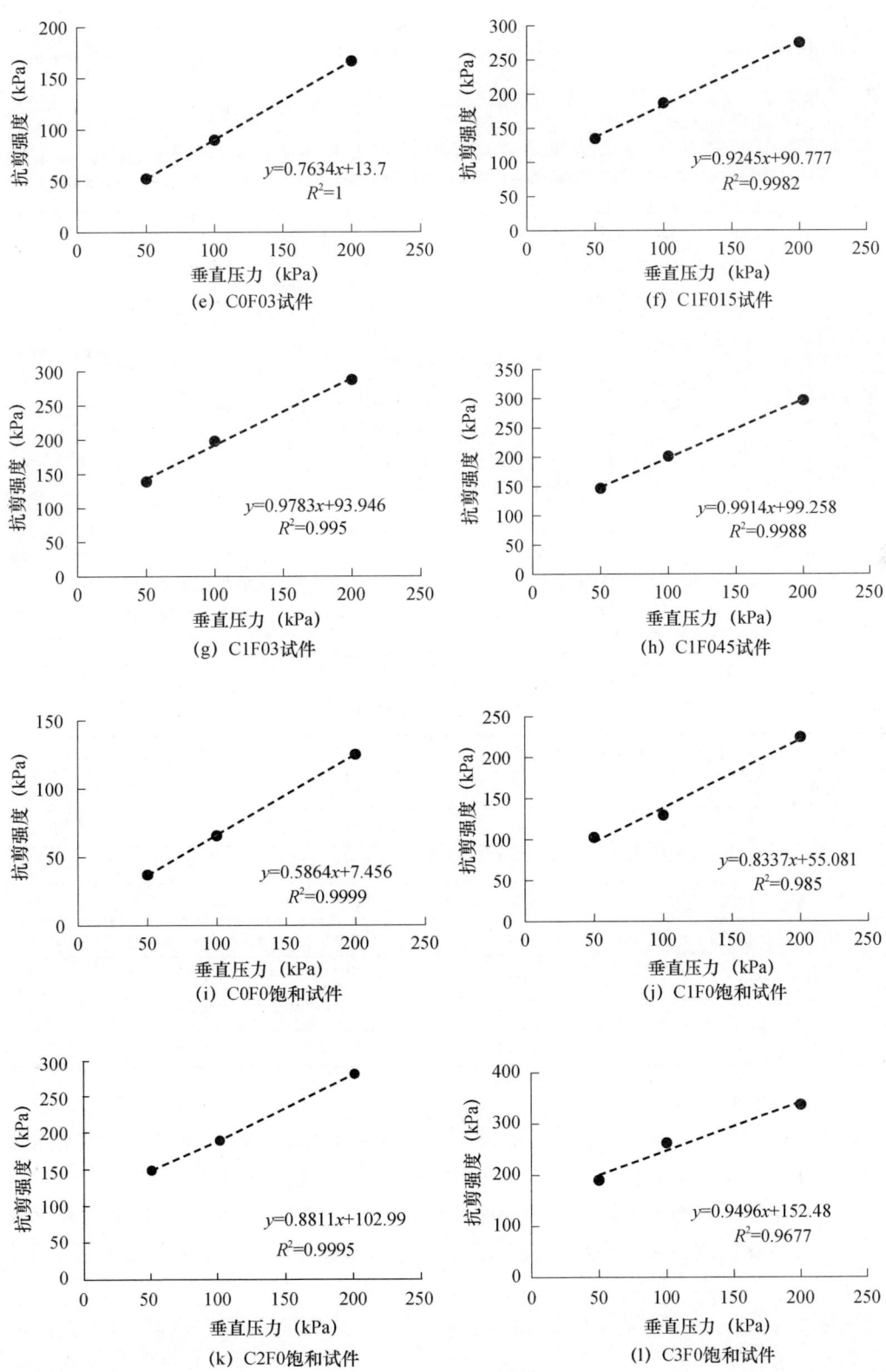

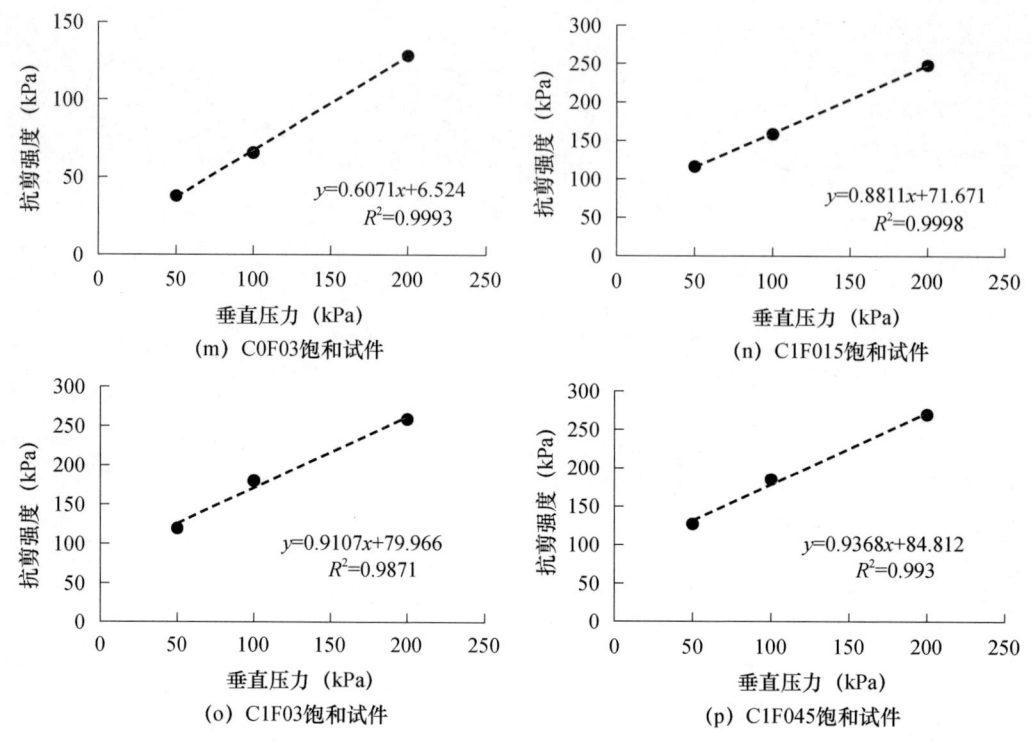

图 2.5 直剪试验数据绘制图

表 2.7 直剪试验数据

土样编号	黏聚力（kPa）	内摩擦角（°）	土样编号（饱和）	黏聚力（kPa）	内摩擦角（°）
C0F0	14.8	32.9	C0F0	7.5	30.4
C1F0	81.4	42.2	C1F0	55.1	39.8
C2F0	142.9	42.6	C2F0	103.0	41.4
C3F0	193.6	43.8	C3F0	152.5	43.5
C0F03	13.7	37.4	C0F03	6.5	31.3
C1F015	90.8	42.8	C1F015	71.7	41.4
C1F03	93.9	44.4	C1F03	80.0	42.3
C1F045	99.3	44.8	C1F045	84.8	43.1

（2）水泥掺量与黏聚力的关系

由表 2.7 可知，掺加水泥后试件黏聚力提升明显。在水泥掺量为 1%、2% 和 3% 的情况下，水泥土试件黏聚力分别比素土试件提高了 4.49 倍、8.64 倍与 12.06 倍。在水灰比相同的情况下，随着水泥掺量的增加（1%→2%→3%），水泥土的黏聚力等比例线性增加，且变化区间很大。将水泥掺量在 1% 时与水泥掺量在 2% 时以及水泥掺量在 2% 时与在 3% 时做比较，水泥土的黏聚力分别增加 75.6%、35.5%。这说明在此区间中，水泥掺量对水泥土试件黏聚力的影响程度是稳定的，并且影响程度远远超过水泥掺量的变化程度。在饱和状态下，水泥掺量在 0%、1%、2% 与 3% 时，水泥土的黏聚力衰减幅度分别为 49.7%、32.3%、27.9% 与 21.2%，呈下降趋势。

(3) 纤维掺量与黏聚力的关系

对于不掺加水泥的素土试件,加入 0.3%聚丙烯纤维后黏聚力略微下降,这是因为聚丙烯纤维掺入后,土粒间的紧密程度降低,导致黏聚力下降。对于掺加 1%水泥的水泥土试件,随着纤维掺量的增加(0→0.15%→0.3%→0.45%),试件黏聚力呈增加趋势,这是因为水泥土中水泥硬化后,在土粒间发生胶结作用,土体变得更加密实,而纤维的加入起到加筋作用。但相较于水泥掺量的提高,纤维带来的变化区间较小。在饱和状态下,纤维掺量在 0%、0.15%、0.3%与 0.45%时,水泥土的黏聚力衰减幅度分别为 32.3%、21.0%、14.9%与 14.5%,呈下降趋势。

(4) 水泥掺量与内摩擦角的关系

掺加水泥后试件的内摩擦角较素土试件有明显提升,由 C0F0 试件的 32.9°增长到 C1F0 试件的 42.2°,增长幅度为 28.3%。但随着水泥含量的增加(1%→2%→3%),内摩擦角增长幅度较小。在饱和状态下,相同水泥含量的水泥土试件的内摩擦角较饱和前有所降低,且随着水泥含量的增加,下降幅度逐渐减小,这说明,掺加水泥可以有效提高试件的水敏感性,降低因浸水带来的力学性能损失。

(5) 纤维掺量与内摩擦角的关系

对于素土试件和水泥土试件,掺加适量纤维可以明显增大试件的内摩擦角。不同的是,掺加等量的纤维,素土试件内摩擦角的增加幅度更大,而水泥土试件内摩擦角的增加幅度较为有限,且随着纤维掺量的提高,水泥土内摩擦角增长率呈先增后减的趋势,说明应妥善控制纤维掺量,过多的纤维对于增强材料强度无明显效果,甚至可能导致强度降低。

2.3.3 回弹模量试验

(1) 加载序列计算

回弹模量测试采用动三轴试验仪内设的回弹模量测试程序,试验开始前确定试验中的加载序列,其中包含围压、偏应力、接触应力等数据。本试验借鉴由美国学者提出的"剪切应力/强度比"(SSR)这一概念,将剪切强度试验中测得的黏聚力、内摩擦角数据代入公式计算,以确定最终的加载序列。

(2) 试验数据

试验对 7 种配合比土样[分最佳含水率与饱和两种状态,共 13 组试件(C0F0 饱和组因饱和后试件崩解而无法进行)]进行了试验。试验结果,即回弹模量试验数据如图 2.6 所示。

(3) 数据分析

从以上数据可以看出,对于同一配合比的土样试件,在相同围压下,回弹模量随着 SSR 值的增大而增大,这是因为高 SSR 值代表采用的加载序列中使用了更大的偏应力,高应力状态使试件回弹模量测量值更高;在相同 SSR 值下,回弹模量随着围压的下降大体呈降低趋势,这一下降幅度在低强度土样试件中更为明显,这是因为围压降低使水平约束力减小,土体在外力作用下产生形变,模量降低。随着水泥掺量的提高,土样试件强度明显增大,回弹模量数值可达 100~300MPa,极大地改善了原素土试件的力学性能。饱和后由于土样中空隙充满水,因此在试验过程中,试件重复加载时易受到较大的孔隙水压力而被破坏,回弹模量也降低至原试件的 60%~70%,并且在高 SSR 情况下的下降幅度明显高于低 SSR 情况。

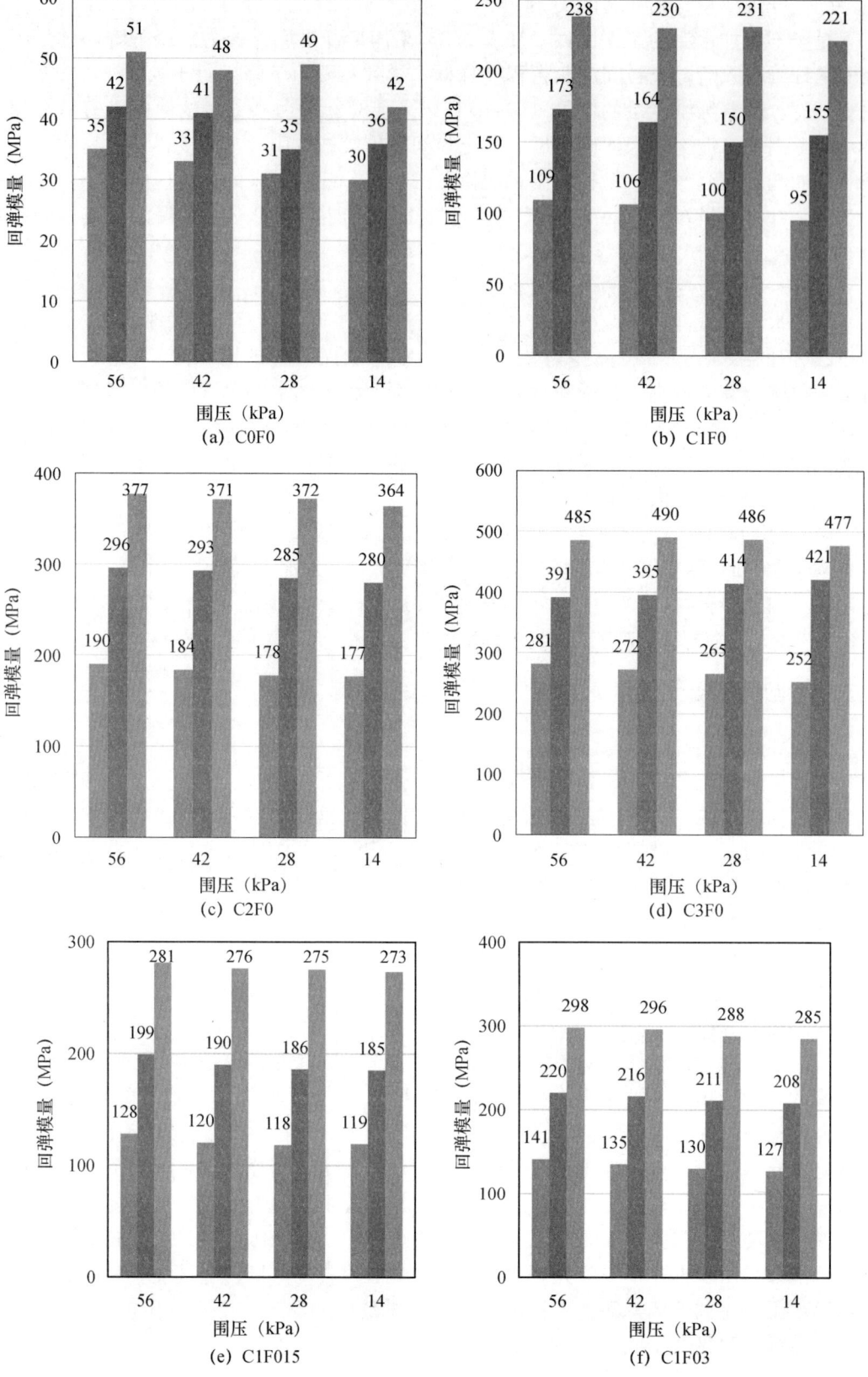

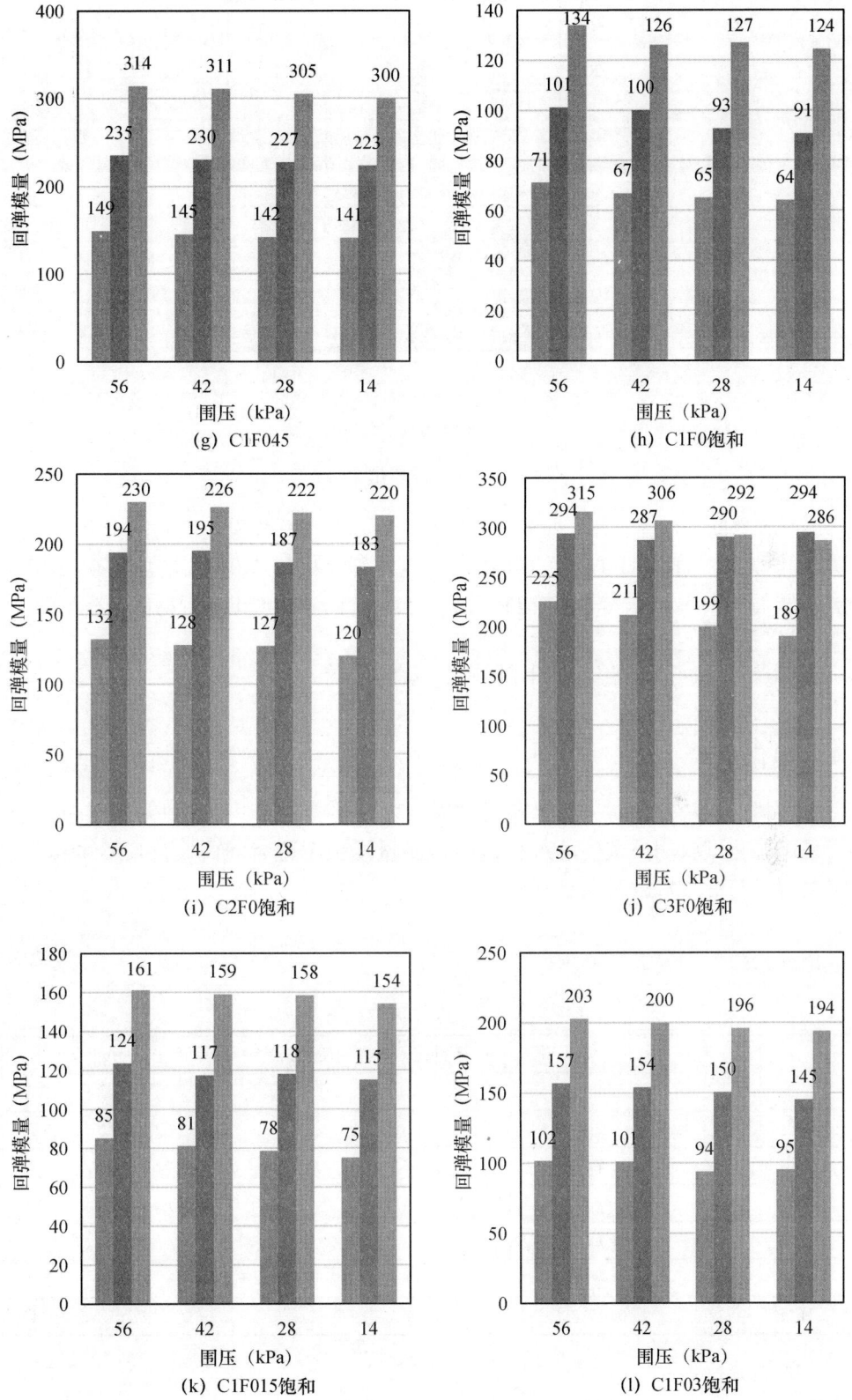

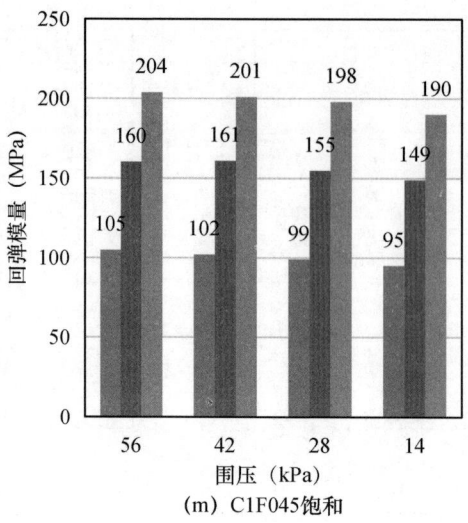

(m) C1F045饱和

图2.6 回弹模量试验数据

掺加纤维有助于加固土体,起到加筋的作用,试件回弹模量也因此略微升高,但幅度并不明显。同时,对比C1F03与C1F045可发现,纤维掺量从0.3%增加到0.45%时回弹模量升高幅度非常小,这一差距在饱和后几乎消失,两者表现出相近的回弹模量值。

2.4 低掺量水泥土渗流性能的试验研究

2.4.1 湿化试验

土基材料的水稳定性对于透水路面较为重要,其决定着土基在进水条件下能否保持完整。采用湿化试验测试试件的水稳定性,测量浸水单位时间内试件质量的损失程度,考察水泥掺量与纤维掺量对水稳定性的影响。

(1) 试验数据

湿化试验数据如表2.8所示。

表2.8 湿化试验数据

土样	不同浸水时间的质量损失率(%)			
	5min	1h	12h	24h
C0F0	94.55	100	100	100
C1F0	0.05	0.55	0.99	1.14
C2F0	0.05	0.45	0.86	0.95
C3F0	0.00	0.41	0.82	0.95
C0F03	93.86	100	100	100
C1F03	0.05	0.50	1.00	1.09

(2) 数据分析

由表2.8可知,砂土试件由于黏聚力较低,在浸水初期(5min)即发生整体崩解,

5min时质量损失率达到94.55%,并持续崩解。掺加水泥后,试件的水稳定性大幅增强,水泥掺加含量在1%、2%与3%的试件在48h后质量损失率分别为1.14%、0.95%与0.95%,并且崩解速率不断下降。水泥掺量在1%时,试件的水稳定性较好,水泥掺量增加时改善效果并不明显。

2.4.2 渗透系数试验

对于透水路面土基来说,渗透系数是一个非常关键的参数,足够的渗透系数可确保路面结构入渗的雨水及时排空。采用变水头渗透试验测试水泥土的渗透系数,主要变量包括水泥掺量与纤维掺量。

(1) 试验数据

渗透试验数据如表2.9所示。

表2.9 渗透试验数据

土样	C0F0	C1F0	C2F0	C3F0	C0F03	C1F03
渗透系数 (10^{-4}cm/s)	14.2	2.3	0.80	0.15	15.0	2.6

(2) 数据分析

由表2.9可知,未掺加水泥时砂土试件的渗透系数达到1.42×10^{-3}cm/s,具有较好的渗透能力,满足透水路面的渗透要求。加入水泥后,随着水泥掺量的提高渗透系数有所下降。水泥掺加量在1%、2%与3%的水泥土试件渗透系数相较于素土分别下降了83.8%、94.4%与98.9%,但由于土质为砂土,素土试件渗透系数较大,因此在掺加3%水泥后渗透系数仍在10^{-4}cm/s数量级,对于降雨较少或施工条件/材料受限地区的透水铺装建设有一定的指导作用。对于水泥纤维土,纤维的加入占据了部分空间,使试件中原有结构中的连通孔隙有所增加,因此在水泥掺量相同的情况下,水泥纤维土试件的渗透系数略高于水泥土试件的渗透系数。

2.5 脲酶固化土水文性能的试验研究

2.5.1 湿化试验数据

运用上述试验方法,对B1~B6共6组脲酶固化土试件进行湿化试验,并在试验结束后分别测量试件的$CaCO_3$含量。通过此试验,对脲酶固化土的水稳定性进行初步的定性判断,以便后续进行力学特性试验。试验得到的数据如表2.10所示。

表2.10 湿化试验数据汇总

组号	$CaCO_3$含量(%)	不同浸水时间的质量损失率(%)			
		5min	1h	12h	48h
B1-1	1.36	3.25	5.22	5.84	6.03
B2-1	1.57	3.01	5.03	5.51	5.90

续表

组号	CaCO₃含量（%）	不同浸水时间的质量损失率（%）			
		5min	1h	12h	48h
B3-1	1.06	3.72	6.05	6.28	6.62
B4-1	2.85	1.87	2.12	2.36	2.63
B5-1	3.38	1.50	1.75	1.96	2.14
B6-1	3.46	1.38	1.57	1.80	1.94

根据表 2.10 的数据，可以得到不同 $CaCO_3$ 含量的脲酶固化土试件浸水后的质量损失率随试验时间变化的曲线图，如图 2.7 所示。从图中可知，随着试验时间的累积，各组试件的质量损失率不断增大，但质量损失速率呈逐渐变慢的趋势；结合表 2.10 可知，按照 $CaCO_3$ 含量的区间可以将试件 B1～B6 分为两组，很明显，当试验时间一定时，质量损失率随着 $CaCO_3$ 含量的增加而下降，这说明运用脲酶固化技术，有助于黏结土体颗粒，有助于改善土体的水稳定性，同时当加入的脲酶溶液浓度较高时，在其他条件一定的情况下可以生成更多的 $CaCO_3$，使湿化试验中浸水后不易崩解，损失更少的质量。

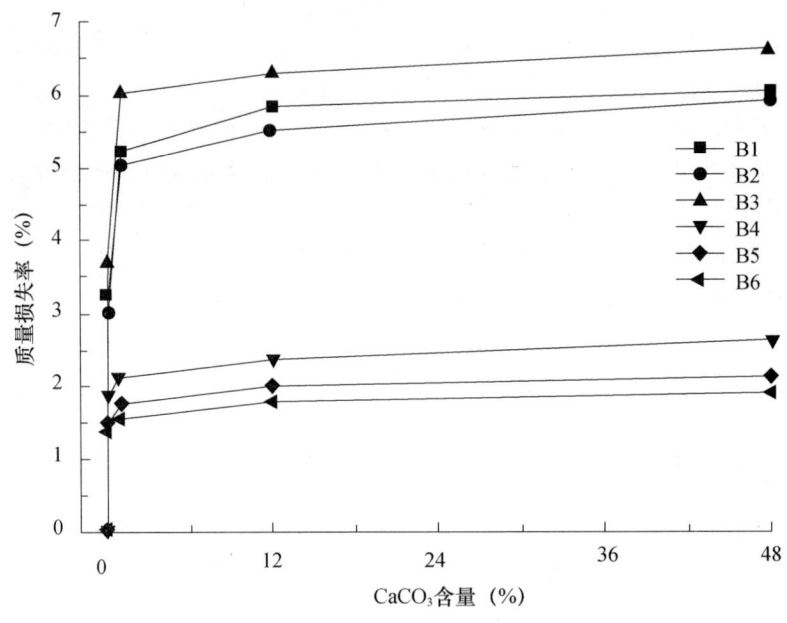

图 2.7 脲酶固化土试件浸水后的质量损失率随试验时间变化的曲线图

2.5.2 渗透试验数据

运用上述试验方法，对 B1～B6 共 6 组脲酶固化土试件进行渗透试验，并在试验结束后分别测量试件的 $CaCO_3$ 含量。通过此试验，对脲酶固化土渗透系数与 $CaCO_3$ 含量的关系进行分析，试验得到的数据如表 2.11 所示。

表 2.11 脲酶固化土渗透试验数据

序号	组号	CaCO₃含量（%）	渗透系数（10^{-5}cm/s）
1	B1-2	1.40	11.0
2	B2-2	1.46	10.8
3	B3-2	1.26	11.1
4	B4-2	3.41	6.8
5	B5-2	3.08	7.0
6	B6-2	3.15	6.9

根据表 2.11 的试验数据，可以得到脲酶固化土渗透系数随 $CaCO_3$ 含量变化的曲线图，如图 2.8 所示。从图中可知，试件的渗透系数随着 $CaCO_3$ 含量的增加而明显下降，这是因为 MICP 过程生成的 CA 沉淀占据一部分土体颗粒的孔隙，造成水流通道横截面积减小，导致渗透系数下降，实际上，即便 $CaCO_3$ 含量超过 3%，此时试件的渗透系数仍保持在 $7×10^{-5}$cm/s，明显高于前文中的低掺量水泥土。本章后续部分将详细介绍对比过程，并分析相关原理。

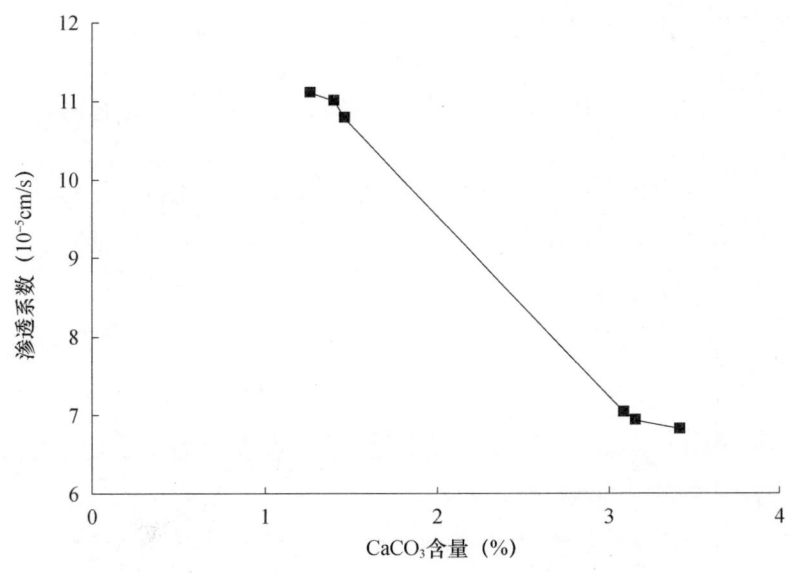

图 2.8 试件渗透系数随 $CaCO_3$ 含量变化图

2.6 脲酶固化土力学性能的试验研究

2.6.1 无侧限强度数据

运用上述试验方法，对 B1～B6 共 6 组脲酶固化土试件进行无侧限抗压强度试验。并在试验结束后分别测量试件的 $CaCO_3$ 含量。通过此试验，对脲酶固化土抗压强度与 $CaCO_3$ 含量的关系进行分析，试验得到的数据如表 2.12 所示。

表 2.12　脲酶固化土无侧限抗压强度试验数据

序号	编号	含量（%）	常规状态 UCS（kPa）	序号	编号	含量（%）	饱和状态 UCS（kPa）
1	B1-3	1.08	101.2	7	B1-4	1.28	71.0
2	B2-3	1.38	118.9	8	B2-4	1.55	80.9
3	B3-3	1.56	121.3	9	B3-4	1.98	99.6
4	B4-3	3.41	314.9	10	B4-4	3.02	211.7
5	B5-3	3.3	361.4	11	B5-4	3.45	246.1
6	B6-3	3.82	412.5	12	B6-4	3.55	263.0

根据表 2.12 的无侧限抗压强度试验数据，可以得到在常规与饱和状态下脲酶固化土试件无侧限抗压强度随碳酸钙含量变化的曲线图，如图 2.9 所示。从图中可知，无论在常规状态还是饱和状态下，试件的无侧限抗压强度随着 $CaCO_3$ 含量的增加而提升，并且提升速度呈逐渐加快的趋势。在饱和状态下，试件的无侧限强度相较于常规状态有一定程度的下降；对比不同 $CaCO_3$ 含量区间发现，$CaCO_3$ 含量为 1.08%～1.56%时，试件的强度下降了约 33.4%，而 $CaCO_3$ 含量为 3.3%～3.41%时，试件的强度下降了约 21.8%，即饱和状态下试件强度的下降比例随 $CaCO_3$ 含量增加而减小，说明生成的 $CaCO_3$ 沉淀也有利于土样在水中稳定性及强度的提升。

另一方面，本试验采用脲酶替代细菌进行 MICP 加固土体，尽管两者在 MICP 分解尿素方面的机理相同，但实际上仍存在一定差异。根据赵茜[38]的研究，在 $CaCO_3$ 含量相同的情况下，细菌固化样品的抗压强度总是大于脲酶固化样品。究其原因，二者生成的 $CaCO_3$ 形态存在差异，晶体形态的不同影响了固化样品的工程性能。

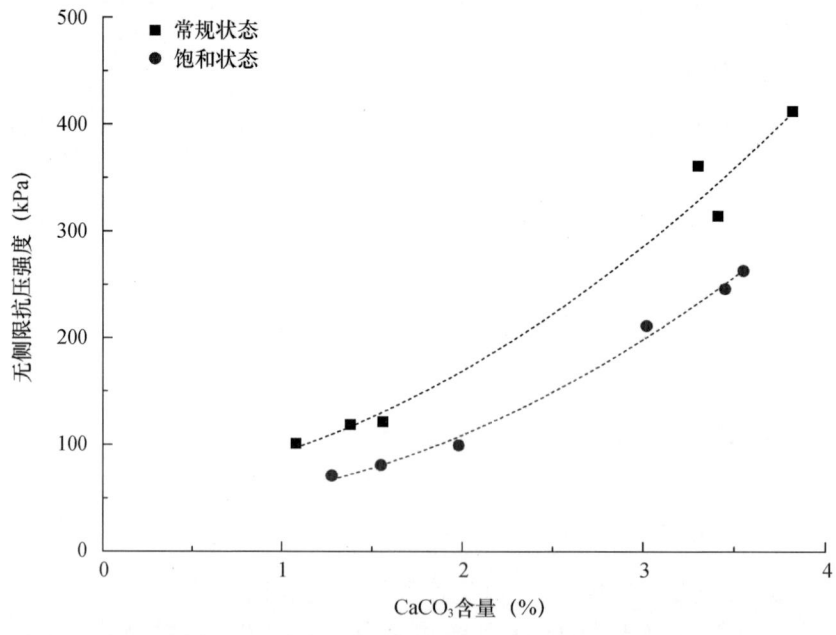

图 2.9　试件的无侧限抗压强度随 $CaCO_3$ 含量变化的曲线

2.6.2 无侧限抗压强度与渗透系数的关系

根据上述试验结果，对比分析低掺量水泥土与脲酶固化土的无侧限抗压强度与渗透系数的关系，对比结果如图2.10所示。

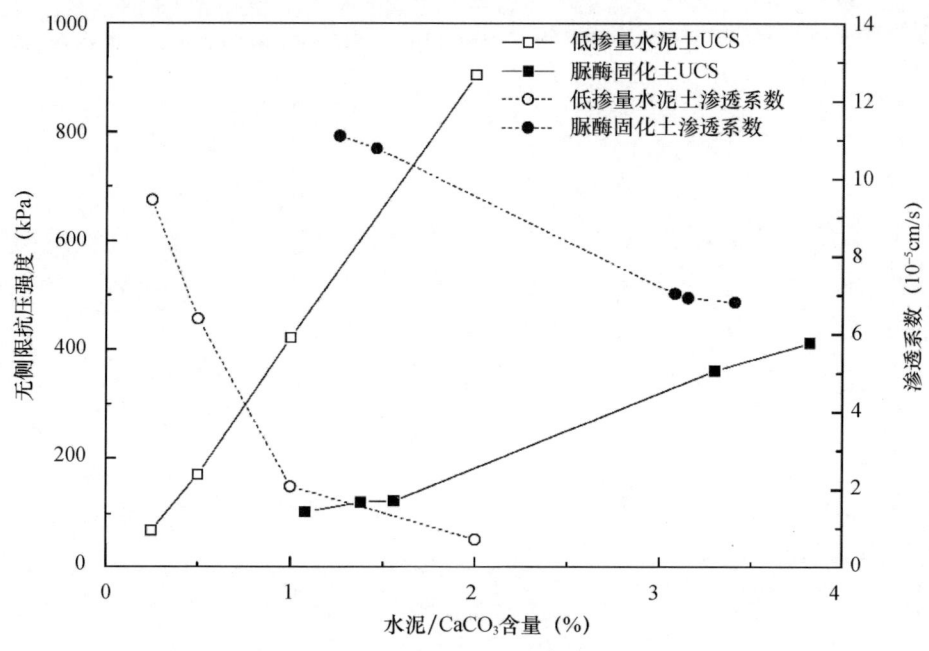

图 2.10 两种固化土性能对比

从图2.10可知，随着胶结物含量的增加，两种固化土的无侧限抗压强度均有所提升，但渗透系数呈下降趋势。对比分析可得，水泥土的强度提升迅速，可以达到较高值，但渗透系数下降明显；脲酶固化土的强度上升速率与渗透系数降低速率相对较慢，在相同强度下，脲酶固化土可以获得较高的渗透系数，保证足够的渗透能力。

2.7 本章小结

本章针对透水铺装的加固方法主要研究了低掺量水泥土与脲酶固化土的力学性能与渗流性能，通过一系列室内试验，探讨了试件的无侧限抗压强度、剪切强度、回弹模量、水稳定度与渗透系数等参数与水泥掺量、纤维掺量、$CaCO_3$含量与饱和状态之间的关系。主要结论如下：

从力学性能来看，低掺量（1%、2%、3%）水泥土在无侧限抗压强度、剪切强度、回弹模量指标上相较于素土试件提升幅度达几倍到几十倍，大大改善了砂土黏聚力低、易松散的不良性质；从渗流性能来看，低掺量（1%、2%、3%）水泥土在浸水环境下抗松散能力较好，适宜在浸水环境下路面结构的施工；同时，尽管水泥土试件的渗透系数较素土试件下降幅度达到90%以上，但砂土自身渗透能力较强，因此固化后仍具有10^{-4} cm/s 的渗透系数，满足一定条件下的施工要求。

脲酶固化土具有较好的力学加固效果，试件的无侧限抗压强度随着 $CaCO_3$ 含量的增加而提升，并且提升速度呈逐渐加快的趋势，同时饱和状态下试件强度的下降比例随 $CaCO_3$ 含量增加而减小。更为重要的是，对比两种固化土的性能可以发现，脲酶固化土的渗透性能表现更佳，在相同强度下，脲酶固化土可以获得较高的渗透系数，保证足够的渗透能力。

第3章 开级配碎石基层

3.1 研究背景

透水路面作为一种新型环保型路面结构，具有减少城市径流、补充地下水、防止污染等诸多优点[56]。此外，由于多孔性，透水路面还有助于提高雨天行车安全性、降温降噪等，目前主要应用在广场、小区、停车场等轻载区域[57-59]。然而，传统路面结构的设计和施工中尽量追求各结构层的密实和小孔隙，以提高路面力学性能和防止水进入路面结构而导致水损坏。透水路面结构需要面层、基层以及土基具有较大孔隙，以保证透水路面实现透水功能。目前，透水路面结构的设计主要以轻载条件下的水利设计为指标，缺乏对较重载条件下的透水路面设计的研究和经验[60]。为实现这一目标，必须从各结构层材料性能提升和力学结构设计方法优化两方面进行研究。

级配碎石作为无黏结材料，常用于路面基层和底基层。在路面结构中，路面面层与路基之间设置无黏结级配碎石基层，主要作用是为路面面层提供支撑，防止路基发生较大的永久变形。当无约束基础仅能较好地承受重复交通荷载引起的应力时，路面容易发生车辙。以往对级配碎石的研究表明：严格控制原材料、增大集料的最大公称粒径，选择合理的级配以及施工工艺，可以提高级配碎石层的抗剪强度，减少路面变形等病害[61-64]。

传统密级配路面级配碎石的组成有两个原则，即嵌挤原则和级配原则[65]。传统路面级配碎石基层要求：第一，级配碎石含有一定的细集料，当细料含量为8%~12%时，材料比较稳定，通常认为材料在密度最大时最稳定且强度最高[66]。第二，最大粒径不宜过大。工程实践研究表明，最大粒径为37.5mm的级配碎石施工中离析较大，而31.5mm的不易离析，质量均匀[67]。施工规范对级配碎石最大粒径也做了要求：作为二级或二级以下公路基层时，最大粒径不宜超过37.5mm。作为高速公路或一级公路的基层时，最大粒径不宜超过31.5mm。

在透水路面结构中，基层或底基层除了具有结构承载功能外，还有透水和储水的功能，为达到较好的透水和蓄水效果，基层或底基层应当有较大的孔隙率，通常采用大粒径的开级配基层材料。然而，无细料开级配的级配碎石作为透水路面基层材料时，往往产生较大变形和强度不足等问题[68]。因此，针对透水路面基层大孔隙率和透水储水状态下的工作特点，有必要对其级配进行专门的研究，以提高透水路面未来在重载交通下的应用水平和路用性能。

3.2 原材料和试验方法

3.2.1 原材料

透水路面基层具有透水和储水的功能，因此需要一定的孔隙来储水，传统的级配碎石孔隙率为10%～20%，并且含有较多的细集料，无法提供足够的透水和储水功能，在透水的条件下强度损失较大。对级配碎石基层在潮湿、湿润和干燥三种状态下的回弹模量使用 $K\text{-}\theta$ 模型进行回归，结果表明：K_1 值在干燥、湿润和潮湿三种状态下分别为 1092.7、546.4、437.1。集料在水的作用下，强度损失较为严重[69]。然而，赵亮[70]对透水路面级配碎石进行了研究，结果表明：强度方面，在满足排水要求的级配范围内，空隙率越大，强度越低，各个级配在浸水时强度会减小。级配不同，强度减小的程度不同。级配越细、细料越多，级配碎石的强度越容易受水的影响而严重减弱；级配越粗、细粒含量越少，强度受水分的影响越不显著。不含 2.36mm 以下细集料的级配，在泡水 4d 和 7d 的条件下，强度基本不变。

因此，针对透水路面，综合考虑透水储水功能及水对碎石强度的影响和避免离析等因素，设计 2.36～31.5mm 四个不同粒径范围的无细料级配，与 19～26.5mm 单一粒径碎石进行对比，如表 3.1 所示。不同粒径范围的无细料级配采用集料设计中的 K 法[71]，K 取 0.6，级配曲线如图 3.1 所示。

表 3.1 各个级配通过百分率

筛孔尺寸（mm）		31.5	26.5	19.0	16.0	13.2	9.5	4.75	2.36
通过百分率（%）	级配 1	100	86.0	63.5	53.9	44.5	31.1	11.7	0
	级配 2	100	84.1	58.6	47.7	37.1	22.0	0	
	级配 3	100	79.6	47.0	33.0	19.3	0		
	级配 4	100	74.7	34.3	17.0	0			

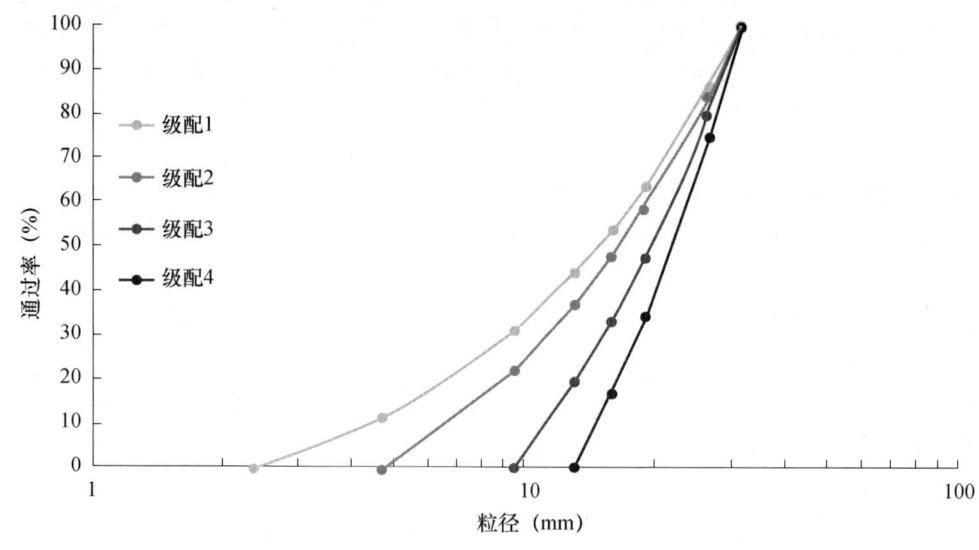

图 3.1 不同粒径范围的级配曲线

3.2.2 试验设备及方法

动三轴试验更好地模拟路面在行车作用下的动态加载，用于研究级配碎石的回弹模量和永久变形等特性。本研究采用伺服液压多功能材料试验系统（UTM-

100），时间尺寸为 100mm×200mm，加载波形为正弦波，加载频率为 1Hz，加载-卸载比为 0.1s∶0.9s。

由于本研究中级配碎石无细料黏结，无法预先形成试件，因此制备试件时，事先在承膜筒中套入橡胶模，然后分五次装入级配碎石材料，每次装入后用轻型击实筒击实 20 次。装好试件后脱去承膜筒，然后套入两层橡胶模，并且用橡皮筋扎紧固定在垫块上，防止加围压时橡胶模漏气导致围压气体进入试件内部而导致围压作用失效，本试验的成败取决于试件橡胶是否密封良好，装入试膜后的试件如图 3.2 所示。

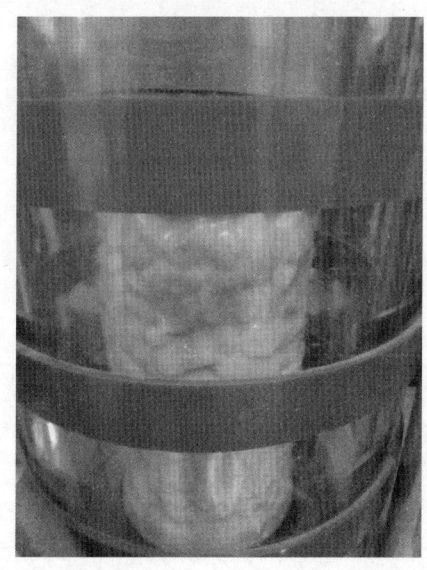

图 3.2　套入橡胶模后的试件

（1）回弹模量试验

回弹模量是表征级配碎石性能的重要指标，用于描述粒料类材料的应力应变关系。回弹模量 M_R 被定义为重复作用轴向应力 σ_d 和可恢复的轴向应变 ε_r 的比值为

$$M_R = \frac{\sigma_d}{\varepsilon_r} \tag{3-1}$$

回弹模量依赖于应力状态并且呈非线性关系，目前有很多来表征这种非线性关系。本研究采用最常见的 $K\text{-}\theta$ 模型

$$M_R = K_1 \theta^{K_2} \tag{3-2}$$

式中　M_R——回弹模量；

　　　θ——主应力之和或第一应力不变量（$\sigma_1 + 2\sigma_3$）；

　　　K_1、K_2——回归系数。

对于不同级配的试件称量质量，根据毛体积密度最终算出孔隙率，如表 3.2 所示。本试验回弹模量的加载次序采用 AASHTO T307 试验方法，如表 3.3 所示。

表 3.2　各个级配孔隙率

级配	级配 1	级配 2	级配 3	级配 4	单一粒径
孔隙率（%）	33.2	35.21	37.04	37.59	39.61

表 3.3　T307 加载序列

加载序列	围压（kPa）	循环应力（kPa）	接触应力（kPa）	加载次数
0	103.4	93.1	10.3	1000
1	20.7	18.6	2.1	100
2	20.7	37.3	4.1	100
3	20.7	55.9	6.2	100
4	34.5	31.0	3.5	100
5	34.5	62.0	6.9	100
6	34.5	93.1	10.3	100
7	68.9	62.0	6.9	100
8	68.9	124.1	13.8	100
9	68.9	186.1	20.7	100
10	103.4	62.0	6.9	100
11	103.4	93.1	10.3	100
12	103.4	186.1	20.7	100
13	137.9	93.1	10.3	100
14	137.9	124.1	13.8	100
15	137.9	248.2	27.6	100

（2）永久变形试验

级配碎石作为透水路面基层，在重载作用下产生较大的永久变形，使路面产生较大的结构性车辙而破坏。为了研究无细料级配碎石的变形特性，用动三轴进行重复加载，进行永久变形研究。

为了探究不同级配在干燥和泡水状态下的永久变形性能，试验荷载采用的围压为 150kPa，偏应力分别采用 200kPa、300kPa、400kPa 和 500kPa 四级荷载，荷载次数分别为 1000、2000、3000 和 9000。对于不同的级配，分别在干燥和泡水 24h 两种状态下进行永久变形试验。

"剪切应力/强度比"（SSR）这一概念由伊利诺斯大学 Marshall Thompson 教授提出[74]。李辉等[68]将这一概念引入透水路面结构设计，通过调整基层厚度来控制土基顶面剪切应力/强度比，进而控制土基变形风险。剪切应力/强度比（SSR）的计算方法如下：

$$\mathrm{SSR} = \frac{\tau_f}{\tau_{\max}} \tag{3-3}$$

$$\tau_f = \frac{\sigma_1 - \sigma_3}{2}\cos\varphi = \frac{\sigma_d}{2}\cos\varphi \tag{3-4}$$

$$\tau_{\max} = c + \sigma_f \tan\varphi \tag{3-5}$$

$$\sigma_f = \frac{\sigma_1 + \sigma_3}{2} - \frac{\sigma_1 - \sigma_3}{2}\sin\varphi = \frac{\sigma_d + 2\sigma_3}{2} - \frac{\sigma_d}{2}\sin\varphi \tag{3-6}$$

式中　$\tau_{\max}$——作用在角度为 $45°+\varphi/2$ 的破坏面上的最大剪应力；

σ_f——作用在角度为 $45°+\varphi/2$ 的破坏面上的法向应力；

τ_f——某一应力状态下材料的抗剪强度；

σ_1、σ_3——主应力；

σ_d——偏应力；

c——材料的黏聚力；

φ——材料的内摩擦角。

本研究采用"剪切应力/强度比"(SSR)这一概念对级配碎石进行不同应力的加载和结构分析。

3.3 回弹模量

对各试件按照上述加载序列进行试验，并使用 $K\text{-}\theta$ 模型进行回归，结果如图3.3～图3.7所示。结果表明，各种级配和单一粒径碎石的回弹模量均能较好地回归到 $K\text{-}\theta$ 模型，得到和密级配的级配碎石相同的规律，无细集料的碎石弹性模量同样具有较高的应力敏感性。

将各级配的回归系数 K_1 和 K_2 放在图3.8中比较，可以看出，级配2的 K_1 和 K_2 均较大，即粒径为4.75～31.5mm的级配具有最好的回弹模量特性。相较于单一粒径，级配2的 K_1 提高31.6%，K_2 提高96.8%。

为了对比无细料级配碎石回弹模量性能，表3.4列出了各种级配以及文献中传统密级配级配碎石的回弹模量 $K\text{-}\theta$ 模型回归系数 K_1 和 K_2。根据文献[1]的方法，分别计算试验的材料在低应力（围压40kPa，偏应力30kPa）、中间应力（围压100kPa，偏应力70kPa）以及高应力（围压120kPa，偏应力130kPa）下，应用 $K\text{-}\theta$ 模型，得到回弹模量值，如表3.5所示。

通过对比发现，虽然本研究中的无细料级配碎石回归系数 K_1 和 K_2 比文献中要小，但通过计算可知，在低应力状态下，本研究中的级配碎石具有较高的回弹模量，在中应力和高应力状态下，小于文献[2]的回弹模量，但与级配1基本相似。这说明，无细料级配碎石在低应力状态下仍具有较好的回弹模量特性。

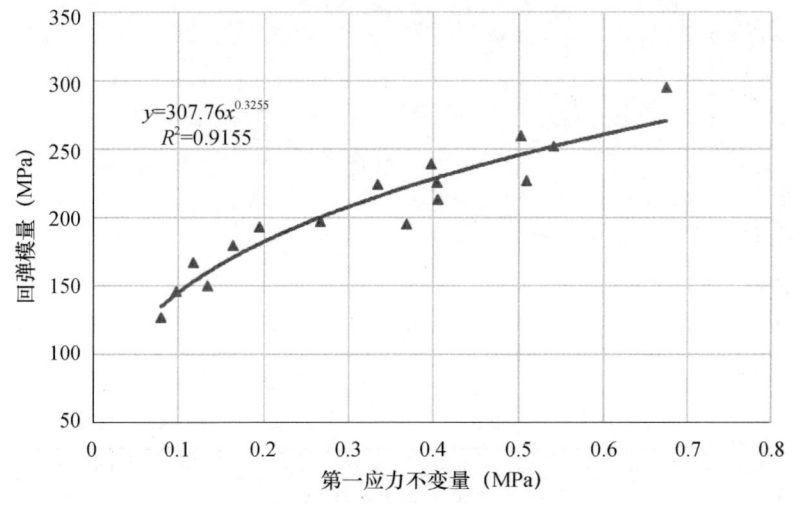

图3.3 级配1弹性模量 $K\text{-}\theta$ 模型

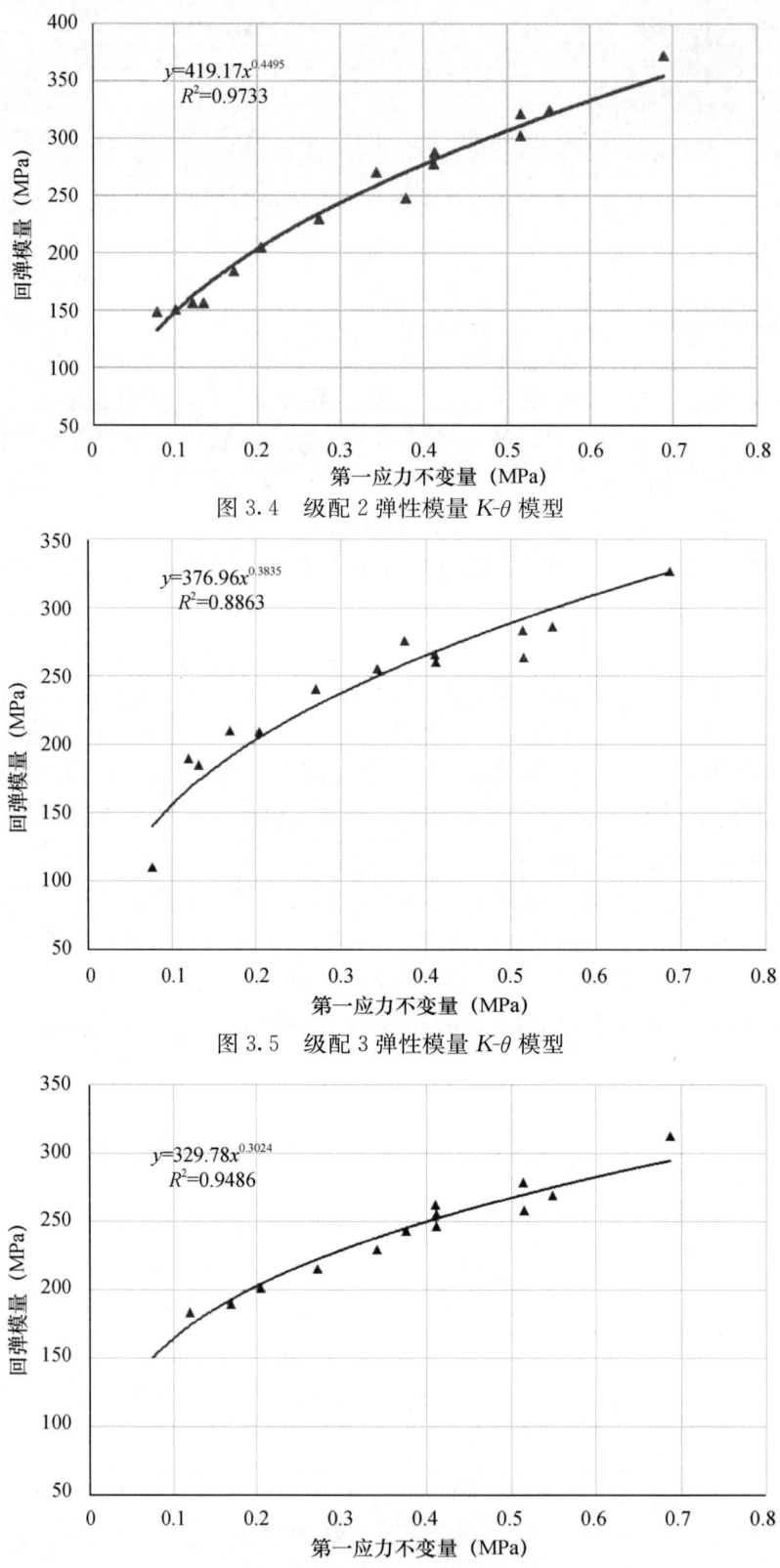

图 3.4　级配 2 弹性模量 $K\text{-}\theta$ 模型

图 3.5　级配 3 弹性模量 $K\text{-}\theta$ 模型

图 3.6　级配 4 弹性模量 $K\text{-}\theta$ 模型

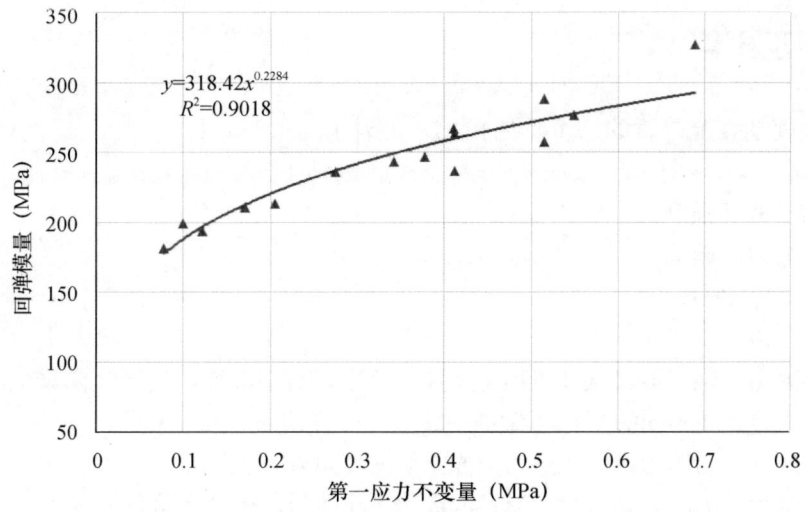

图 3.7 单一粒径弹性模量 $K\text{-}\theta$ 模型

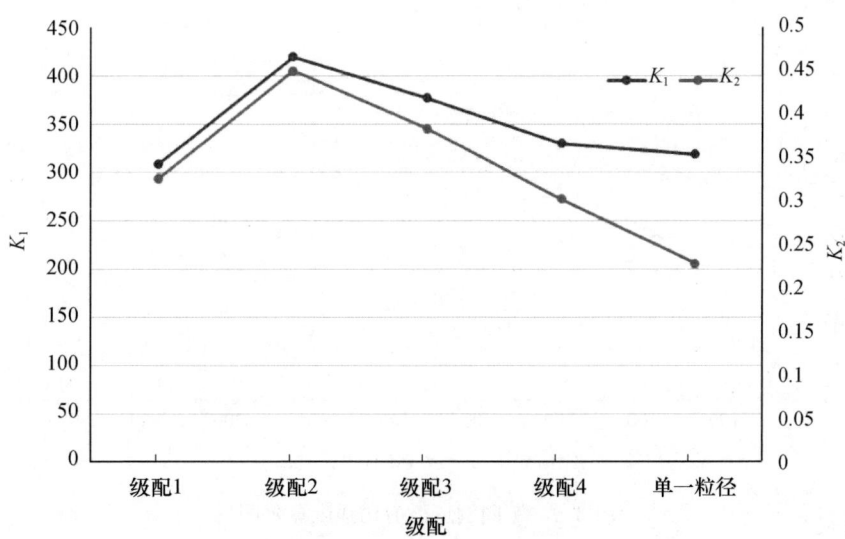

图 3.8 不同级配回归系数 K_1 和 K_2

表 3.4 各个级配回弹模量回归系数

级配	级配1	级配2	级配3	级配4	单一粒径	文献1[72]	文献2[73]
K_1	307.76	419.17	376.96	329.87	318.42	304~460	439~733
K_2	0.3255	0.4495	0.3835	0.30245	0.2284	0.587~0.717	0.686~0.850

表 3.5 各种级配在不同应力状态下的回弹模量（MPa）

应力状态	级配1	级配2	级配3	级配4	单一粒径	文献1[72]	文献2[73]
低应力	166	179	182	186	206	78~151	119~146
中应力	223	286	257	244	254	149~266	222~315
高应力	244	304	287	266	270	182~302	269~400

3.4 剪切强度

剪切强度是级配碎石的一个重要指标，可表示为

$$\tau = c + \varphi \times \sigma \tag{3-7}$$

式中　τ——剪切强度；
　　　c——内黏聚力；
　　　φ——摩阻角；
　　　σ——应力。

本研究采用三轴仪器对试件以恒定的速度静压，直至破坏，记录竖向最大压应力，即为破坏应力。分别在不同的围压下做剪切试验，围压取 20kPa、50kPa、80kPa 和 150kPa。在不同的围压下，围压和最大压应力形成不同的莫尔圆，如图 3.9 所示。由于无黏结材料之间没有黏结性，因此内黏聚力 c 为零，将其线性回归，得到摩阻角 φ 约为 43.8°。

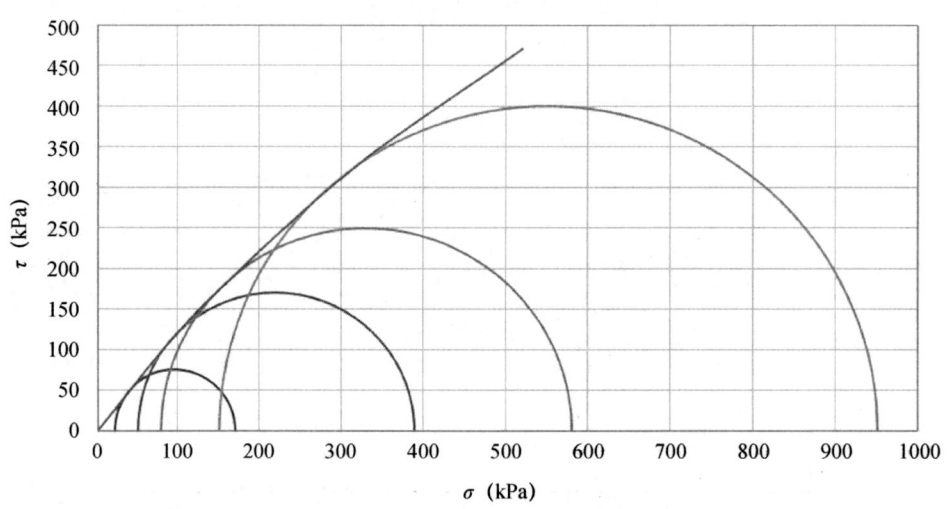

图 3.9　不同围压下剪切强度莫尔圆

3.5 永久变形

3.5.1 级配对永久性能的影响

干燥和湿润状态下永久变形结果分别如图 3.10 和图 3.11 所示。结果表明：在干燥状态下，级配 4 到级配 1 永久变形依次减小，单一粒径碎石产生的永久变形最大。因此，级配 1 抗永久性能最好，级配 1 到级配 4 随着孔隙率增加而抗永久性能依次减弱，单一粒径的抗永久性能较差。

如图 3.12 所示，在湿润状态下，各级配的永久性能均有所增加。级配 1 到级配 4 分别增加 91.16%、40.95%、39.92% 和 33.77%，而单一粒径碎石仅增加 21.68%。变形程度与孔隙率正相关。虽然单一粒径在泡水状态下变形幅度较小，但相较于其他级

配,仍产生最大的永久变形。级配2在泡水状态下产生的永久变形最小,具有最佳的抗永久变形能力。

综合比较各种级配在干燥和泡水两种状态下的永久变形特性,级配2具有最佳的抗永久变形能力。因此,相较于单一粒径,级配在4.75到31.5的级配碎石在重复荷载作用下具有更好的抗永久变形能力,永久变形相较于单一粒径在干燥和泡水状态下分别下降了25.08%和16.95%。

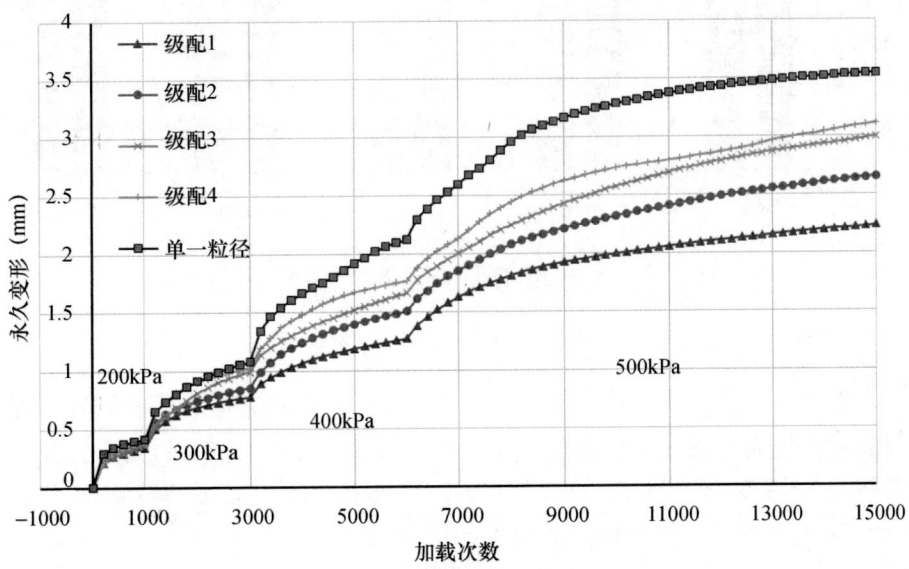

图3.10　干燥状态下各种级配永久变形

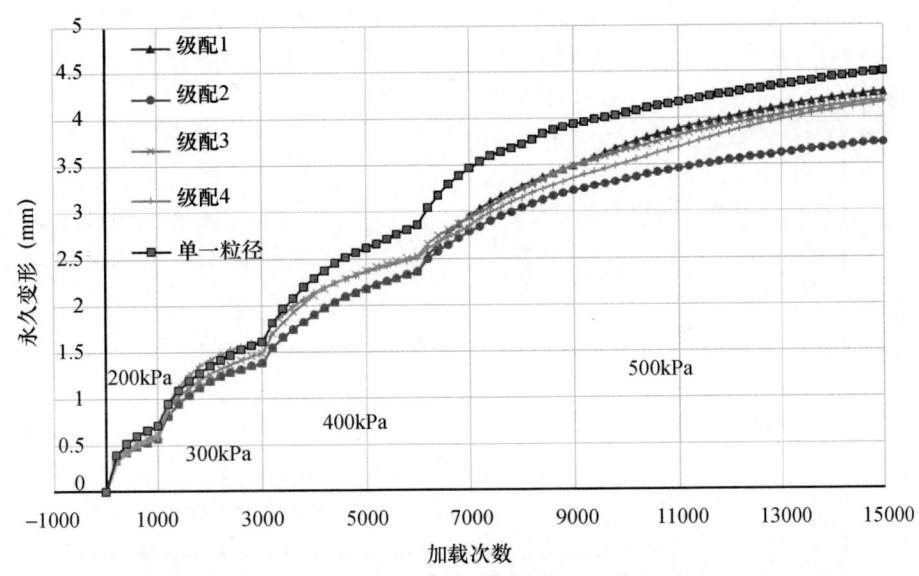

图3.11　湿润状态下各种级配永久变形

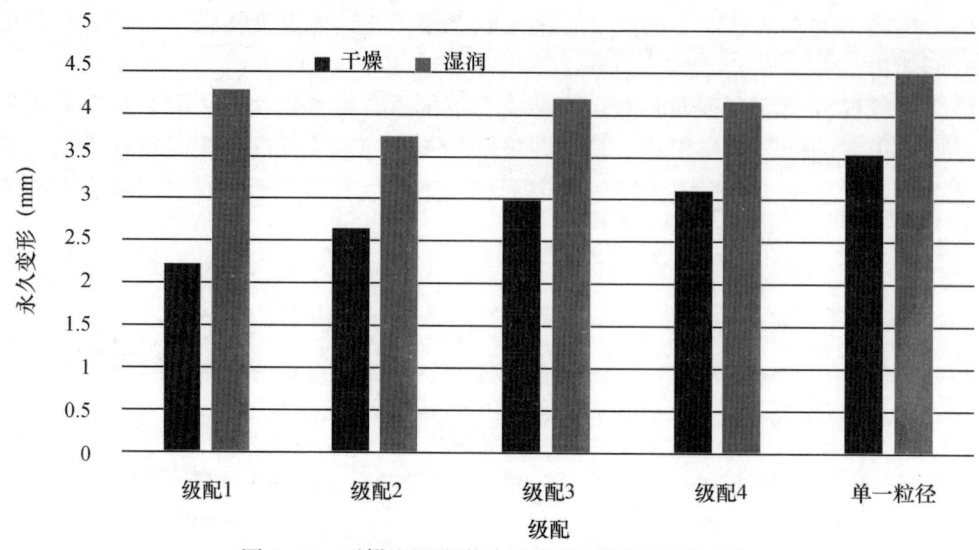

图 3.12　干燥和湿润状态下各种级配总变形对比

3.5.2　剪切应力/强度比（SSR）对永久性能的影响

由以上研究可知，级配 2 在各种应力级别和不同干湿状态下的性能较好。级配碎石的变形性能主要受应力状态的影响，在高应力状态下容易产生较大的变形。为了探究应力状态对级配碎石变形的影响，选用级配 2 为研究对象。运用"剪切应力/强度比"（SSR）这一概念对级配 2 级配碎石进行不同应力的加载。

计算剪切应力/强度比（SSR）时，首先测出级配 2 的剪切强度，三轴试验中剪切强度可以通过在特定围压下以特定的速度压缩剪切得出，在压缩剪切过程中得到的最大主应力是该围压下的剪切强度。对级配 2 在 150kPa 下进行剪切压缩试验，得到的剪切强度为 903kPa。取 SSR 分别为 0.2、0.4、0.6 和 0.8，可得加载主应力分别为 180kPa、360kPa、540kPa 和 630kPa。在干燥和湿润两种状态下分别用这四种应力加载 20000 次，得到变形曲线分别如图 3.13 和图 3.14 所示。

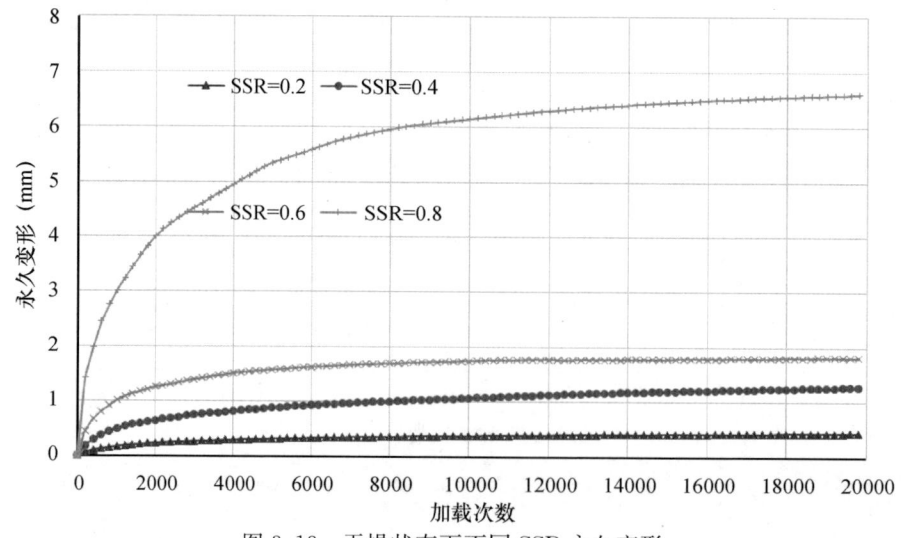

图 3.13　干燥状态下不同 SSR 永久变形

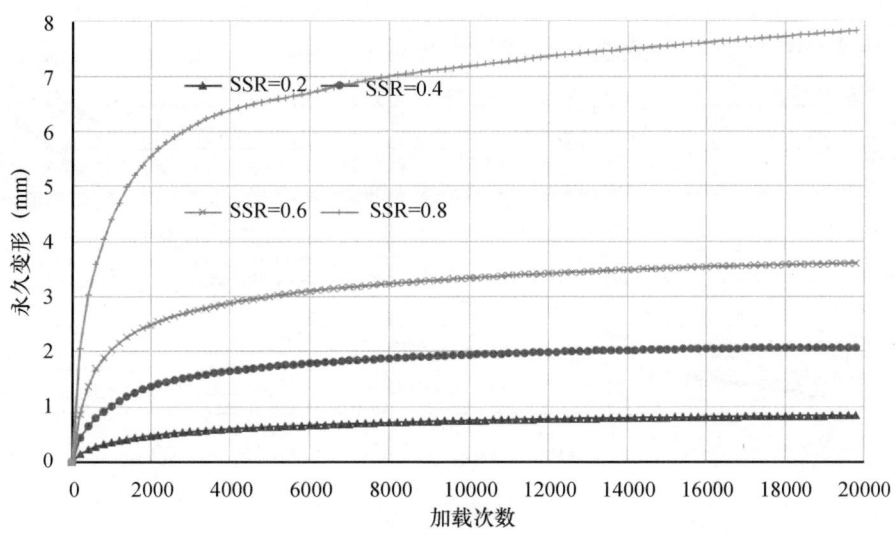

图 3.14 湿润状态下不同 SSR 永久变形

由试验结果可知，在 SSR＝0.2、0.4 和 0.6 时，产生的永久变形较小，并且在前 1000 次作用内趋于平稳，应变不再明显增加，且这三种应力状态下，产生的总应变与应力呈线性关系。然而，当应力增加到 SSR＝0.8 时，在前几次加载作用下产生了较大的永久变形，并且应变一直增加，难以趋于平稳。如图 3.15 所示，在干燥和湿润两种状态下，产生的永久变形随应力水平提高迅速增长。因此，对于无细料的开级配碎石，控制应力在 SSR＝0.6 以下有利于控制级配碎石层在车辆荷载作用下的永久变形。干燥和湿润状态均遵循上述规律，但干燥状态下这一规律更为明显。

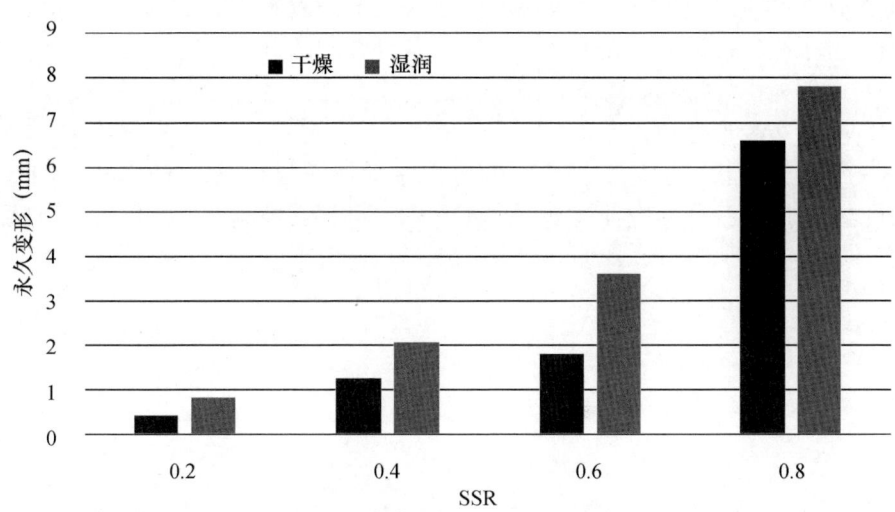

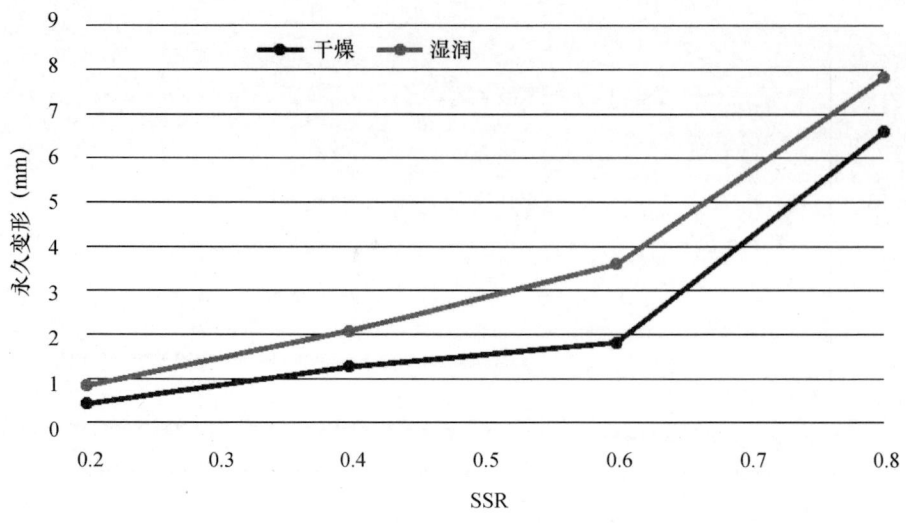

图 3.15 干燥和湿润状态下不同 SSR 总变形对比

3.6 本章小结

对多种不同粒径范围的无细料级配碎石进行回弹模量和永久变形研究，得到以下结论：

多种不同粒径范围的级配碎石相较于单一粒径具有更好的回弹模量特性，其中 4.75～31.5mm 的级配回弹模量特性最佳。相较于文献中密级配碎石的回弹模量，无细料级配碎石的回弹模量回归系数较小，但在低应力状态下具有较高的回弹模量。总体来说，无细料级配碎石回弹模量和密级配碎石回弹模量遵循相似的规律。

在逐级加载的重复应力下，各种级配的永久变形随着孔隙率的增大而增大，级配 1 具有最佳的抗永久变形能力。在泡水 24h 后，各种级配的永久变形均有所增加，级配越细，增加得越明显。在湿润状态下，级配 2 的抗永久变形性能更好。综合来说，级配 2 具有较好的抗永久变形能力。

对级配 2 在干湿状态下分别进行不同应力水平的重复加载，（SSR）小于 0.6 时，永久变形较小。路面设计中应计算基层顶面 SSR，可将其控制在 0.6 以下，以减少基层永久变形。

第4章 水泥混凝土面层材料

大孔隙水泥混凝土作为透水路面铺装技术中的一种，能够通过孔隙结构有效地排放、滞存路表积水等，以达到显著减少地表径流、控制路表积水以及吸尘、降噪等环保效果。此外，还能一定程度地修复生态水循环的自然渠道、净化水质和提高雨水资源的回收利用率等。

近年来的落地项目均显示，透、排水路面铺装的应用明显优化了城市区域及市政道路路面的排水效果，能够有效地解决城市雨洪问题，对调节城市微气候、保持生态平衡起到良好的改善效果。

现阶段，我国的透水铺装技术尚未成熟，仍处于摸索阶段，距离大规模的推广应用（特别是在高频重载铺装上的应用），还有不少亟待解决和需统一规范的技术问题，主要如下：①透、排水路面中的孔隙易堵塞，失去透水和相关功能特性；②透水路面的结构强度不足、耐久性差，容易产生车辙、剥落、坑槽等路面病害，特别是在寒冷地区，存在冻胀破坏的风险。这些问题与透水铺装材料、铺装设计和施工技术均有重要关联。因此，应制定相关的技术标准，以解决这些问题，最大限度地规范并提升透水水泥路面的整体质量，进而大规模推广这种能够解决城市雨洪问题、维持市政道路生态功能的透水大孔隙混凝土材料。

4.1 大孔隙水泥混凝土力学性能影响因素研究

透水水泥混凝土已逐渐发展成全球范围内实现可持续发展的最佳管理实践措施之一（BMP），透水混凝土的应用有助于缓解城市内涝，净化雨水，降低城市热岛效应，同时通过大孔结构减少路表积水飞溅对驾驶员安全驾驶的影响[75-76]。然而，透水水泥混凝土的孔隙率较大，通常并不具有与传统混凝土相同的强度和耐久性，这极大地阻碍了它的推广及应用。美国混凝土学会（American Concrete Institute，ACI）于2010年发布的《透水混凝土研究报告》表明，相较于传统密实混凝土17~40MPa的抗压强度，透水混凝土的抗压强度明显较低，一般为2.8~28MPa[77]。因此，研究人员基于微观及宏观改性的理念，提出了各种技术方案，以增强透水混凝土的力学性能，包括材料优化、混合料设计优化及外加剂增强等[78-79]。材料指标通常包括含泥量、针片状含量、压碎值等，物理性能优异的石料通常可以制作出强度较高的透水混凝土，然而当前优质石料的成本日渐攀升，因此配合比设计优化及外加剂选择是提升透水混凝土强度的有效途径。就当前透水混凝土的配合比设计而言，由于施工便利且孔隙易满足要求，透水混凝土设计通常采用不含细集料的单一粒径集料。然而，单一粒径的透水混凝土通常具有远大于需求的孔隙率，孔隙率较大导致混凝土强度降低，由此，单一粒径透水水泥混凝土通常适用于轻载交通区域[80-81]。研究发现,级配透水水泥混凝土与单粒径透水水泥混凝土相比在强度方面有明显优势,其级配、孔隙率和透水系数之间也有明显的关联关系。因此,级配透水水泥混凝土成为过往研究的热点,以获得更好的力学性能[82-83]。

目前透水水泥混凝土的设计规范中,大多数选择水灰比(W/C)作为设计指标[77,84]。研究表明,设计高强度透水混凝土时,灰集比(C/A)是影响混凝土强度的最重要因素。此外,级配设计和C/A是影响混凝土孔隙率的两个关键因素[85]。因此,确定各粒径集料所对应的最佳C/A对于高强度透水混凝土的设计至关重要。除了材料和配合比设计,添加外加剂是提高透水混凝土性能的有效途径。一些研究表明,纳米材料和相关纳米改性技术应用于透水混凝土,可以有效提高混凝土的强度,但此类纳米技术的成本较高[86-87]。因此,尝试将硅灰(SF)和改性剂(SBT)从常规混凝土引入透水混凝土,以增强混凝土的结构及胶凝效果[88]。与此同时,出于保护环境及资源可持续利用之目的,各种固体废弃物已经在路面施工中得到了不同程度的应用[89-90]。其中,城市固体废弃物焚烧灰已经在路面基层及水泥处理基层中得到了应用[90-91]。同样,粉煤灰已被证实有助于改善混凝土的力学性能和耐久性[92]。因此,硅灰改性剂和粉煤灰都是提高透水混凝土强度的有效选择。如今,低影响开发(LID)(参见 DB 13/T 2669—2018 高速公路服务区设计规范)和资源可持续利用的理念受到各个国家的支持。粉煤灰是煤燃烧后从烟气中收集的细灰,占火力发电厂排放的固体废物的绝大部分[92]。在中国,2000年粉煤灰产量为1.5亿t,2015年产量为3.5亿t,粉煤灰的生产与存储对经济建设和环境保护造成巨大压力[93]。此外,由于粉煤灰含有一定的化学成分及重金属,大量未经处理的粉煤灰会产生粉尘,造成空气污染。粉煤灰排入河流,河道被淤塞,其中有的有毒化学物质对人类和其他生物造成伤害。

4.1.1 研究目标

本研究利用粉煤灰和最佳灰集比生产一种具有高力学性能的透水混凝土。

4.1.2 研究内容

(1) 主要研究内容

本研究首先对灰集比(C/A)对透水混凝土力学性能的影响进行了大量试验,确定了较高强度透水混凝土对应的最佳 C/A。其次,采用各种粉煤灰含量(质量分数:10%、20%、30%、40%)等量替代硅酸盐水泥,探讨粉煤灰对强度的影响,得到最佳粉煤灰掺量。本研究采用硅灰(SF)和改性剂(SBT),以帮助凝胶,增强水化反应。

(2) 研究方法及设计

本研究使用集料、水泥、水、硅灰和一种改性剂生产透水混凝土,选择从位于中国上海的一个施工现场获得的三种尺寸的集料(玄武岩:2.36～4.75mm、4.75～9.5mm、9.5～13.2mm)。水泥为通用硅酸盐水泥(强度等级:42.5),硅灰为超细硅灰石粉末。改性剂为 SBT-PRC(Ⅰ)。此外,研究人员使用一种产自河南的粉煤灰。施工中的透水混凝土所采用的水灰比(W/C)通常在适当的范围内变化。在《透水混凝土路面技术规范》(CJJ/T 135—2009)中,建议 W/C 值为 0.26～0.34。本研究采用 0.31 作为 W/C,在强度和施工和易性之间取得平衡。为了充分研究 C/A 的影响,测试了五个值（0.18、0.20、0.22、0.24、0.26）的性质。同时，分别设计了三种集料的比例。透水混凝土样品的混合设计如表4.1所示。这里使用抗压强度和劈裂抗拉强度来表示透水混凝土的力学性能。同时，测试了孔隙率和透水系数，分析了C/A和粉煤灰对透水混凝土的影响。

表4.1 配合比设计及试验结果

组别	W/C	C/A	各粒径比例（%）			孔隙率（%）	抗压强度	
			9.5～13.2	4.75～9.5	2.36～4.75		7d	28d
1	0.31	0.18	0	100	0	25.7	7.9	12.7
	0.31	0.18	15	75	10	25.6	10.8	17.6
	0.31	0.18	30	50	20	24.7	12.5	19.1
	0.31	0.18	45	25	30	25.1	10.7	15.7
2	0.31	0.20	0	100	0	25.1	11.8	16.1
	0.31	0.20	15	75	10	23.7	13.8	18.9
	0.31	0.20	30	50	20	23.1	14.6	20.8
	0.31	0.20	45	25	30	24.2	15.9	22.9
3	0.31	0.22	0	100	0	23.9	16.6	22.1
	0.31	0.22	15	75	10	22.4	21.1	23.3
	0.31	0.22	30	50	20	23.1	22.7	25.1
	0.31	0.22	45	25	30	24.3	24.6	25.7
4	0.31	0.24	0	100	0	22.5	17.4	21
	0.31	0.24	15	75	10	21.2	16.1	22.4
	0.31	0.24	30	50	20	20.5	18.3	24.9
	0.31	0.24	45	25	30	21.3	16.7	23.7
5	0.31	0.26	0	100	0	20.3	11.9	17.1
	0.31	0.26	0	90	10	20.2	12.87	19.3
	0.31	0.26	0	80	20	19.9	15.2	22.6
	0.31	0.26	0	70	30	18.7	14.1	21.1

4.1.3 试验结果分析

（1）C/A对透水混凝土性能的影响

为了探讨C/A对透水混凝土性能的影响并获得最佳C/A，使用孔隙率和抗压强度来表明不同C/A下透水混凝土的力学性能。在5种C/A值中测试了4种级配的抗压强度和孔隙率。如图4.1所示，随着C/A从最初的0.18增加到0.22，每个级配的抗压强度逐渐提高，这表明水泥的用量不足以完全覆盖集料，从0.22到0.26强度在逐渐下降，这意味着水泥剂量过多。表4.1和图4.2中显示的C/A最佳值为0.22，0.20～0.24是C/A的最佳范围。当过量的水泥加入透水混凝土时，水化热增加，混凝土内外之间出现明显的温差，经常导致裂缝，降低抗压强度。随着级配的变化，透水混凝土的抗压强度也发生了变化。无论在哪个C/A，抗压强度均遵循"级配3＞级配2＞级配1"

的规律。当达到级配4时，抗压强度的变化略有不同，但仍高于级配1，这证实了与单粒径透水混凝土相比，合理的级配透水混凝土具有更高的强度。对于级配4，当C/A超过0.22时，离析开始出现并加剧。因此，透水混凝土的抗压强度迅速下降。28d后透水混凝土的孔隙率和抗压强度的相互关系呈线性，即

$$F_{c,28d} = -1.813\rho + 62.91 \quad R^2 = 0.912 \tag{4-1}$$

式中　ρ——孔隙率，%；

$F_{c,28d}$——28d后透水混凝土的抗压强度，MPa。

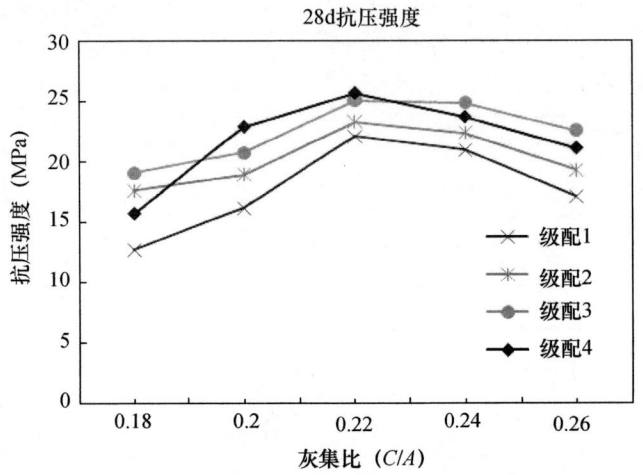

图4.1　28d后抗压强度与水泥集料比的关系

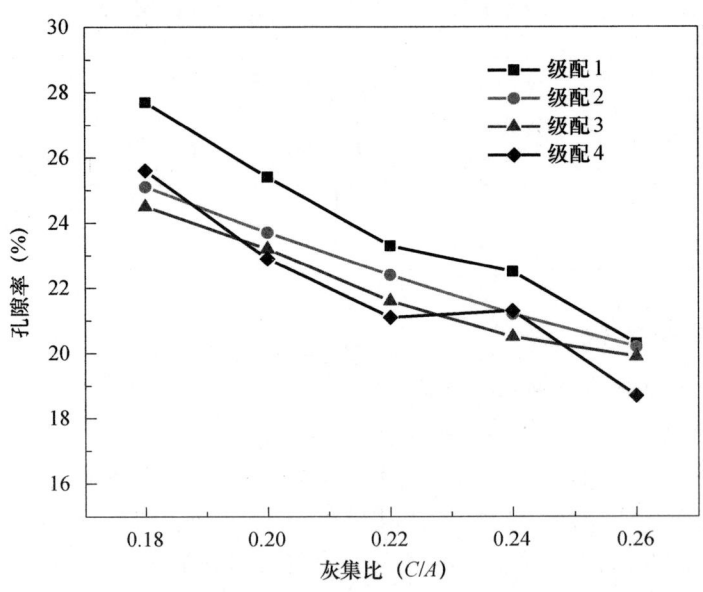

图4.2　透水混凝土孔隙率与水泥集料比（C/A）间的相互关系

（2）粉煤灰掺量对透水混凝土性能的影响

固体废物在路面施工中的利用正逐步发展成一种替代库存和垃圾填埋场的可持续方

式。粉煤灰是一种固体废物，已被证实适用于传统的密级配混凝土。因此，在此引入粉煤灰来生产透水混凝土，以改善性能并减少固体废物。使用的 C/A 是从表 4.1 结果中获得的 0.22。研究人员将水泥用粉煤灰替换为 0～40%。如图 4.3 所示，随着粉煤灰的添加，孔隙率和透水系数的变化趋势略有不同，但均呈现下降趋势。孔隙率的变化小于 3%，透水系数也减小。这表明，粉煤灰与水泥对孔隙率和透水系数的影响不存在明显差异。虽然孔隙率和透水系数的值很小，但任何细小的变化都会产生很大的影响，不应忽视这种变化。当粉煤灰含量从 0 增加到 20% 时，抗压强度从 25.7MPa 增加到 34.5MPa。之后，抗压强度迅速下降。添加粉煤灰时，粉煤灰中的酸性 SiO_2 将与水泥中的碱性组分反应，产生附着在集料表面上的黏合材料层，这改变了透水性混凝土的内部孔结构。总之，粉煤灰可以通过减少连通孔的数量或密封连通孔的大小来影响透水混凝土的有效孔隙率和透水系数。众所周知，抗压强度是反映透水混凝土抗变形能力的最重要指标。然而，有时破坏是由拉应力引起的，因此引入劈裂抗拉强度，以表征其抗裂性。图 4.4 清晰地显示了与抗压强度相对应的劈裂抗拉强度的变化，20% 的粉煤灰含量具有最高的劈裂抗拉强度与抗压强度。总体来说，与对照组相比，20% 粉煤灰含量的粉煤灰可以提高 30% 以上的抗压强度和 8% 的劈裂抗拉强度，孔隙率和渗透率适度下降。

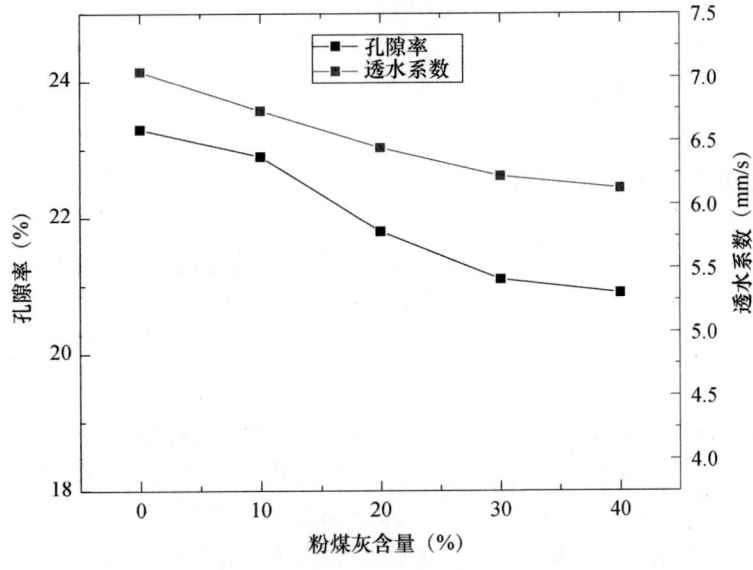

图 4.3 粉煤灰含量、孔隙率与透水系数的相互关系

4.1.4 小结

本节研究了 C/A 及粉煤灰对透水混凝土的孔隙率、抗压强度、透水系数的影响，通过力学性能指标找到最佳 C/A 及粉煤灰含量。根据测试结果可以得出以下结论。

C/A 对透水混凝土的性能有重要影响。较高的 C/A 往往对应较低的孔隙率，并且 C/A 与抗压强度之间的关系并不总是正相关的。28d 后，孔隙率和抗压强度呈良好的线性关系。

存在最佳 C/A 范围（0.20～0.24）。掺入粉煤灰可以改善透水混凝土的力学性能，包括抗压强度和劈裂抗拉强度。然而，在本研究中，当含量超过 30% 时，粉煤灰不能改善透水混凝土的性能。

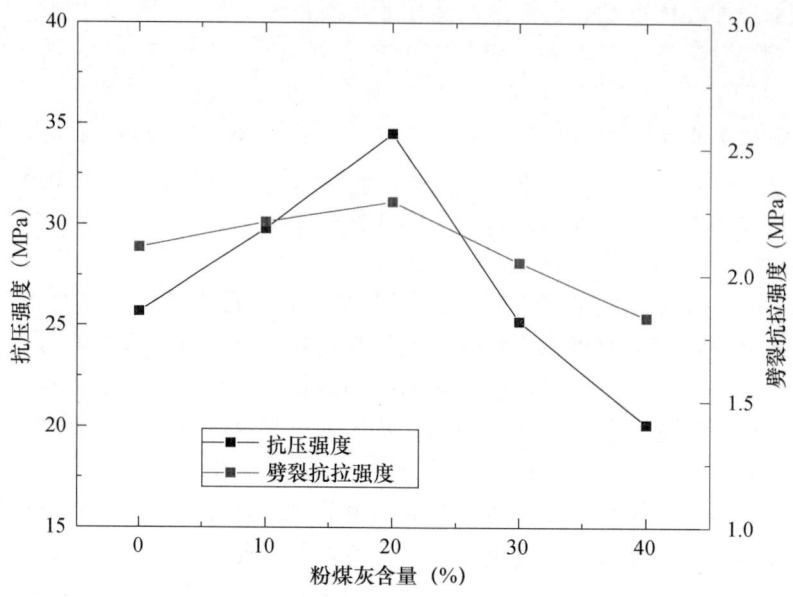

图 4.4 粉煤灰含量、抗压强度、劈裂抗拉强度的相互关系

与普通透水混凝土相比，20%粉煤灰含量可提高 30% 以上的抗压强度和 8% 的劈裂抗拉强度，孔隙率和渗透率适度下降。

4.2 大孔隙水泥混凝土增强技术

水泥混凝土是当前世界上使用量最大的工程材料。传统的混凝土无法满足诸如海绵城市及其附属透、排水基础设施等在复杂环境-荷载应力下复杂结构的功能和环保要求，大孔隙水泥混凝土材料具有诸多优良特性，目前逐步被推广使用[94]。大孔隙透水铺装材料的多孔结构在赋予其优良生态功能性（透水、水净化、降温等）的同时，也产生了一些结构缺陷。大孔隙透水材料为骨架-空隙型混合料，内部多为石-石之间的点接触，应力集中现象明显，点接触处主要由水泥胶结料提供水泥-集料界面处的粘结力，且接触面较小，进而造成透水水泥混凝土整体强度偏低[95]。交通行业目前对大孔隙水泥混凝土强度和耐久性能的要求越来越高，透水水泥混凝土增强材料的研究与应用便应运而生。其中，纤维混凝土作为一种新型的混凝土材料，其内部分布的纤维可以大大提高和改善混凝土的各项基本性能[96]。因此，纤维混凝土在现代化土建、交通工程中得到了广泛且长足的应用。

4.2.1 纤维在混凝土中的作用

纤维混凝土种类多样，不同的纤维在混凝土中起到的作用并不相同。总体而言，纤维在混凝土中主要起到阻裂、增强、增韧三方面的作用。

（1）阻裂作用

混凝土在浇筑后的 24h 之内，在没有施加外部荷载的条件下，如果混凝土基体在较短时间内迅速失去大量水分，将会导致混凝土基体产生塑性收缩，其基体很容易产生大量裂纹。此时，混凝土中的纤维便可以承受混凝土因塑性收缩产生的拉应力，抑制裂纹的产生。

（2）增强作用

混凝土不仅具有很低的抗拉强度，而且混凝土的内部存在很多缺陷和微裂纹，强度性能更是无法保证。如果把适量的纤维掺入混凝土中，混凝土的抗拉强度、抗剪强度、弯拉强度以及抗疲劳强度等会有一定程度的改善。

（3）增韧作用

在外部荷载的作用下，混凝土会开裂，裂缝周围的纤维就会成为裂缝处拉应力的主要承受者，延缓混凝土宏观裂缝的扩展，进而提高混凝土的韧性。另外，纤维可以提高并且改善混凝土的耐腐蚀性、抗冻融性、抗渗性和耐久性等性能。

4.2.2　几种常用的纤维混凝土

目前，在工程中常用的几种纤维混凝土分别是钢纤维混凝土、玄武岩纤维混凝土、聚丙烯纤维混凝土、碳纤维混凝土等。

（1）钢纤维混凝土

钢纤维混凝土是一种在混凝土拌和过程中向混凝土基体随机地掺入无规则分布的短切钢纤维混合而成的新型复合混凝土材料。在混凝土中掺入适量的钢纤维，混凝土开裂后，横跨裂缝的钢纤维成为外应力的主要承担者，能够阻止混凝土内部微裂纹的扩展，阻止宏观裂缝的形成，使混凝土的抗弯、抗拉、抗剪和抗扭强度相比普通混凝土显著提高，大大改善混凝土的抗冲击、抗疲劳、裂后韧性和耐久性。

（2）玄武岩纤维混凝土

玄武岩纤维混凝土是一种将一定比例的特定玄武岩纤维均匀地分布在混凝土基体中以改善混凝土的韧性，提高混凝土的抗压比和抗弯性能的特种混凝土。玄武岩纤维可以增强混凝土的耐碱性，具有较强的可设计性，易加工、易成型，并且使混凝土具有较高的握裹力和极强的抗拉、抗弯强度，提高混凝土自身的抗折强度以及混凝土基体的韧性和抗冲击性能。

（3）聚丙烯纤维混凝土

聚丙烯纤维混凝土是一种在混凝土基体中掺入少量的短切聚丙烯纤维以改善混凝土性能的新型复合混凝土材料。在混凝土基体中掺加少量的聚丙烯纤维，可以显著提高混凝土的抗裂性能和韧性，并且聚丙烯纤维本身具有耐化学腐蚀性能较强、强度较高等优点。大量工程实践表明，聚丙烯纤维能够有效地阻止混凝土的离析，极大地改善混凝土的防裂抗渗性能、抗冲击性能、抗弯曲疲劳性能以及韧性，显著提高混凝土的使用寿命。

（4）碳纤维混凝土

碳纤维混凝土是一种在拌和过程中向普通混凝土基体中添加微量的具有一定形状的短切碳纤维以及超细添加剂组成的集多种功能与结构性能于一体的新型复合混凝土材料。在混凝土中掺入适量的短切碳纤维，可以有效地阻止混凝土构件裂缝的扩展，改善混凝土的力电效应，提高混凝土的温敏性，增强混凝土的力学机敏性，并显著改善混凝土的导电性能和电磁屏蔽性能，扩大混凝土的应用领域。

4.2.3　外加剂对混凝土的作用

功能性外加剂作为混凝土拌合物的一种重要组成材料,可确保混凝土在设计年限内具有优良的路用服役性能,是实现混凝土高强度高性能的一种功能性重要材料。添加适量的外加剂,可以提高混凝土的强度,改善混凝土的性能,减少水泥的用量,节约资源,降低成本,加快工业化发展。用较少的功能外加剂便可以优化混凝土的微结构,进而满足不同服役性能的材料或结构要求。因此,科学地选择外加剂的种类、性能、用量,对提高现代混凝土工程建设的质量具有重要作用。目前,国内外混凝土建筑物中最常用的混凝土外加剂类型有早强剂、减水剂、引气剂、泵送剂、缓凝剂等数十种。

(1) 减水剂

混凝土外加剂中使用最广泛的是减水剂。对于坍落度相同的混凝土而言,混凝土搅拌中加入少量减水剂,能够减少混凝土拌和用水量。减水剂的发展经历可以简要地概括为:早期的木质素磺酸盐到后来的聚合物高效减水剂(萘系和三聚氰胺系),再到目前的聚羧酸系高性能减水剂。在现代混凝土建筑物中使用最多、效率最好的高效减水剂是聚羧酸系减水剂。研究表明,聚羧酸系高效减水剂的分子结构有利于提高混凝土的强度和抗裂性能,对混凝土干缩、温缩的影响很小。

(2) 缓凝剂

目前,国内外使用的缓凝剂大体可以分为两类:一类是无机缓凝剂,一类是有机缓凝剂。无机缓凝剂是与混凝土发生反应,在混凝土表面生成一种难溶的薄膜,以延缓混凝土的凝结时间;有机缓凝剂不仅吸附在混凝土表面,而且可以在水泥水化硬化过程中吸附在新物质上,使其保持稳定,从而改变晶体的内部结构,这两种反应机理都有助于抑制混凝土性能的改变,延缓混凝土的凝结时间。掺入一定量的缓凝剂,可以使混凝土在较长时间内保持塑性性能;共同使用缓凝剂和减水剂,可以提高混凝土强度。缓凝剂对混凝土的早期强度有一定的影响,可能不利于工程施工进度。

(3) 早强剂

现代混凝土建筑物常用的早强剂可以分为以下几类:强电解质无机盐类、水溶性有机化合物类(如三乙醇胺等)、其他有机化合物、无机盐复合物等,目前最常用、效果最好的早强剂是三乙醇胺。早强剂通过与混凝土拌合物发生化学反应,提高混凝土的密实度,减少混凝土孔隙率,从而提高混凝土的早期强度。掺入适量早强剂,虽然可以提高混凝土表面的早期强度,但导致混凝土中胶体含量较少,结晶体含量较多,使混凝土弹性模量达不到规定值,在混凝土长期使用过程中产生较大的收缩徐变,严重时会缩短混凝土建筑物正常使用寿命。

(4) 引气剂

美国于20世纪30年代研制出引气剂。引气剂使混凝土在搅拌过程中形成大量稳定而封闭的微小气泡,从而改善混凝土的和易性和耐久性。在水泥用量和坍落度相等的情况下,对不同掺量的引气剂进行研究,发现混凝土含气量以及抗压强度损失率随着引气剂的增多而不断提高;含气量小于6%时,随着含气量的增加,抗压强度有所损失,而韧性不断提高。

4.2.4　大孔隙纤维水泥混凝土材料优化研究

河北省曲港高速公路安国南服务区在广场、小汽车和客车等停车区域铺装了五种经过结构和材料性能优化设计的透水路面，如图4.5所示。

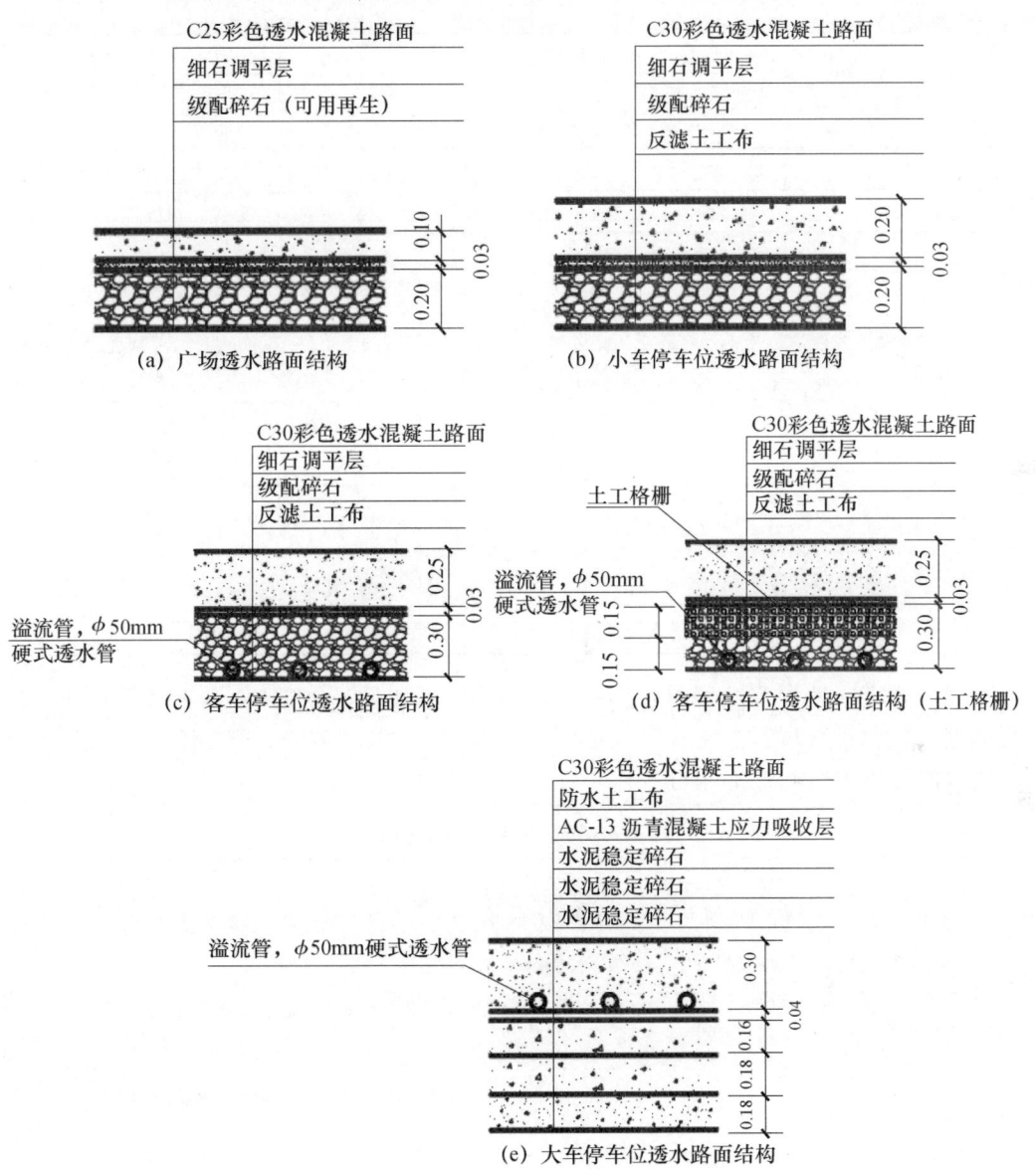

图4.5　五种透水路面

（1）材料设计

面层集料要求：满足各项设计指标的要求，务必使用质地坚硬、耐久、洁净的玄武岩碎石料，面层集料级配碎石范围如表4.2所示，集料性能指标如表4.3所示。面层下部的级配碎石基层和调平层铺设完毕后，在面层施工时，须注意：级配碎石基层和调平层的平整度和压实度不变化。

表 4.2 面层级配范围

层位 级配类ª	通过各筛孔的质量百分率（%）							
	26.5mm	19mm	16mm	13.2mm	9.5mm	4.75mm	2.36mm	1.18mm
上面层 PCC-10	100	100	100	100	85～100	10～30	0～10	0～5
下面层 PCC-20	100	100	95～100	90～100	60～100	25～35	0～5	0

ª 透水水泥混凝土（pervious cement concrete，PPC）面层分为上、下面层，路用性能更加优良。上面层粒径较细，下面层粒径较粗。

表 4.3 集料性能指标

项目	层位		试验方法
级配类型	上面层 PCC-10	下面层 PCC-20	
压碎值	<15.0%	<10.0%	粗集料压碎值试验 （T 0316—2005）
针片状颗粒含量 （按质量计）	<15.0%	<10.0%	水泥混凝土用粗集料针片状颗粒含量试验 （T 0311—2005）
含泥量 （按质量计）	<1.0%	<0.75%	粗集料含泥量及泥块含量试验 （T 0310—2005）
表观密度	≥2500kg/m³	≥2500kg/m³	粗集料密度及吸水率试验（容量瓶法） （T 0308—2005）
紧密堆积密度	≥1350kg/m³	≥1350kg/m³	粗集料堆积密度及空隙率试验 （T 0309—2005）

外加剂要求：使用改性剂时，用法、用量需参考出厂厂家的要求，并根据实际需求进行调整，且应符合现行国家标准《混凝土外加剂》（GB 8076）的规定。

透水混凝土混合料性能指标要求，如表 4.4 所示。

表 4.4 透水混凝土性能指标

项目		广场、篮球场等区域	小汽车、大巴车、货车停车区域	试验方法
		性能指标	性能指标	
耐磨性（磨坑长度）		≤30mm	≤30mm	无机地面材料耐磨性能试验 （GB/T 12988—2009）
透水系数（15℃）		≥5mm/s	≥5mm/s	透水水泥混凝土路面技术规程 （CJJ/T 135—2009）
抗冻性	25 次冻融循环后的抗压强度损失率	≤20%	≤20%	普通混凝土长期性能和耐久性试验方法标准（GB/T 50082—2009）
	25 次冻融循环后的质量损失率	≤5%	≤5%	

续表

项目	广场、篮球场等区域 性能指标	小汽车、大巴车、货车停车区域 性能指标	试验方法
连续孔隙率	15%～25%	15%～22%	透水混凝土路面技术规程（CJJ/T 135—2009）
强度等级	C25	C30	
抗压强度（28d）	≥25MPa	≥30MPa	公路工程水泥及水泥混凝土试验规程（T 0501—2005）
弯拉强度（28d）	≥2.5MPa	≥3.5MPa	
耐候度 110℃/7d高温处理后透水系数损失率	<0.1%	<0.1%	—
耐候度 110℃/7d高温处理后抗压强度损失率	<0.2%	<0.2%	—

注：施工方工作面的设置和材料的堆放场地，须符合总包方及现场场地的要求。

（2）材料使用

① 水泥使用普通硅酸盐水泥，水泥标号为 P.O 42.5R，质量符合现行国家标准《通用硅酸盐水泥》（GB 175）的规定。

② 按照《公路工程集料试验规程》（JTG E42—2005）的规定，集料的性能如表 4.5 所示。

表 4.5 集料性能

项目	测试结果	规范要求
压碎值（%）	14.6	<15
针片状含量（%）	25.7	<15
泥含量（%）	4.25	<1.0
表观密度（kg/m³）	2757	>2500
压实密度（kg/m³）	1919	>1350

③ 由于国家环保控制，只能选用当地给定集料，最终级配如表 4.6 所示。

表 4.6 给定集料级配

孔径（mm）	集料百分比和孔径大小（%）			
	2	77	18	3
	13.2～9.5	9.5～4.75	4.75～2.36	2.36～1.18

本研究采用抗压强度和总孔隙来表示不同 C/A 条件下透水混凝土的力学和透水性能，级配优化过程如表 4.7、图 4.6、图 4.7 所示。为了探讨 C/A 对透水水泥混

凝土性能的影响,并获得较好的 C/A,测试了 4 种级配和 5 种等级 C/A 的抗压强度和总孔隙率。从图 4.6 可知,随着 C/A 的增加,各级配的抗压强度先从 0.18MPa 增加到 0.22MPa,说明这个阶段的水泥用量不足以完全覆盖集料,后从 0.22 增加到 0.26,说明水泥用量过大。由此可知,C/A 最佳值为 0.22,而 0.20~0.24 是 C/A 最佳范围。当大孔隙水泥混凝土中加入水泥过量时,水化热增加,混凝土内外出现明显的温度差,这种情况经常导致裂纹的出现及最终抗压强度的降低。随着级配的变化,透水混凝土的抗压强度相应变化,但无论 C/A 如何,抗压强度总是显示为 3 级>2 级>1 级。当达到 4 级时,抗压强度变化略有不同,但仍高于 1 级,这说明了级配优化透水混凝土的强度明显提高。由表 4.7 可知,从 4 级开始,透水水泥混凝土开始离析,而当 C/A 超过 0.22 时,离析更加明显,且抗压强度迅速降低。28d 大孔隙水泥混凝土的孔隙度和抗压强度的相互关系,如图 4.8 所示,其公式为

$$F_{c,28d} = -1.027\rho + 42.55 \quad R^2 = 0.909 \quad (4-2)$$

式中 ρ——孔隙率,%;

$F_{c,28d}$——大孔隙水泥混凝土 28d 抗压强度,MPa。

表 4.7 级配优化过程

C/A 类型	W/C	C/A	级配及其百分比(%)			孔隙率(%)	抗压强度	
			13.2~9.5	9.5~4.75	4.75~2.36		7d	28d
1	0.31	0.18	0	100	0	21.6	17.3	24.5
	0.31	0.18	5	85	10	20.7	18.5	25.6
	0.31	0.18	10	70	20	19.5	20.1	26.0
	0.31	0.18	15	55	30	20.3	19.8	25.7
2	0.31	0.20	0	100	0	20.5	21.2	26.1
	0.31	0.20	5	85	10	19.2	21.6	26.9
	0.31	0.20	10	70	20	18.7	21.5	27.8
	0.31	0.20	15	55	30	18.4	21.9	28.6
3	0.31	0.22	0	100	0	19.7	21.7	26.7
	0.31	0.22	5	85	10	18.6	22.8	27.9
	0.31	0.22	10	70	20	18.1	23.1	28.3
	0.31	0.22	15	55	30	17.9	24.1	29.1
4	0.31	0.24	0	100	0	18.1	24.7	29.6
	0.31	0.24	5	85	10	16.9	25.2	30.8
	0.31	0.24	10	70	20	16.2	25.6	31.6
	0.31	0.24	15	55	30	16.5	25.1	31.2
5	0.31	0.26	0	100	0	16.2	24.0	29.3
	0.31	0.26	0	90	10	15.8	23.9	30.2
	0.31	0.26	0	80	20	15.1	24.5	31.3
	0.31	0.26	0	70	30	15.3	24.2	30.8

通常，当水泥掺量较小时，透水混凝土的抗压强度随着水泥用量的增加而迅速增加，因为水泥与集料表面的黏结强度越高。当水泥含量达到一定水平时，强度在一定范围内波动，不会迅速下降。考虑到表4.7中5种C/A下大孔隙水泥混凝土抗压强度的变化趋势，且0.2～0.24是本研究使用集料的最佳C/A范围，但加入的各种增强剂、增强纤维将包裹和消耗更多的水泥，因此为了提高大孔隙水泥混凝土的抗压强度，最终选定的C/A高于0.24。为了提高透水混凝土的流动性，必须加入减水剂。为了提高抗压强度，专用增强剂也是必要的补充。因此，本研究探讨了从0.23到0.27的C/A（远大于0.24），以获得之前确定级配下大孔隙水泥混凝土的最佳C/A，如表4.8和图4.9所示。结果表明：随着C/A的增加，大孔隙水泥混凝土抗压强度呈现出混合变化的情形，即在0.25处出现峰值，而孔隙和透水性均线性下降。这些试件均没有出现水泥离析的现象，说明在减水剂＋增强剂的影响下，集料表面包裹了更多的水泥。此外，水泥用量过大，反而降低大孔隙水泥混凝土的抗压强度，且减小密封连通孔隙的尺寸，从而降低其孔隙率和透水性[97]。如图4.9所示，随着C/A的增加，7d和28d的抗压强度差有混合变化，即出现带峰值（0.25）的二次曲线，这说明集料表面附着的水泥越多，反而阻止水泥浆内部的水泥水化反应，进而相对降低其混合料抗压强度。

表4.8 减水剂＋增强剂下大孔隙水泥混凝土C/A的优选

| 序号 | W/C | C/A | 级配（%） | | | | 孔隙率（%） | 抗压强度（MPa） | | 渗透系数（mm/s） |
			A	B	C	D		7d	28d	
1	0.25	0.23	2	77	18	3	15.2	26.3	33.4	2.33
2	0.25	0.24	2	77	18	3	14.1	28.1	36.1	2.05
3	0.25	0.25	2	77	18	3	13.3	29.4	37.5	1.83
4	0.25	0.26	2	77	18	3	12.9	28.6	35.6	1.61
5	0.25	0.27	2	77	18	3	12.4	27.3	32.6	1.57

注：减水剂的掺量为水泥胶浆质量的2.5‰，增强剂掺量为多孔隙混凝土质量的5‰。
A：13.2～9.5；B：9.5～4.75；C：4.75～2.36；D：2.36～1.18

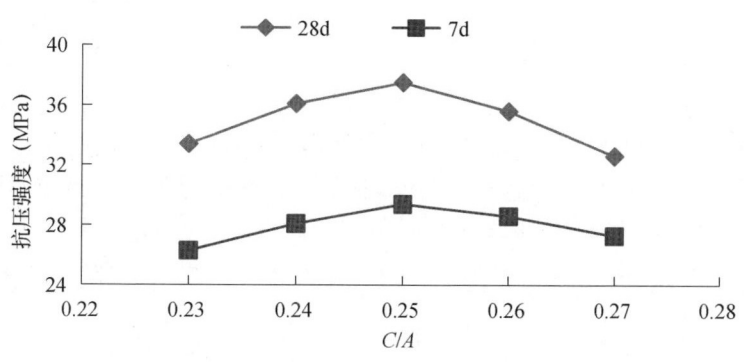

图4.9 给定级配、减水剂＋增强剂下C/A与抗压强度的相互关系

⑤ 为了进一步提高透水水泥混凝土的性能，本研究重点探讨了纤维的性质和功能，最后推荐使用玄武岩纤维或粗聚丙烯纤维。

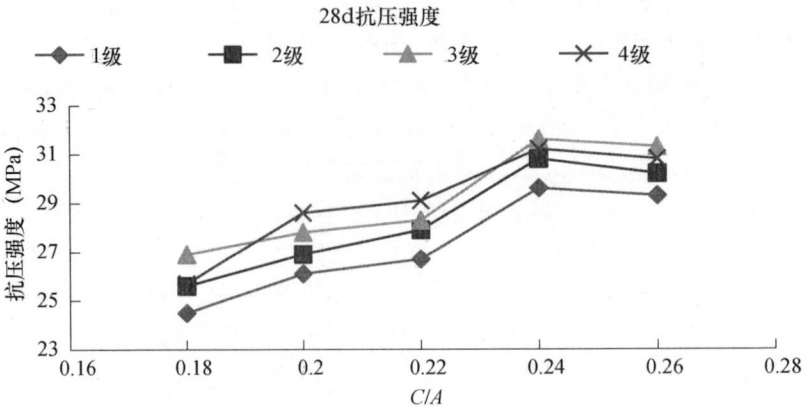

图 4.6 大孔隙混凝土 C/A 和抗压强度的相互关系

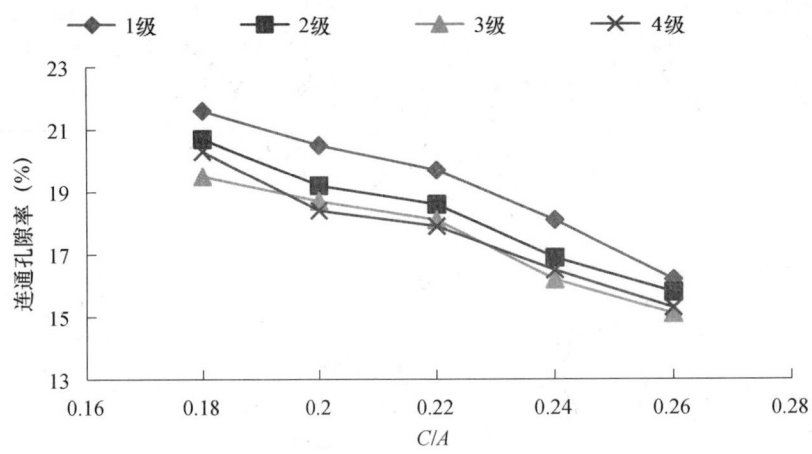

图 4.7 大孔隙混凝土 C/A 和连通孔隙率的相互关系

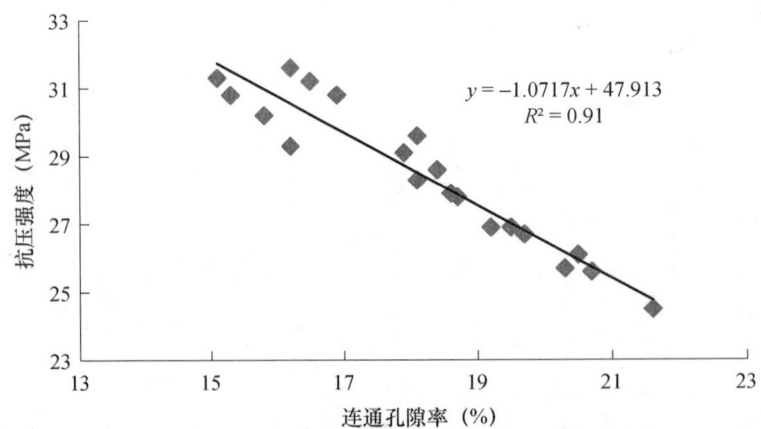

图 4.8 大孔隙混凝土抗压强度和连通孔隙率的相互关系

④ 经过 C/A 优化设计,添加减水剂+增强剂的大孔隙水泥混凝土的最终 C/A 为 0.25,试验分析如下所述。

为了进一步提高透水水泥混凝土的性能，拟在透水水泥混凝土中添加更多类型的外加剂，如表4.9所示。外加剂可以简单地分为两类，即物理改性外加剂和化学改性外加剂。本研究对几种常用的改性外加剂进行了试验，前者由三种纤维组成，后者是能够直接影响水泥砂浆性能的两种粉末粉煤灰和硅灰。结果显示，这些物理纤维对抗压强度的改性均优于化学粉末，且物理或化学改性外加剂内部有明显差异。相较于粗、细两种聚丙烯纤维，玄武岩纤维具有与集料相当的弹性模量，更容易与水泥砂浆黏结并形成黏结强度。但是，硬、长的粗聚丙烯纤维可以明显提升大孔隙水泥混凝土7d抗压强度，因其形成的网状空间结构起到一定的骨架作用。软细聚丙烯纤维一般很难均匀分散，很多纤维会结块并包裹更多的水泥浆，进而产生许多小的软水泥球。这种团聚现象不仅抵消一部分的C/A，而且减小了连通孔隙的尺寸，甚至将其密封起来，虽然这些软水泥球略微提高了混凝土的抗压强度，但也降低了其抗折强度。硅灰和粉煤灰均能较好地改善透水水泥混凝土在28d时的抗压和抗折强度，且前者优于后者。至于7d的抗压强度，硅灰甚至出现下降，而粉煤灰变化不大。总之，这些掺合料对混凝土的抗压强度、抗折强度、空隙率和透水性的影响没有明显的变化规律。

表4.9 减水剂＋增强剂下外加剂进一步增强优化

增强外加剂	所占比重	孔隙率（%）	抗压强度（MPa）		渗透系数（mm/s）	抗折强度（MPa）
			7d	28d		
玄武岩纤维	2‰（混合料）	12.4	29.2	44.3	1.38	5.06
粗聚丙烯纤维	1.2‰（混合料）	11.2	30.1	43.6	1.13	5.32
细聚丙烯纤维	0.2‰（混合料）	11.5	26.5	42.3	1.85	4.67
粉煤灰	15%（水泥）	12.9	29.6	40.9	0.72	4.93
硅灰	6%（水泥胶浆）	13.5	27.8	41.3	1.66	4.98
—	—	13.3	29.4	37.5	1.83	4.87

注：$W/C=0.25$。

4.2.5 小结

本节系统开展了多种工程应用类纤维对大孔隙混凝土面层力学性能的影响研究，采用基于集料级配＋增强剂、减水剂＋增强纤维的复合定性、定量研究方法，基于正交试验方法，找到了大孔隙混凝土面层力学性能的优化配方，开发了高强耐久型大孔隙水泥混凝土路面面层材料。

（1）探究多种工程应用类纤维对大孔隙混凝土面层力学性能的影响规律

本研究采用定性分析和定量分析相结合的方法，对水泥胶浆的流塑性进行了测试和分类，研究了大孔隙混凝土面层力学性能的变化规律，并指明了两者之间的内在联系。素水泥胶浆加入最佳含量的纤维后，长度为50mm的粗聚丙烯纤维和长度为12mm的玄武岩纤维对素大孔隙混凝土面层抗压、抗折强度和耐久性均有15%～30%的提升效果，长度12mm的细聚丙烯纤维度对抗压和耐久性能的增强效果不到10%，抗折强度在20%以上。

(2) 基于集料级配＋增强剂、减水剂＋增强纤维的复合改性研究

基于集料级配＋增强剂、减水剂优化后的大孔隙混凝土面层材料，进行纤维再次增强技术，集料级配＋增强剂、减水剂＋增强纤维的复合改性技术比集料级配＋增强剂、减水剂的复合改性技术复杂得多，各类纤维间无明显平行的变化规律，同种纤维不同尺寸间有较大的关联。最后，基于正交试验方法、水泥胶浆流塑性，找到了大孔隙混凝土面层力学性能的优化配方，开发了高强耐久型大孔隙水泥混凝土路面。

4.3 大孔隙水泥混凝土环保性能研究

城市的快速发展导致地表大面积硬化，降雨产生大量地表径流及道路面源水污染。在发达国家，点源污染基本得到控制，雨水径流带来的面源污染成为水体污染的主要因素。例如，美国约有60％的河流和50％的湖泊的污染来自城市地表径流。在中国，雨水径流的污染问题也很严重，太湖、滇池等重要湖泊污染严重，在污染来源中，工业废水、城市生活污水及面源污染分别占9％、24％和67％。

城市雨水径流是仅次于农业污染的第二大面源污染源，其中道路雨水占河流总面源污染负荷的15％以上。传统不透水路面的排水通道使径流雨水无法被附近的土壤吸收，因此未经土壤天然过滤的降水会污染临近的水源及河流，影响水文生态环境。降雨量较大时，市政排水系统可能出现雨水溢出等问题，使未经收集的雨水在路面形成地表径流，冲刷并携带车辆泄漏到路表的燃油及垃圾，很可能导致附近受体水域的污染。此外，研究表明，城市道路在一段干旱期之后，由于轮胎磨损、车辆漏油以及路边的生活垃圾未及时处理等，城市道路地表积聚了大量污染物。干旱期结束后的初雨冲刷携带这些污染物，导致附近受体水域的严重污染（研究表明，道路径流面源水污染物含量远超过地表Ⅴ类水及部分污水厂污水的污染物含量，并对动物和人类的健康造成严重危害。然而，传统的暴雨径流水量和水质处理方案，如生物滞留池、蓄水池等，很容易受到空间区域的制约（如已建成的城市区域）或造成土地资源占用的浪费[98-102]。因此，道路径流水污染的净化技术需要集成、节约、高效的创新方案。道路面积占城市总面积的35％～50％，而道路径流污染作为一种面源污染，对控制城市面源污染起到至关重要的作用[103-105]，因此，大孔隙透水铺装作为一种控制城市面源污染、降低城市雨洪风险的有效措施，用创新的环保功能型道路铺装材料与结构系统来解决道路自身产生的城市水环境问题。

4.3.1 国内外研究现状

(1) 径流污染特征

我国在城镇化快速发展过程中存在开发强度高、硬质铺装多等问题，导致下垫面过度硬化，改变了城市原有自然生态本底和水文特征[106]。以我国北方为例，城市开发建设前，在自然地形地貌的下垫面条件下，70％～80％的降雨通过自然滞渗进入地下，涵养本地生态和环境，只有20％～30％的雨水形成径流外排；城市开发建设后，下垫面硬化导致70％～80％的降雨形成径流，仅有20％～30％的雨水入渗，呈现出相反的水文特征。研究表明，一个地区的自然水文特征发生10％的变化，就会对当地生态环境产生一定的影响；如果变化超过30％，那么会对当地的生态环境造成严重影响，甚至

出现生态退化。在城镇化发展过程中，应及时调整城市规划、建设和管理理念，通过控制雨水径流，以便有效应对上述问题。

城市径流污染特性的研究在发达国家已有40多年的历史。美国环保署（USEPA）于1978年开展了历时5年的全国城市径流项目研究（Nationwide Urban Runoff Program, NURP），以掌握城市径流的污染特征，为城市雨水径流污染的控制提供依据[107]。

车辆在道路表面行驶的过程中，由于橡胶轮胎、金属的磨耗以及漏油等会产生一定的污染物，如果路表产生地表径流，这些污染物和路边未及时处理的生活垃圾被径流冲走，带入附近的汇流湖泊和河流等水体，导致水体污染并威胁水生物的生存。张千千对国内外城市道路降雨径流污染特征及来源进行了研究和分析[108]。道路径流污染物的种类及来源如表4.10所示，国内外部分城市道路雨水径流污染物含量如表4.11所示。

表4.10 道路径流污染物种类及来源

污染物种类	污染物来源
颗粒物	路面磨损、车辆、大气沉积、道路养护、建筑工地、道路周边土壤侵蚀等
氮、磷	大气沉降、肥料的使用
烃类	油类燃料、沥青路面
铅	含铅汽油、轮胎磨损
锌	轮胎磨损、发动机润滑油
铁	车辆及道路钢结构（如桥梁和护栏等）生锈
铜	金属电镀、轴承及制动部件磨损、杀菌剂和杀虫剂里的金属
镉	轮胎磨损、杀虫剂的使用
铬	电镀金属、制动部件磨损
镍	柴油和汽油、润滑油、金属电镀、轴衬磨损、制动部件磨损、沥青路面
氰化物	防止除冰剂结块化合物的使用
钠、钙、氯化物	除冰剂、抗冻剂、肥料
硫酸盐	路基、燃料、除冰剂
石油类	润滑油、汽油溢流、泄漏、防冻剂、沥青表面沥出物

表4.11 国内外城市道路雨水径流污染物平均质量浓度值（mg/L）

地点及参考文献	日均车流量	道路类型	COD（化学需氧量）	TP（总磷）	TN（总氮）	TSS（总悬浮物）	Pb（铅）	Cu（铜）	Zn（锌）
北京（候培强，2012）	—	高速路	308.26	1.03	7.73	467.68	—	—	—
澳门（黄金良，2006）	30000	道路	117.80	0.24	3.58	417.20	0.07	0.04	0.24
重庆（张千千，2012）	8000	道路	122.79	0.72	3.35	564.18	—	—	—
西安（陈莹，2011）	30000	道路	692.00	—	—	2150	0.05	—	0.25

续表

地点及参考文献	日均车流量	道路类型	COD（化学需氧量）	TP（总磷）	TN（总氮）	TSS（总悬浮物）	Pb（铅）	Cu（铜）	Zn（锌）
南京（李贺，2009）	22000	高速路	131.10	0.37	5.19	122.30	0.04	0.09	0.45
广州城市（Gan，2008）	22170	高速路	308.00	0.39	7.32	415.70	0.12	0.14	1.76
美国加利福尼亚（Han，2006）	260000—328000	高速路	252.50	0.90	—	67.70	0.03	0.09	0.51
德国 Munich（Helmreich，2010）	57000	高速路	—	—	—	355.00	0.06	0.85	0.19
哥伦比亚（Kelly，2007）	—	高速路	—	0.44	—	320.00	0.17	0.09	0.03
加拿大（Wu 等，1998）	25000	高速路	70.00	0.43	—	283.00	0.02	0.02	—
意大利 Genoa（Gnecco，2005）	—	道路	129.00	—	—	140.00	—	—	—
法国 Loire-Atlantique（Legret，1999）	12000	高速路	103.00	—	—	71.00	0.06	0.05	0.36
地表水环境质量 V 类标准			≤40	≤0.4	≤2.0	—	≤0.1	≤1.0	≤2.0

注："—"为未检验。

由表 4.11 的国内外检测数据可知，道路路面径流具有较高的污染强度，COD、SS、TP、TN 等平均浓度都超过《地表水环境质量标准》（GB 3838—2002）V 类标准的要求。因此，对于城市道路径流，应采取措施来治理道路面源污染。

Jenifer 等[109-110]认为城市雨水径流对全球的水生物种栖息地的生态完整性造成显著的威胁，雨水径流中的多环芳香烃（PAHs）和其他污染物会污染水体，缩小水生物群落的生存空间，运用生态滞留过滤的方法可以改善雨水径流污染物含量；此外，传统城市排水系统存在污水处理系统过度集中、污水收集系统建设相对滞后的缺陷，从而导致污水处理的经济性低，污水普遍未经处理直接排入城市受纳水体，对环境和经济造成负面影响。Stenmark 研究表明，多孔透水路面可以降低 50%～81% 的年均地表径流量[111]；Legret 和 Colandini 发现，多孔透水路面可以降低 97% 的年均地表径流量[112]；Dempsey 和 Swisher 的研究表明，多孔透水路面甚至可以降低 100% 的年均地表径流量[113]。

自 20 世纪 70 年代以来，许多国家地区进行了城市路面暴雨径流测，Butcher 等研究了场次降雨路面径流的污染物平均浓度（EMC）[114]。Taeb 和 Lee 等研究了路面径流污染物的初始冲刷现象，分析了初始冲刷与降雨强度和 2 次降雨间隔的关系[115,116]。Shinya 等探讨了路面径流水质与交通强度、暴雨强度、干期长度等的关系[117]。我国在面源污染监测方面起步较晚，近年来，北京、西安、武汉、上海、重庆等城市相继开展了路面径流水质的监测分析，并取得了大量的研究成果。

降雨量决定稀释污染物的水量。通常，污染物的浓度与降雨量负相关，即降雨量越大，污染物的浓度越低。这主要是因为在一场降雨事件中，道路累积的污染物的量是固定的，因为雨水具有稀释作用，所以降雨量越大，污染物的浓度越低。很多学者研究发现，污染物的浓度与降雨量呈负相关关系，如 Gan 等在广州市区和农村地区高速公路径流的研究中发现，公路径流中的污染物浓度与降雨量呈负相关[118]。Kayhanian 等对加利福尼亚 34 条高速路的研究发现，径流中的污染物浓度与降雨量呈明显的负相关关系，并且对于一个降雨事件来说，污染物浓度随着降雨量的增加而下降[119]。Ren 等对北京环路径流的研究得到了类似的结果，即污染物浓度与降雨量负相关，并且在污染物累积量相同的情况下，降雨量越大，径流中污染物浓度越低[120]。但是个别研究未发现此类结果，如 Crabtree 等研究发现污染物的浓度与降雨量不相关[121]。降雨强度与路面径流污染物浓度的关系，在文献中存在一些争议。一些研究发现，污染物的浓度与降雨强度正相关[122]。一些研究发现，不同形态的污染物与降雨强度的相互关系有所不同。李贺等对南京机场高速路的研究发现，降雨强度对以颗粒态存在的污染物（SS、COD、TP 等）影响较大[123]。Kayhanian 等对加利福尼亚高速路的研究发现，最大降雨强度与以颗粒态存在的污染物正相关，而与溶解态的污染物（溶解态 Cu、Zn、总溶解性固体等）负相关[124]。

综上所述，采用透水铺装技术替代传统的不透水硬化铺装，可以有效减少城市地表径流量，并降低城市雨洪风险。城市径流中的污染物种类较多且浓度较大，中国的区域污染比国外更严重。开展透水铺装对于污染物的净化机理研究是目前径流污染环境下亟须解决的问题。

(2) 大孔隙水泥混凝土径流污染控制性能

大孔隙水泥混凝土路面采用水泥、水、透水混凝土增强剂（胶结材料）掺配高质量的单一粒径或间断级配集料组成，是具有一定孔隙率的混合材料。该路面通常具有 15%～25%相互连通的孔隙，使雨水快速渗透到下面的土壤或储水层。大孔隙水泥混凝土路面作为一种海绵城市透水铺装，大孔隙结构使其具有良好的生态功能，其中包括透水、降温、降噪、水净化及水回收再利用等；相较于密实混凝土路面，大孔隙水泥混凝土路面具有节约建筑材料、节约能源、减轻环境负荷、协调人车路环境等特征，优良的透水性能、较大的比表面与和谐的生物相容性确保了良好的雨水净化效果，在环境生态改善方面带来了巨大的社会效益。大孔隙水泥混凝土净水机理主要分为以下三种方式：

① 物理与物化净化：通过大孔隙水泥混凝土结构，利用较大比表面积的过滤、沉淀、吸附、截留作用去除污水中的污染物。

② 化学净化：通过大孔隙水泥混凝土释放出来的一些化学成分（铝离子、镁离子），使污水中的污染物发生混凝沉淀从而实现净化功能。

③ 生物净化：利用混凝土孔隙中生长的生物膜或生物群落来去除污染物。

Karamalegos等对雨水污染物中的颗粒物去除效果进行了对比研究，报告指出，植物性过滤带可以有效去除大于$8\mu m$的颗粒，生态滞留池可以去除大于$3\mu m$的颗粒，砂滤带可去除大于$2.5\mu m$的颗粒。大孔隙透水路面在对于去除粒径$<3\mu m$范围内颗粒污染物是最有效的，路面的排出物质量优于过滤带或滞留池，并且与砂滤器相当[125]。Sansalone等指出，雨水pH值较低，雨水中的Zn和Cu以溶解而非沉淀的形式存在，但是大孔隙水泥路面中的水泥胶结料可以有效提高雨水pH值，沉淀这些金属离子，从而起到净化雨水中金属离子的作用。然而，有研究表明，在降雨过程中，如果降雨时间较长，透水水泥路面中的雨水pH值先上升再逐步下降，最后趋于平稳[126]。Benjamin等对使用6年的透水铺装停车场的雨水净化效果进行了研究，其中包含四种不同的透水铺装，即塑制格栅填充碎石、塑制格栅植草、植草铺装、嵌缝透水铺砖。研究发现，四种透水铺装均具有良好的透水能力和水净化效果。该停车场在使用6年后对绝大多数污染物仍保持良好的透水和水净化性能[127]。Eban等对透水混凝土格栅路面、透水嵌锁混凝土路面和透水水泥混凝土路面的雨水净化效果进行研究，并与传统的不透水沥青路面的雨水净化效果进行对比，发现这三种透水铺装都可以降低雨水中的Zn、氨基氮、总氮和总磷[128]。Revitt等指出，目前水质研究集中于各种影响因素，即滞留时间、气候、路面干燥时间、铺装材料等对污染物的定性影响。除了过滤与渗透，透水路面污染物去除机理还包括吸附、沉淀、生物降解、蒸发、光解作用和植物吸收等[129]。Zhiguang Niu等以透水铺砖作为面层材料（厚度为5.5cm）、配以砂垫层（厚度为5cm）和单一粒径碎石底基层（厚度分别为15cm、20cm、25cm和30cm）三组结构层组成透水铺装，对各层及整体的水净化性能进行了室内试验研究。研究发现，这种透水铺装形式可以有效去除雨水中的总磷（TP）和化学需氧量（COD），但是并不能有效去除雨水中的氨基氮和总氮（TN）[130]。水泥透水砖里含有的Ca^{2+}可以去除雨水中的P，且TP去除率与SS（悬浮物）去除率具有良好的相关性，说明该透水铺装结构对两种污染物的去除原理相似。较大的孔隙尺寸和较高的孔隙率会带来较快的渗透速率，从而影响透水铺装的雨水净化效果。另外，较薄的透水铺装结构厚度会缩短雨水径流的渗流路径，并降低雨水净化效果。Sung bum Park等分别掺加再生集料、人工沸石颗粒、硅粉、玻璃纤维等掺加料的大孔隙生态混凝土对海水中TP、TN的净化效果，并探究了目标孔隙率对渗透系数混凝土强度的影响[131]。

冯萃敏等以嘉兴市区主干道为研究区域，开展了该市两种典型降雨条件下道路雨水径流中典型污染物初期冲刷效果、质量浓度变化规律、道路雨水径流水质污染指标相关性的研究。针对城市典型降雨，分析城市降雨径流污染过程的变化规律，对城市道路径流污染的控制和雨水资源有效利用具有重要意义[132]。张琼华等结合典型城市道路雨水径流污染现状，初期雨水径流对整体雨水水质有明显的改善作用；在综合分析现有雨水利用标准和规范的基础上，提出了雨水不同利用方式的水质建议标准值[133]。许国东等制作了多孔混凝土水质净化试验装置，对5种不同粗集料粒径和空隙率的多孔混凝土进行了水质净化性能试验。附着在多孔混凝土表面的生物体的数量可间接地通过溶解氧（DO）的消耗量来检测[134]。多孔混凝土的水质净化性能可通过TP和TN的去除量进行评价。试验结果表明：多孔混凝土在水中能富集营养物质，并使生物膜附着生长其上；实验证明采用$10\sim20$mm粒径的集料，制备空隙率为25%的多孔混凝土的水质净化效果最佳。汪鸿山等在确定污染物指标的前提下,通过人工配置道路径流水样,结合自制室内试验设备,对所选择的透水性铺装净化层材料净化性能进行测试和评价,取满足路用性能的净化层材料,并得出每种材料对道路径流污染物去除的最佳铺装高度[135]。进而,测定和分析不同种净化层铺装组合形式对道路径流污染的去除效果,从而确定针对于不同道路径流污染地区的透水性铺装路面净化层的铺装型式。崔珍珍等分别研究了三种结构层的雨水入渗、径流污染物的去除效果,并探讨基质内部堵塞对雨水入渗的影响机理以及各种污染物质在结构层内部的净化机理[136]。研究表明,透水混凝土砖能够有效去除雨水中 SS、TP 等污染物;同时,高强度降雨冲刷并不会导致已截留物质的析出。刘聆综合对比不同集料粒径、不同材料、不同孔隙率的多孔质生态混凝土 60d 试验周期内对富营养化水体 TN、TP、氨氮的去除率变化规律[137],最终得到大孔隙混凝土净化水质效果的因素和净水机理。

从以上研究可以看出,由于大孔隙水泥混凝土的净水机理中物理净化占主导效果,因此大孔隙水泥混凝土对悬浮物具有较好的净化效果,但是对于溶解性的氮磷污染物、有机污染物、重金属污染物的净化效果较差。

4.3.2 主要研究内容

本研究主要探讨大孔隙路面材料滤出液的生物毒性、对径流污水的净化效果以及优化设计方案。主要研究内容如下所述。

(1) 通过室内成型不同粒径、目标孔隙率、厚度以及不同净水滤料的大孔隙水泥混凝土试件用于各项性能研究。

(2) 采用斑马鱼生物毒性检测法,对大孔隙路面材料渗滤液的生态相容性进行测定,探究其对水生生物及水生环境是否存在不良影响。

(3) 探究大孔隙路面材料水净化效果的影响因素,污染物包括悬浮物(SS)、总磷(TP)、氨氮(NH_3-N)。

(4) 采用四种净水滤料作为净化功能层,提高大孔隙路面材料的污水净化效果。

(5) 通过大孔隙路面材料负载纳米二氧化钛,通过光催化反应提高污水净化效果。

4.3.3 大孔隙路面材料生态相容性

大孔隙路面材料具有丰富的孔隙结构,对于径流污水具有物理、化学和生化三种不同的净化作用,其中以物理净化为主要方式。本研究运用大孔隙路面材料的径流污水净化测试方法,探讨了大孔隙材料的水净化机理和影响因素及规律,并通过收集路表径流中的主要污染物类型进行模拟降雨试验,研究了净化效果,分析了大孔隙路面材料粒径(4.75mm、9.5mm、13.2mm)、厚度(3mm、5mm、10mm)、目标孔隙率(15%、20%、25%)、不同活性炭掺配比例(采用 2mm 椰壳活性炭等体积替换集料 5%、10%、15%)等主要影响因素及其规律。

目前,道路径流污水的大多数研究关注透水路面对污染物的去除效果,而透水路面的滤出液是否产生类似的氧化塘、生态滞留池等低影响开发手段产生二次污染的可能性等研究甚少。从水泥成分分析可知,渗出液中含有少量有害物质,包括一些金属氧化物等,这些有害物质是否对水生生物及水生环境造成危害鲜有研究。采用斑马鱼生物毒性检测法，对大孔隙水泥混凝土的渗出液进行检测，判断其是否具备作为解决径流水污染问题的技术手段的环境友好性。由于通常选用的集料除大量 SiO_2 外还含有部分 CaO、Fe_2O_3+FeO、MgO 等毒性物质。硅酸盐水泥中含有大量 CaO 和少量 Al_2O_3、MgO、Fe_2O_3、SO_3。这些成分都含有一定的生物毒性。检验大孔隙水泥混凝土滤出液生物毒性是判断其渗出雨水能否直接回收利用、补充江河水源及城市地下水的重要前提，是判断大孔隙水泥混凝土环境友好性能的重要基础，具有切实的科学工程研究意义。

本研究采用国际标准化组织（ISO）推荐的标准试验模式生物斑马鱼（Zebrafish）进行急性生物毒性试验（斑马鱼和人类基因拥有87%的高度同源性，作为模式生物的优势明显，试验结果在大多数情况下适用于人体。同时，斑马鱼具有世代短、子代多、遗传背景清晰明确的特点，孵出后约3个月达到性成熟状态，成熟鱼每隔几天可产卵一次。成熟迅速，大大缩短了试验周期），通过观察其胚胎存活率、孵化率及正常生理功能等指标，提出了大孔隙路面材料的潜在生物毒性的快速检测方法，如图4.10所示。

图4.10　斑马鱼培育实验室

大孔隙水泥混凝土比传统不透水路面具有丰富的孔隙结构，可加大雨水与路面的接触时间与接触面积，从而加剧碱的溶出。过强的碱性对水生环境造成不良影响，抑制水生生物的孵化与成活。普通水泥混凝土的pH值通常为11.5～13.5，混凝土材料中的碱以两种形式存在：一种是被固锁在水泥与集料之中的不可溶性碱；另一种是遇水后可溶于水的可溶性碱。大孔隙水泥混凝土具有很多连通的孔隙，可以采用浸泡法，将试件置于定量纯水中，测定溶液中pH值，探究碱溶出的规律。由于其暴露在水中的表面积更大，所以需要确定大孔隙水泥混凝土碱溶出的规律，见图4.11。

大孔隙水泥混凝土在与水的接触中、释放氢氧根离子，从而使浸出液初始具有较高的pH值。与此同时，碱溶出速率在总体上呈随时间递减的趋势，浸出液中碱浓度在4h左右达到平稳，如图4.11所示。在粒径较小的试件中，水泥与水接触的比表面积较大，pH值较高。在粒径相同时，较大的孔隙率导致相对接触面积增大，从而释放出较多的碱。然而，活性炭的添加可以明显加快pH值降低速率，减少大孔隙水泥混凝土碱溶出对水生环境的影响。

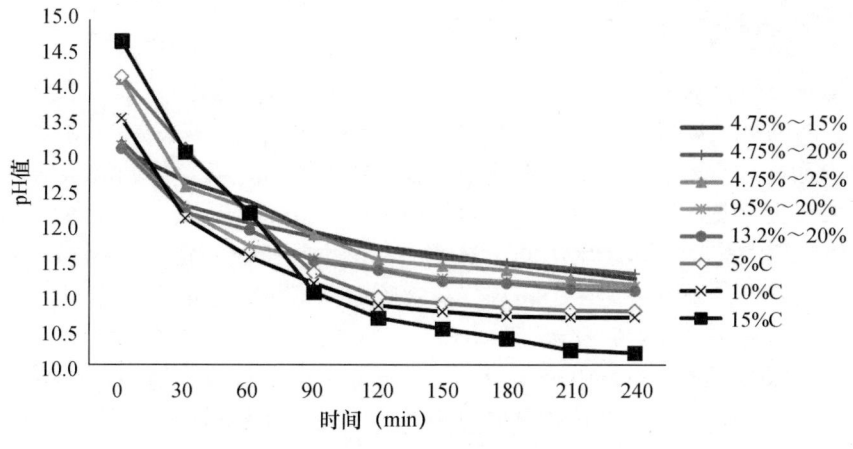

图 4.11 碱析出试验

斑马鱼急性生物毒性试验步骤如图 4.12 所示。首先将待测试件（本试验选用 4.75%、15%C 两种大孔隙水泥混凝土试件）在纯水中浸没 72h；然后取出试件，用 HCl 溶液将待测溶液中和滴定至 pH＝7 待用；收集刚排卵的斑马鱼幼鱼胚胎，置于电子显微镜下观察，并用取卵针剔除未形成、残缺不全以及发育不良的胚胎；将挑选好的胚胎置于 96 孔培养皿中，每孔放置一枚胚胎；将斑马鱼标准培养溶液（H buffer 溶液）和两种待测溶液分别滴入已放置胚胎的培养皿中，使溶液浸没胚胎。H buffer 溶液滴 8 孔，待测溶液各滴 16 孔；将培养皿放入 28.5℃的恒温生化培养箱中 48h 至 3dpf（受精后天数）；取出培养皿，并在透射电镜下观察试验组与标准对照组（H buffer 溶液）胚胎的存活率和孵化率。

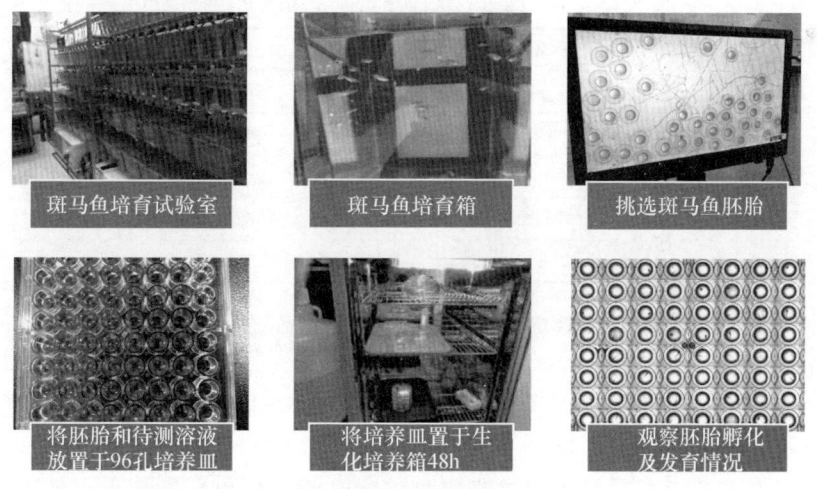

图 4.12 斑马鱼生物毒性试验

在大孔隙水泥混凝土的渗滤液中将斑马鱼胚胎培养到 3dpf，存活率达到 91.7%。试验证明，大孔隙水泥混凝土材料的渗滤液生物毒性较弱，对水生生物及水生环境较为友好。此方法可以快速检测大孔隙材料的渗滤液生物毒性，且结果清晰可靠。

4.3.4 大孔隙路面材料污水净化性能

（1）悬浮物净化效果分析

城市交通的日益繁重和大量不透水铺装路面的开发造成道路路表径流雨水中含有大量污染物，这些污染物经过路面横坡和雨水管道排入河流江海，部分渗入地下水，给这些水源带来二次污染，给水环境带来极大的伤害。悬浮物（suspended solids）指悬浮在水中的固体物质，包括不溶于水中的无机物、有机物及泥砂、黏土、微生物等。水中悬浮物含量是衡量水污染程度的一个指标。悬浮物是造成水浑浊的主要原因。水体中的有机悬浮物沉积后易厌氧发酵，使水质恶化。

大孔隙水泥混凝土是应对雨水径流污染这种面源污染的重要措施，对控制城市面源污染起到至关重要的作用。大孔隙水泥混凝土透水铺装在作为道路面层材料的基础上被赋予了径流污水净化功能是海绵城市的重要目标。大孔隙水泥混凝土结构具有较大的比表面积，具有优良的透水、透气性能。理论上，可以依靠物理作用，对悬浮物进行过滤、沉淀、吸附、截留。

在路表径流雨水中，固体颗粒悬浮物和有机污染物是雨水径流中含量较高的两类污染物。固体颗粒悬浮物的主要来源是大气降尘、轮胎磨损颗粒脱落、运输品泄漏等，在径流污染物中占92%。目前，上海面源污染控制正处于起步阶段，缺乏工程经验、技术支持与基础数据积累。面源污染控制成为亟待解决的重要问题。在吸取国外先进经验技术的同时，应从中国自身情况出发，注意解决实际问题。

近年来，各个国家、地区对于路表径流雨水中悬浮物浓度的统计数值如表4.12所示。

表4.12 不同国家、地区路表径流雨水悬浮物浓度

国家、地区	均值（mg/L）	最大值（mg/L）	最小值（mg/L）
美国（TCMA）	184	3577	2
法国	92.5	498	49
上海	251	1033	37
沈阳	1139	1962	317
深圳	375	750	260

悬浮物污染浓度存在初雨效应，即在降雨初期有高浓度悬浮物径流雨水流出，导致最大值过高。由表4.12可知，中国城市径流雨水中悬浮物浓度普遍高于国外。因此，大孔隙水泥混凝土透水路面作为减轻面源污染的重要措施，是缓解初雨效应、实现"慢排缓释，源头分散"的重要方式。

为了研究大孔隙水泥混凝土对于固体悬浮物的净化效果、探究影响因素，需要在室内获取径流雨水水样。室内获取径流雨水方式主要有两种，一种是在降雨时收集排水口雨水；另一种是利用路表沉淀物人工配置水样。降雨强度、雨型、晴天时间都会对径流污染物浓度产生影响，并且试验需要大量恒定水样，而收集到的雨水水样要在24h之内进行检测，不能长时间放置。本研究采用人工配置水样的方式，分析大孔隙水泥混凝土悬浮物净化效果。道路地表径流雨水污染物主要由降雨之前的地表沉淀物决定。为了模

拟与实际径流污水的最大相似性,本研究随机选取了上海市嘉松北路三个点,人工清扫了其路表沉淀物,将其收集至密封干燥的容器中待用。为了探究大孔隙水泥混凝土对悬浮物的净化效果,本研究配置了模拟初雨状态的1000mg/L悬浮物溶液。路表径流雨水污染水样的配置方法如下所述。

① 收集路表沉淀物,置于干燥容器中待用(在24h之内检测)。将沉淀物溶于蒸馏水或类似纯水中。

② 使混合溶液经过$75\mu m$标准滤纸,收集滤液。

③ 放置于磁力搅拌器上,均匀搅拌30min,使悬浮物与蒸馏水充分混合。

④ 将扁嘴无齿镊子夹取微孔滤膜,放入事先恒重的称量瓶里,移入烘箱,于103~105℃烘干0.5h后取出,置于干燥器内,冷却至室温。

⑤ 将微孔滤膜正确地放在滤膜过滤器的滤膜托盘上,加盖配套的漏斗,并用夹子固定好。将真空抽滤管与抽滤瓶组装好,打开真空抽滤机。

⑥ 将充分混合好的溶液缓慢倒入抽滤瓶上方漏斗500mL,待水分完全通过滤膜,或滤膜堵塞不再有水分流出后,停止吸滤,仔细取出载有悬浮物的滤膜,放入清洗烘干后的烧杯中。

⑦ 将附有悬浮物滤膜的烧杯置于103~105℃的烘箱内烘至2h。烘干后取出烧杯,冷却至室温。将悬浮物从滤膜上刮下收集。

⑧ 重复步骤⑤,称量滤膜质量。反复烘干、冷却、称量,直至两次称量的质量差≤0.2mg。

⑨ 准确称量悬浮物和蒸馏水,混合后放置于磁力搅拌器上充分搅拌,即可得到1000mg/L的路表径流雨水污染水样。

配置好路表径流雨水污染水样之后,进行悬浮物净化效果试验。本研究根据中华人民共和国国家标准《水质 悬浮物的测定 重量法》(GB 11901—1989)测定大孔隙水泥混凝土净化后的水样中固体悬浮物的浓度。操作流程如下所述。

① 固定大孔隙水泥混凝土试件,下方准备好滤液收集容器。

② 使配置好的路表径流雨水污染水样缓慢均匀地流经大孔隙水泥混凝土试件,并收集好滤液。

③ 用扁嘴无齿镊子夹取微孔滤膜,放入事先恒重的称量瓶,移入烘箱,于103~105℃烘干0.5h后取出,置于干燥器内,冷却至室温,称量质量。反复烘干、冷却、称量,直至两次称量的质量差≤0.2mg,将恒重的微孔滤膜正确地放在滤膜过滤器的滤膜托盘上,加盖配套的漏斗,并用夹子固定好。以蒸馏水湿润滤膜,并不断吸滤。

④ 将收集好的滤液充分搅拌,倒入抽滤瓶的漏斗,抽吸过滤,使水分全部通过滤膜。再以每次10mL的蒸馏水连续洗涤三次,继续吸滤,除去痕量水分,最后停止吸滤,仔细取出载有悬浮物的滤膜,放入清洗烘干后的烧杯。

⑤ 将附有悬浮物滤膜的烧杯置于103~105℃的烘箱内烘干2h。烘干后取出烧杯,冷却至室温。反复烘干、冷却、称量,直至两次称量的质量差≤0.4mg为止,记录此时的滤膜质量。

通过前后滤膜质量之差得到悬浮物的质量,根据式(4-3),求得净化后水样悬浮物浓度。

$$C = \frac{(A-B) \times 10^6}{V} \quad (4-3)$$

式中 C——水中悬浮物浓度，mg/L；

　　　A——悬浮物＋滤膜质量，g；

　　　B——滤膜质量，g；

　　　V——重溶液体积，mL。

(2) 总磷、氨氮净化效果分析

磷和氮是水体富营养化的主要污染物。项目中采用总磷和氨氮指标来表征磷和氮的成分。总磷的测定采用钼酸铵分光光度法（GB 11893—1989），原理为在中性条件下用过硫酸钾（或硝酸－高氯酸），使试样消解，将所含磷全部氧化为正磷酸盐。在酸性介质中，正磷酸盐与钼酸铵反应，在锑盐存在下生成磷钼杂多酸后，立即被抗坏血酸还原，生成蓝色的络合物。主要经过配置水样、样品预处理、发色、分光光度测量、标准曲线绘制等五个步骤得到最终结果。具体操作如下所述。

配置总磷标准使用溶液，如图 4.13 所示：将 10.0mL 磷标准溶液转移至 250mL 容量瓶中，用水稀释至标线并混匀。1.00mL 此标准溶液含 $2.0\mu g$ 磷。获得水样：使总磷标准使用溶液缓缓流过大孔隙水泥混凝土试样，得到净化水样。取 25mL 样品于具塞刻度管中。取时仔细摇匀，以得到溶解部分和悬浮部分均具有代表性的试样。分别向各份消解液中加入 1mL 抗坏血酸溶液混匀，30s 后加 2mL 钼酸盐溶液充分混合均匀。取 7 支具塞刻度管分别加入 0.0mL、0.50mL、1.00mL、3.00mL、5.00mL 磷酸盐标准溶液，加水至 25mL，见图 4.13，然后按测定步骤（4）进行处理。以水做对比，测定吸光度。扣除空白试验的吸光度后，将吸光度和对应的磷的含量绘制工作曲线。室温下放置 15min 后，使用光程为 30mm 的比色皿，在 700nm 波长下，以水做参比，测定吸光度。扣除空白试验的吸光度后，从工作曲线上查得磷的含量。

图 4.13　总磷污染物净化试验

氨氮的测定采用纳氏试剂分光光度法（HJ 535—2009），原理为以游离态的氨或铵离子等形式存在的氨氮与纳氏试剂反应生成淡红棕色络合物，该络合物的吸光度与氨氮含量成正比，于波长 420nm 处测量吸光度。主要步骤与总磷测试类似。标定标准曲线，以得到净化效率。具体操作如下所述。

氨氮标准贮备溶液配置：称取 3.819g 氯化铵（优级纯）溶于水中，移入 1000mL 容量瓶并稀释至标线。氨氮标准工作溶液配置：吸取 5mL 氨氮标准贮备溶液，移入 500mL 容量瓶并稀释至标线，得到 $10\mu g/mL$ 的氨氮标准工作溶液。获得水样：使总磷标准使用溶液缓缓流过大孔隙水泥混凝土试样,得到净化水样。在 8 个 50mL 比色管中,分别加入 0.00mL、0.50mL、1.00mL、2.00mL、4.00mL、6.00mL、8.00mL、10.00mL 氨氮标准工作溶液,加水至标线。加入 1.00mL 酒石酸钾钠溶液,摇匀,再加入纳氏试剂 1.5mL,摇匀。静置 10min,在波长 420nm 下,以水做参比,测定吸光度。取水样 2mL,稀释至标线。重复步骤（5）,扣除空白试验的吸光度后,从工作曲线上查得氨氮的含量。

（3）试验结果分析

研究发现,大孔隙路面材料的水净化效果受多种因素的影响,在目标孔隙率相同的情况下,粒径越小,净化效果越好,如表 4.13 所示;在粒径相同的情况下,目标孔隙率越大,净化效果越好。原因是当粒径越小,目标孔隙率越大,大孔隙材料内部的连通孔隙数量多而孔径较小,且与径流污水的接触面积更大。因此,大孔隙材料的污水净化性能不能仅通过孔隙率或粒径来表征,而是与连通孔隙的大小与数量有关。路面材料的厚度对净化效果的影响幅度较小。研究发现,大孔隙路面自身内部的大量孔隙具有天然的物理过滤净化作用,对悬浮物的去除率可达 60% 左右,但由于孔隙较大且缺少化学净化功能,对总磷和氨氮 TP/TN 的去除率仅为 15%～30%。优化其内部孔隙结构特征,可以提高水净化效果。

表 4.13 污染物去除率

试件类型	厚度（cm）	SS 去除率	TP 去除率	NH_3—N 去除率
4.75%～15%	5	58.9%	12.9%	13.1%
4.75%～20%	5	62.1%	13.7%	13.4%
4.75%～25%	5	73.3%	14.6%	14.4%
9.5%～20%	3	56.4%	12.5%	12.4%
9.5%～20%	5	58.7%	12.5%	12.7%
9.5%～20%	10	59.3%	12.7%	12.8%
13.2%～20%	5	21.5%	8.4%	10.5%

4.3.5 大孔隙路面材料污水净化性能优化设计

（1）净水滤料法

由于大孔隙水泥混凝土经过试验后对总磷和氨氮的去除率仅为 15%～30%,因此为了较好地提升净化效果,本研究采用全新的组合模式,有效地提高了净化效果。

本研究将混凝土与净水滤料相结合,提高路面结构的净化能力。选择四种净水滤料,全部具有较高的莫氏硬度,符合路面结构的材料要求,颗粒尺寸为 1～2mm,堆叠厚度相同,均为 5cm。活性炭具有发达的孔隙结构,巨大的比表面积和大量的表面活性很好地去除水中的色素、气味、溶解性、有机污染物。碎石具有特定的比表面积和孔隙结构可以吸附悬浮物和一些溶解的污染物。沸石具有大量可互换的夹层阳离子,吸附和离子交换性能较好。因此,沸石对氨氮和磷离子具有很强的吸附能力。石英砂能够有效地截留被溶解的污染物离子,是廉价高效的净水滤料。

本研究制作了一个圆柱形的玻璃模具,该模具具有 1mm 直径的孔隔板,均匀排列以安装净化过滤器和试样，如图 4.14 所示。利用该方法，可提高多孔混凝土对悬浮物、氨氮和总磷的净化能力。

图 4.14　总磷污染物净化试验

如图 4.15 所示，大孔隙混凝土对悬浮固体具有良好的净化能力。然而，组合不同种类的净水滤料可以在不同程度上提高净水能力。净水滤料的孔隙结构不同，碎石和沸石得到的污染物去除率较高，石英砂和活性炭对净化悬浮物的提高很小。总体来说，大孔隙混凝土与净化过滤器的配合可有效减少悬浮物的污染物。大孔隙混凝土对氨氮和总磷几乎没有净化能力。因此，提高适应不同径流污染环境的净化能力具有重要意义。在图 4.15 中，沸石和石英砂对氨氮的净化效果很好，活性炭使大孔隙混凝土保持在 50% 以上的净化效果。碎石作为净化过滤器不能很好地发挥作用。关于总磷的净化，四种净水滤料都具有很好的净化效果，活性炭是最有效的一种，沸石、石英砂和碎石具有相似的净化能力。

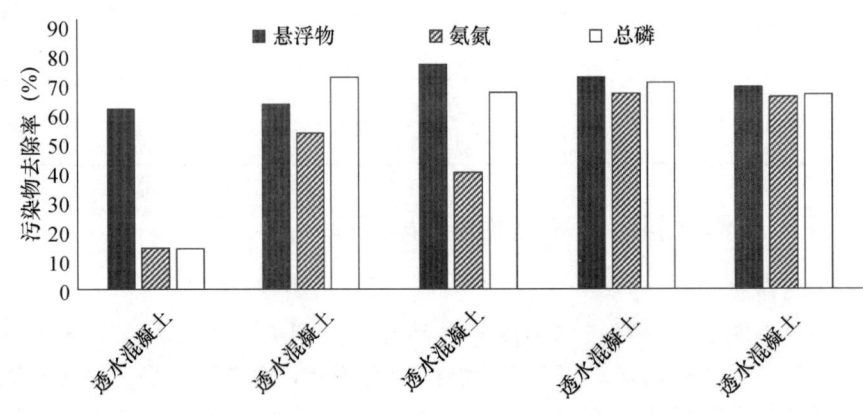

图 4.15　大孔隙水泥混凝土组合净水滤料模型

（2）光催化法

纳米级二氧化钛是直径在 100nm 以下，外观为白色疏松粉末，具有化学稳定性、热稳定性、超亲水性、光催化性、自清洁性等优良特性。

纳米二氧化钛对污染物的光催化性能依赖于电子跃迁空穴原理。纳米二氧化钛的电子结构是由价带和导带构成，价带为满价带，导带为空导带，从而在光照条件发生电子跃迁，电子从满价带激发到空导带，价带由于电子的离开而留下相应的空穴，从而产生电子、空穴对。通常，光生电子和光生空穴分别具有很强的氧化还原能力。光生电子游离于纳米二氧化钛表面，容易附着氧化物，而空穴与纳米二氧化钛表面的有机物或氧化物反应，从而形成自由基，自由基几乎可以和水中所有有机物发生氧化反应。根据具体情况发生直接或间接的氧化还原反应。反应机理如下：

$$TiO_2 \longrightarrow h^+ + e^-$$
$$h^+ + H_2O \longrightarrow OH + H^+$$
$$e^- + O_2 \longrightarrow O_2^-$$
$$O_2^- + H^+ \longrightarrow HO_2 \cdot$$
$$2HO_2 \cdot \longrightarrow O_2 + H_2O_2$$
$$H_2O_2 + O_2^- \longrightarrow \cdot OH + OH^- + O_2$$
$$h^+ + OH^- \longrightarrow \cdot OH$$
$$\cdot OH + org \longrightarrow \cdots \longrightarrow CO_2 + H_2O$$
$$h^+ + org \longrightarrow \cdots \longrightarrow CO_2 + H_2O$$

近年来，纳米二氧化钛被证明是一种可以负载在道路上的高效的光催化剂。Chen等将纳米二氧化钛溶液喷涂于沥青路面上并进行氮氧化物的室内净化试验，试验证明，含纳米二氧化钛的路面的净化效果为6%~12%，具备良好的环境污染物净化性能[138]；Strini等测试了纳米二氧化钛水泥混凝土对苯、甲苯、乙苯和邻二甲苯的净化效果，光催化反应效果与反应物的浓度和光照强度呈正相关，但与纳米含量不成正比[139]。

许多研究证明，纳米二氧化钛不仅可去除空气污染物，还可净化水中污染物。

Cho等采用纳米二氧化钛作为光催化剂降解被BTEX（苯、甲苯、乙苯、二甲苯异构体）和TPH（总石油烃）污染的地下水，并证明它是一种有效的生态修复技术，可以用于修复受污染的地下水[140]。陈爱平等开发了能够长时间漂浮在水面的表面亲油性的负载型二氧化钛的光催化剂，经约7h的太阳光照射，癸烷浮油的降解率在96%以上[141]。吴育飞等以造纸废水的光催化降解作为研究体系，紫外光照4h后COD质量浓度降低了78.3%[142]。Bolt等提出了用透水铺装负载纳米二氧化钛用于径流水污染控制的思路，并检测了不同孔隙率下对聚芳香族碳氢化合物（PAH）的净化效果。试验证明，光催化混凝土可以实现在4h左右对萘的降解效果超过90%[143]。

从以上研究可知，大孔隙水泥混凝土和纳米二氧化钛对于径流污染控制都具有较好的效果，但是大孔隙水泥混凝土对于溶解性污染物的净化效果十分有限，而纳米二氧化钛与道路结构的组合更多地聚焦于空气净化方面。因此，本研究将二者相结合，在径流污水控制方面充分发挥二者优势，从而提高净化效果并满足实际需求。

本研究探讨了负载纳米二氧化钛的大孔隙水泥混凝土结构在不同光催化溶剂浓度（0.5g/L、1.0g/L、1.5g/L）和负载方式（滴浸、涂抹、浸泡）下对常见径流污染物的净化效果与净化能力衰变规律。

如图4.16所示，负载纳米二氧化钛的大孔隙路面材料可以在2h内对总磷、氨氮TP/TN的去除率提升至70%~80%，对工业污水中的亚甲基蓝去除率达到60%以上。同时，纳米二氧化钛在水溶液中会出现团聚现象，从而抑制表面活性的功能发挥。

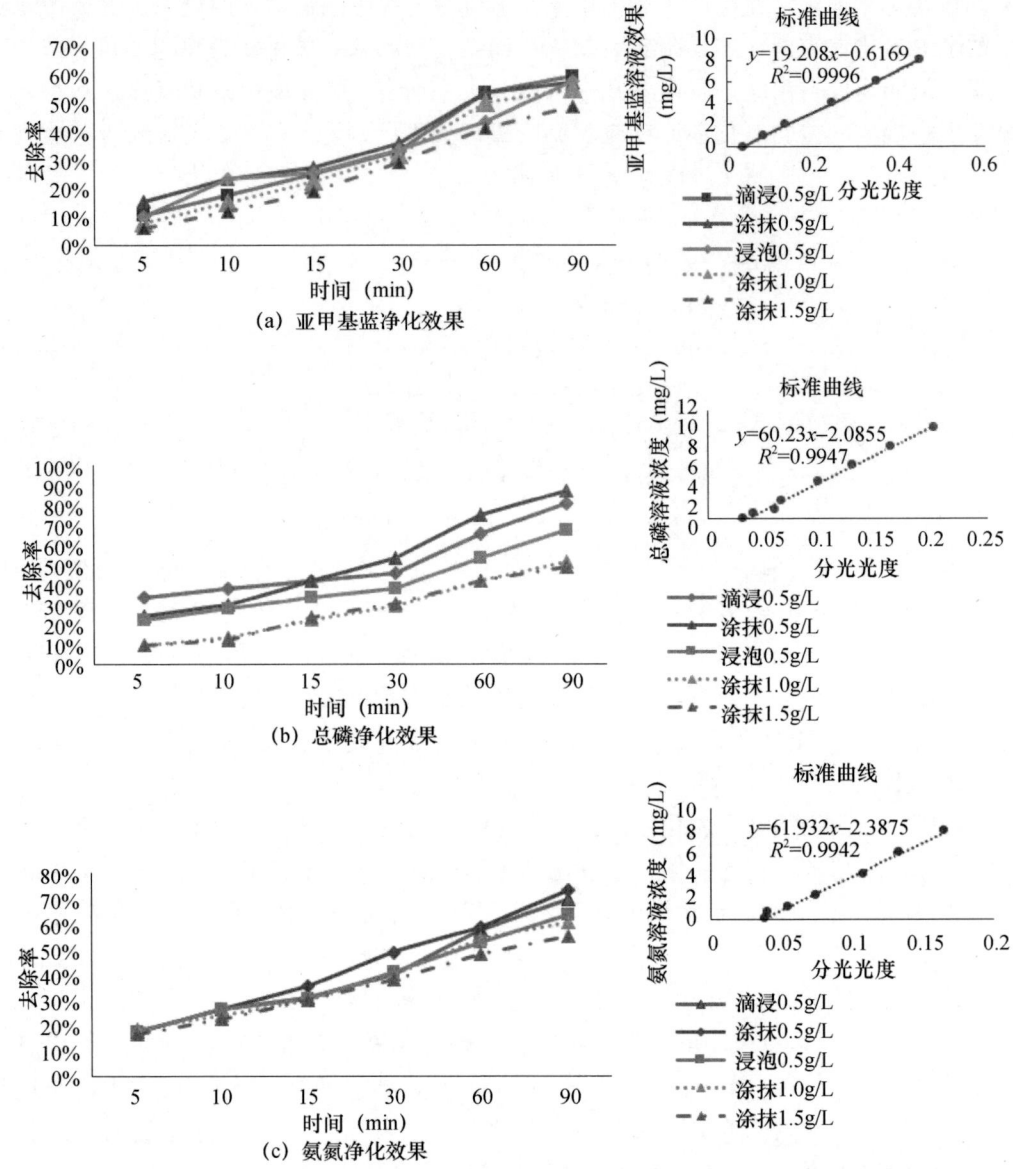

图 4.16　大孔隙水泥混凝土常见径流污染物的净化效果与净化能力衰变规律

4.3.6　小结

本研究采用水污染环境测试方法,探讨了大孔隙材料的水净化机理和影响因素及规律,探明了大孔隙路面材料水净化机理主要分为物理过滤、生物降解、化学净化三种机制,并通过收集路表径流中的主要污染物来进行模拟降雨试验,研究了净化效果,分析了大孔隙路面材料粒径、厚度、孔隙率等主要影响因素及其规律。研究发现,大孔隙路面自身内部的大量孔隙具有天然的物理过滤净化作用,对悬浮物的去除率可达 60% 左右,但由于孔隙较大且缺少化学净化功能,对总磷和氨氮 TP/TN 的去除率仅为 15%～30%。优化其内部孔隙结构特征,可以提升水净化效果。此外,将石英砂、沸石、活性炭等天然大孔隙净化过滤材料应用于路面材料结构，形成两级综合过滤净化，可以有效提高水净化效果，将大孔隙路面材料对悬浮物的去除率由60%左右提高至90%左右，对总磷、氨氮TP/TN的去除率由20%左右提高至80%左右。此外，本研究利用光催化效应净化径流污水的大孔隙水泥混凝土结构，探讨了负载纳米二氧化钛的大孔隙水泥混凝土结构在不同的光催化溶剂浓度和负载方式下对常见径流污染物的净化效果与净化能力衰变规律。试验证明，负载纳米二氧化钛的大孔隙路面材料可以在2h内对总磷、氨氮TP/TN的去除率提升至70%～80%，对工业污水中的亚甲基蓝去除率达到60%以上。

本研究采用国际标准化组织（ISO）推荐的标准试验模式生物斑马鱼（Zebrafish）进行急性生物毒性试验。通过观察其胚胎存活率、孵化率及正常生理功能等指标，提出了大孔隙路面材料，尤其是各种固废、纳米等增强剂使用的潜在生物毒性的快速检测方法。在大孔隙水泥混凝土的渗滤液中将斑马鱼胚胎培养到3dpf（受精后天数），存活率达到91.7%。试验证明，大孔隙水泥混凝土材料的渗滤液生物毒性较弱，对水生生物及水生环境较为友好。

4.4 大孔隙水泥混凝土堵塞机理分析

随着城市的不断发展，不透水铺装占用了大量绿地，城市面临严重的雨洪、旱涝等问题[144-145]。透水性路面是近年来解决这一问题的有效技术之一。透水混凝土作为一种透水性路面混合料，具有透水性、降噪、降温等多种生态功能，同时可以提高行车安全，而这些功能大多基于透水混凝土的透水性。透水混凝土的透水性一般由大孔隙结构决定。然而，随着透水路面的不断使用，透水混凝土的孔隙容易被各种小颗粒堵塞[146]。

透水混凝土本身具有大孔隙结构，孔隙率一般为15%～30%。然而，透水混凝土的孔隙具有一定的尺寸，透水过程可以看作是被动的过滤过程，因此，在道路建成后，随着颗粒进入路面孔隙，受到孔隙的嵌锁作用，从而堆积于透水混凝土路面内部，使透水性能不断下降，甚至丧失透水性能[147]。因此，研究透水混凝土的堵塞机理与堵塞性能具有重要意义。

4.4.1 研究内容

本研究主要包括以下内容：
（1）透水混凝土内部孔隙特征的量化，包括透水混凝土的孔隙个数、孔隙率、孔隙大小。
（2）透水混凝土的堵塞机理，主要针对粒径与孔径产生的嵌锁作用。
（3）颗粒与孔隙大小对堵塞的影响。

4.4.2 材料及研究方法

（1）试件制备材料
水泥、硅灰、集料是用于制作透水混凝土的主要材料。其中，水泥是强度等级为42.5的普通硅酸盐水泥。水为自来水，水灰比为0.31。集料主要选用粒径为4.75～

9.5mm 和 2.36～4.75mm 的玄武岩。

研究主要针对透水混凝土的孔隙，主要影响因素是灰集比和集料粒径。试验分组见表 4.14。每个试验组制备 3 个相同配合比的样品试件，每个样品试件为高 50mm、直径 100mm 的圆柱体。

表 4.14 试验分组

集料粒径（mm）	组别	灰集比
2.36～4.75	1-1	0.27
	1-2	0.25
	1-3	0.23
4.75～9.5	2-1	0.23
	2-2	0.21
	2-3	0.19

（2）堵塞材料

为了模拟污染物的堵塞，本研究选用 0～0.5mm、0.5～1mm、1～2mm、2～3mm 四种粒径大小的石灰岩作为堵塞材料。

（3）透水系数测试方法

透水系数测试方法为恒定水头测试方法。根据《透水水泥混凝土路面技术规程》（GJJ/T 132—2009）进行测试，试件高度为 50mm，直径为 100mm，试验过程中，记录水头差 H 与 5s 内的出水量 Q，按式（4-4）进行透水系数计算：

$$K = \frac{QL}{AHT} \tag{4-4}$$

式中 K——透水系数；

Q——T 时间内的出水量；

L——试件高度；

A——试件截面面积；

H——水头差；

T——出水时间。

（4）堵塞试验方法

堵塞程度选用堵塞前后的透水系数变化确定。

首先，在进行堵塞试验之前，测定渗透系数，然后将试样放入圆柱形管内进行堵塞过程。将堵塞颗粒均匀地喷洒在试样表面，并将这些颗粒冲入试样的孔隙中。此外，堵塞过程不短于 1min，使堵塞颗粒充分进入孔隙。最后，在堵塞过程之后再次确定渗透系数。在此过程中，每次试验使用 10g 颗粒。

（5）CT 扫描和图像处理方法

将每个样品试件进行 CT 断层扫描，扫描间隔为 0.5mm，扫描精度为 12.5 像素 1mm，如图 4.17 所示。取中部 15mm 扫描图进行图像处理。切割原图像，并进行图像柔化、降噪，根据孔隙与混凝土灰度的不同，区分孔隙与混合料。计算孔隙的个数与孔隙的面积。

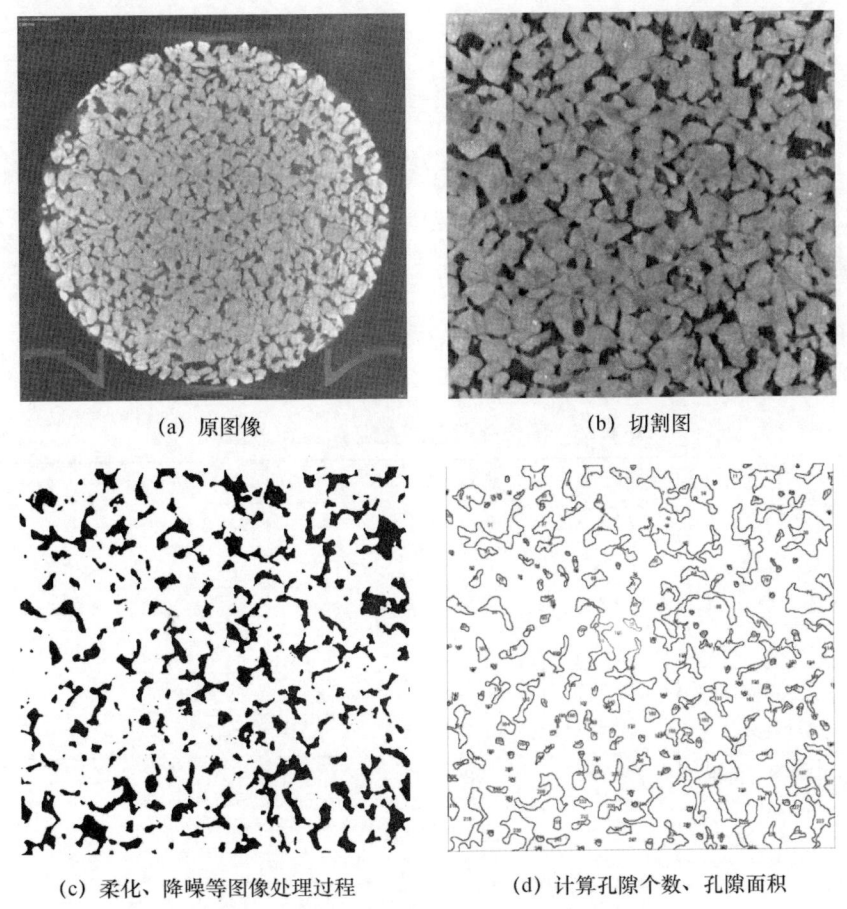

图 4.17 扫描图图像处理及计算过程

完成以上工作后,将孔隙视为圆形,按式(4-5)计算孔隙的等效直径:

$$D = 2\sqrt{\frac{\sum A_i}{\pi \sum p_i}} \tag{4-5}$$

式中 D——等效直径;
A_i——平均每个截面的总面积;
P_i——每个截面的孔隙总数。

(6) 孔隙率测试方法

本研究有两种孔隙率,一种为开口孔隙率,测试方法为水中重法,即分别测试试件在水浴和空气中的质量,并按式(4-6)计算开口孔隙率:

$$P_o = 1 - \frac{m_a - m_w}{\rho_w V} \tag{4-6}$$

式中 m_a——空气中的质量;
m_w——水浴中的质量;
ρ_w——水的密度;
V——试件体积。

另一种孔隙率为截面孔隙率,指 CT 扫描图某一截面孔隙与总面积的比值,如式 4-7 所示：

$$P_{cs} = \frac{S_i}{A} \quad (4-7)$$

式中　P_{cs}——截面孔隙率；
　　　S_i——平均截面孔隙面积；
　　　A——截面面积。

4.4.3　数据与分析

（1）孔隙特征

孔隙特征试验数据，如表 4.15 所示。

表 4.15　图像处理后的孔隙特征试验数据

组别		2.36~4.75mm			4.75~9.5mm		
		1-1	1-2	1-3	2-1	2-2	2-3
平均孔隙面积（mm²）		672.78	741.51	865.24	755.32	833.33	1083.65
平均孔隙个数		237	222	184	87	81	75
等效直径	平均值（mm）	1.52	1.64	1.81	2.22	2.54	2.85
	标准差	1.14	1.25	1.63	2.33	2.59	3.23
	15 分位数（mm）	0.50	0.53	0.53	0.53	0.54	0.54
	中位数（mm）	1.20	1.28	1.35	1.62	1.64	1.67
	85 分位数（mm）	2.62	2.84	3.25	4.60	4.82	5.62
	最大值（mm）	10.02	10.90	18.68	16.01	20.08	34.49
备注		每个试验小组有 3 个试样，即 90 张 CT 扫描图像 表中数据均为各个截面的平均值					

如图 4.18 所示，截面孔隙的面积和个数往往是负相关的，这一变化趋势与集料的粒径大小无关。主要原因是灰集比越大，集料表面的胶浆膜越厚，孔隙面积越小，同时原来的大孔隙被分割为小孔隙，则孔隙数目越多。

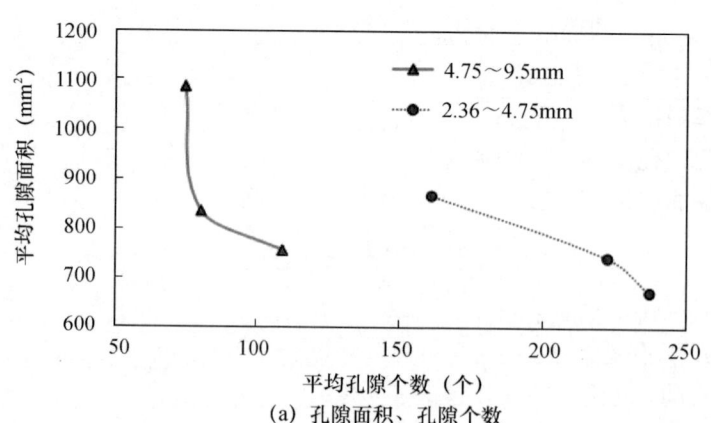

(a) 孔隙面积、孔隙个数

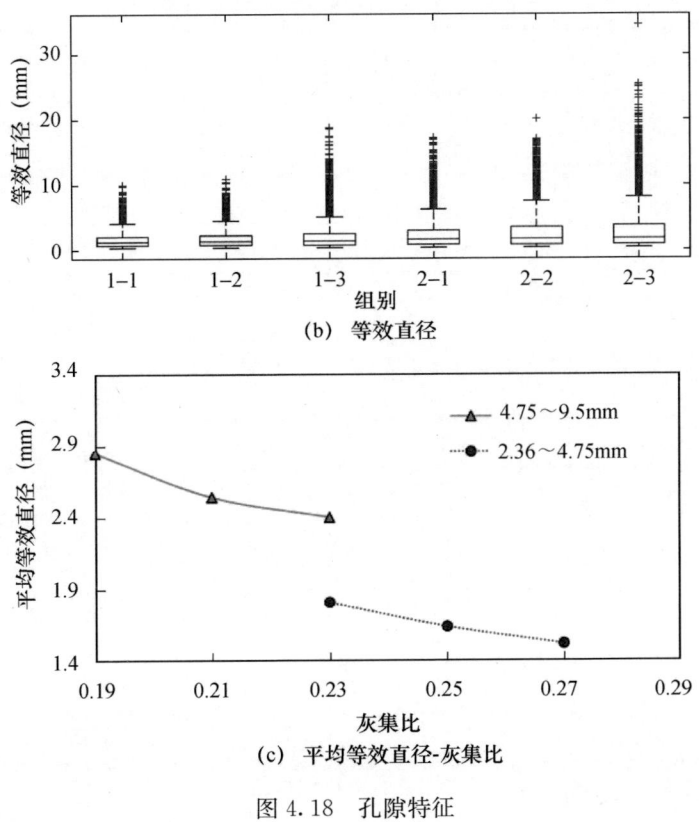

(b) 等效直径

(c) 平均等效直径-灰集比

图 4.18 孔隙特征

根据式（4-5）可以得到图 4.18 相同的结果，即粒径一定时，灰集比越大，孔隙的等效直径越小。

（2）堵塞对透水系数的影响

开口孔隙率、截面孔隙率、堵塞前后的透水系数试验数据如表 4.16 所示。其中，2.36~4.75mm 的 3 组试验组由于孔隙较小，堵塞颗粒只选用 3 档粒径。

表 4.16 孔隙率和堵塞前透水系数

组别	开口孔隙率	截面孔隙率	堵塞前透水系数（mm/s）	标准差
1-1	0.179	0.187	4.76	0.41
1-2	0.187	0.206	5.27	0.93
1-3	0.211	0.224	7.70	0.48
2-1	0.217	0.226	9.30	0.26
2-2	0.24	0.231	10.36	0.11
2-3	0.273	0.301	12.16	0.51

从表 4.17 可知，堵塞程度与堵塞颗粒的大小有关。为了便于分析，绘制了图 4.19。

表 4.17 堵塞后透水系数及堵塞程度

组别	堵塞颗粒粒径（mm）	堵塞后透水系数（mm/s）	标准差	透水系数下降值（mm/s）	下降率（%）
1-1	0.5~1	2.70	0.52	2.06	43
	1~1.5	2.44	0.23	2.32	49
	1.5~2	4.26	0.49	0.50	11
1-2	0.5~1	2.77	0.37	2.50	47
	1~1.5	2.52	0.21	2.75	52
	1.5~2	4.62	0.76	0.65	12
1-3	0.5~1	5.26	0.51	2.44	32
	1~1.5	4.40	0.46	3.30	43
	1.5~2	6.65	0.23	1.05	14
2-1	0.5~1	8.27	0.49	1.03	11
	1~1.5	6.04	0.43	3.26	35
	1.5~2	5.34	0.47	3.96	43
	2~3	7.57	0.20	1.73	19
2-2	0.5~1	9.26	0.17	1.10	11
	1~1.5	7.02	0.49	3.34	32
	1.5~2	4.76	0.29	5.60	54
	2~3	8.31	0.47	2.05	20
2-3	0.5~1	9.76	0.33	1.40	13
	1~1.5	7.33	0.53	3.83	34
	1.5~2	6.30	0.26	4.86	44
	2~3	8.41	0.47	2.75	25

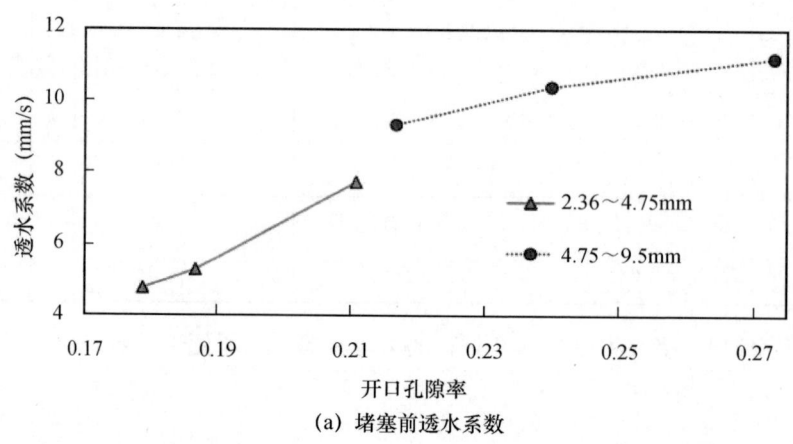

(a) 堵塞前透水系数

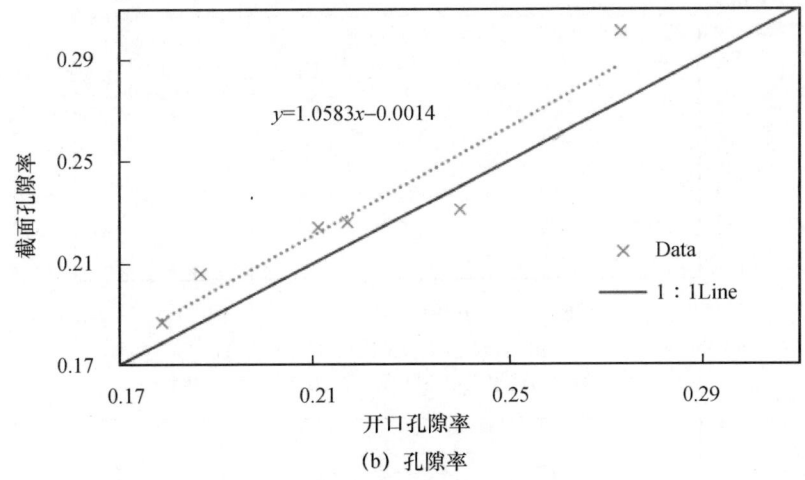

(b) 孔隙率

图 4.19 孔隙率与堵塞前透水系数

由图 4.19 所知，堵塞前，透水系数与开口孔隙率正相关，而截面孔隙率与开口孔隙率存在良好的线性关系（$R^2=0.9004$）。其线性关系如下。

$$P_o = 1.1893 P_{cs} - 0.0259 \tag{4-8}$$

式中　P_o——开口孔隙率；

P_{cs}——截面孔隙率。

截面孔隙率一般略大于开口孔隙率，主要原因为截面孔隙率包含水中重法无法测得的闭口孔隙。在透水混凝土设计中，目标孔隙率往往指总孔隙率，即当扫描间隔趋近于 0 时的截面孔隙率，因此，按式（4-8）可以更好地进行透水混凝土设计。

为了分析透水系数的变化，绘制了图 4.20，横坐标为堵塞颗粒粒径的组中值和等效直径平均值的比值。

由图 4.21 可知，若将透水系数的下降值或下降率视为堵塞程度，则当堵塞颗粒粒径和孔隙等效直径的比值为 0.6~0.8 时，堵塞最严重。主要原因是，当堵塞颗粒较小时，大多数颗粒穿过透水混凝土中的孔隙，而不会留在透水混凝土内部。当堵塞颗粒较大时，颗粒无法进入透水混凝土表面的孔隙。这两种情况均不易产生堵塞，由此得出了上述试验结果。

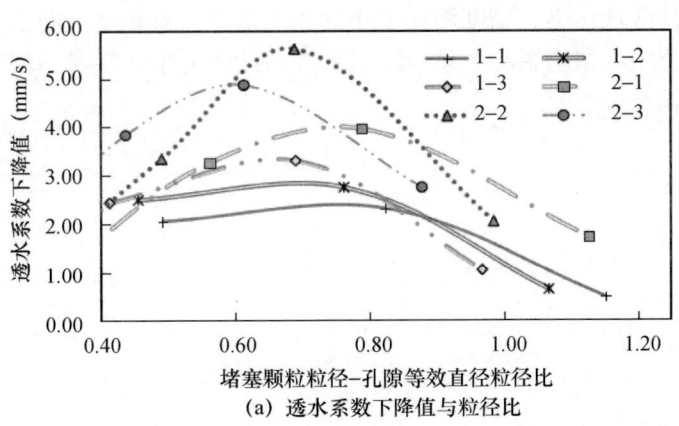

(a) 透水系数下降值与粒径比

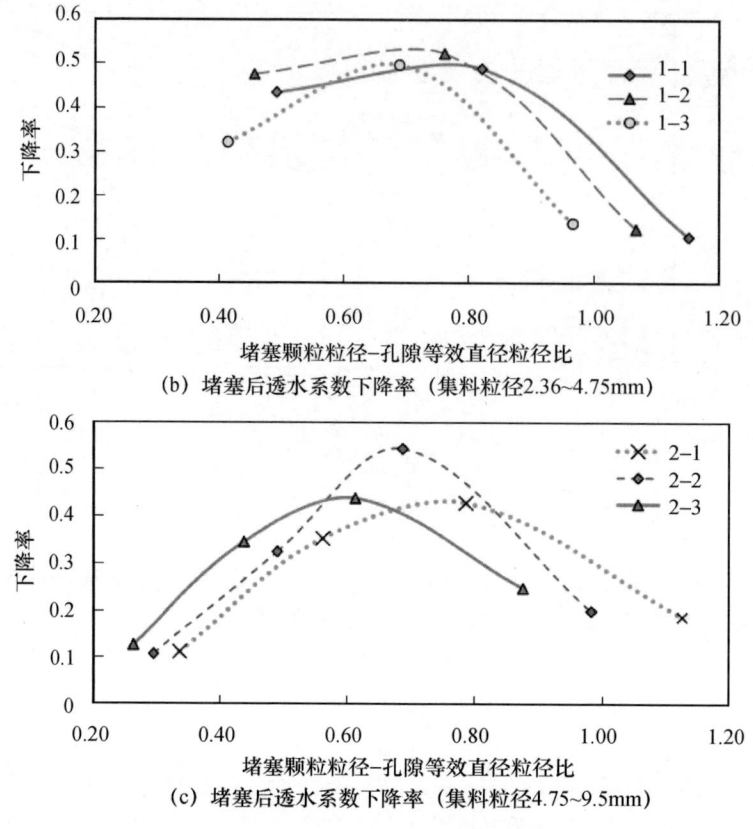

(b) 堵塞后透水系数下降率（集料粒径2.36~4.75mm）

(c) 堵塞后透水系数下降率（集料粒径4.75~9.5mm）

图 4.20　堵塞前后透水系数的变化

4.4.4　小结

由以上研究内容、试验、数据结果、分析得出以下结论：

（1）透水混凝土的孔隙特征影响透水性能，孔隙特征（包括孔隙大小）由集料粒径、灰集比等决定。

（2）开口孔隙率与截面孔隙率有较好的线性关系，有利于透水混凝土的设计。

（3）当堵塞颗粒粒径大小与孔隙等效直径比值为 0.6~0.8 时，堵塞最严重，设计之前，应收集设计区域污染、堵塞颗粒大小的相关信息，避免这一问题出现。

此外，在研究中，堵塞颗粒数量为定值；在后续研究中，探讨当堵塞颗粒足量时透水混凝土的堵塞情况。

第 5 章 沥青混凝土面层材料

5.1 透水沥青混合料孔隙特征及其对性能的影响

5.1.1 研究背景

目前,很多研究者对透水铺装的宏观性能进行了研究,包括透水铺装的力学性能和生态功能。研究表明,渗透系数与连通孔隙率呈正比,连通孔隙率越大,单位时间内渗透通过混合料的水量越大[148]。因此,可以通过测量沥青混合料试件的渗透系数直观地反映路面的连通孔隙率,并以此衡量道路的透水性能。透水路面的降温效果高度依赖于透水路面材料的蒸发率[149-152],这种蒸发降温效果取决于一系列复杂的因素,比如,空气温度、水温、空隙含量、空隙大小等。与传统的密级配沥青混合料相比,PFC 的使用使得由于行车产生的噪声降低了 3~6dB[153-154]。透水沥青路面材料的吸声系数峰值与均值随着孔隙率的增大而提高,孔隙率为 18% 的透水路面比孔隙率为 16% 的提高了 17.3%,24% 的比 16% 的提高了 25.5%[155]。

为了从微观角度评价透水铺装的性能,CT 和数字图像处理技术在路面工程中得以广泛应用,材料的内部空隙结构通过 CT 扫描技术以二位和三维的形式展示出来。目前,提取孔隙特征主要是为了研究材料内部的空隙分布情况,比如,横向和竖向的分布情况、三维空间分布等[156-158]。此外,一些空隙特征参数(空隙大小、数量和孔隙率等)用于评价材料的性能,比如,透水性能,声吸收性能等,但是材料的微观孔隙特征如何影响材料的宏观力学性能或者生态性能还没有定论。

本章重点研究针对透水沥青混凝土探索多孔隙材料内部孔隙结构特征及其对多孔隙材料生态功能和力学性能的影响。

5.1.2 研究方法

选择 OGFC-5、OGFC-10、OGFC-13、OGFC-16、OGFC-20 五个级配,SGC 旋转压实成型试件。其中,控制每种级配所使用集料的最大粒径不同,设计集料表面沥青膜厚度均为 13μm,控制因沥青膜厚度不同而导致的微观结构差异。设计五种级配如表 5.1 所示。

表 5.1 五种设计级配

筛孔大小	OGFC-5	OGFC-10	OGFC-13	OGFC-16	OGFC-20
19			100.0	100.0	95.0
16			100.0	90.0	90.0

续表

筛孔大小	OGFC-5	OGFC-10	OGFC-13	OGFC-16	OGFC-20
13.2	100.0	100.0	97.0	70.0	64.0
9.5	100.0	100.0	68.0	45.0	37.0
4.75	95.0	70.0	28.0	12.0	10.0
2.36	20.0	10.0	16.0	10.0	10.0
1.18	5.0	6.0	12.0	6.0	6.0
0.6	5.0	6.0	8.0	6.0	6.0
0.3	5.0	6.0	6.0	6.0	4.0
0.15	5.0	6.0	6.0	6.0	4.0
0.075	5.0	6.0	6.0	6.0	4.0
沥青用量	4.4	4.9	4.9	4.6	3.2
油石比	4.6	5.1	5.1	4.8	3.4

试件成型后，首先对不同级配的试件进行CT扫描，获取不同级配混合料的微观孔隙特征参数，然后对不同级配混合料进行一系列的力学和生态性能试验。

（1）飞散试验

分别进行肯塔堡飞散试验、浸水飞散试验和老化飞散试验，研究不同的粒径大小对混合料抗飞散性能的影响。

（2）汉堡车辙试验

进行60℃汉堡车辙试验，控制车辙深度10mm为试验终止条件，研究不同的粒径大小对混合料抗水损害性能和抗车辙性能的影响。

（3）渗水系数

采用恒水头的测试方法，测试不同试件的渗水系数。透水系数公式：$K=QL/AHT$，式中，K为透水系数，Q为t秒内的渗水量（mL），L为试件的厚度（cm），A为试件的上表面积（cm²），H为水位差（cm），T为时间（s），本试验测试时间间隔为5s，三组平行试验。

（4）蒸发率测试

制作试样筒ϕ10cm×15cm，将试件放入试样筒。试件首先在常温水水中饱水20h，然后将试件放入试样筒。注水至刚好淹没试样表面，将试样筒放置于50℃的恒温烘箱中保温，记录试样筒随时间的质量变化。

（5）连通孔隙率

$VV=(V-V')/V$，其中V为试件的毛体积，V'为试件的集料与独立孔隙体积。测试方法：毛体积由体积法测定，V'由水中重法测定。

（6）吸声系数

利用驻波管法测试不同试件在不同频率下的吸声系数，最后计算其平均值。参照《声学　阻抗管中吸声系数和声阻抗的测量　第一部分：驻波比法》（GB/T 18696.1—2004），测试频率为200Hz、250Hz、315Hz、400Hz、500Hz、630Hz、800Hz、1000Hz、1250Hz、1600Hz、2000Hz。

(7) CT 扫描

利用 CT 对试件断面进行扫描，取得试件的孔隙结构参数。选择试件高度 10mm、14mm、18mm、22mm、26mm、30mm、34mm、38mm、42mm、46mm、50mm 处的扫描图像，统计图像中的孔隙特征参数，包括孔隙数量、孔隙等效直径（最大值、最小值、平均值和百分位数）和孔隙面积（截面孔隙面积和截面孔隙面积比），其中为了消除图片处理的误差，去除等效直径小于 1mm 的孔隙。

5.1.3 数据与分析

(1) CT 扫描结果

将每个级配的试件进行 CT 断层扫描，对扫描图像进行二值化处理，区分孔隙和混合料。处理结果如图 5.1 所示。

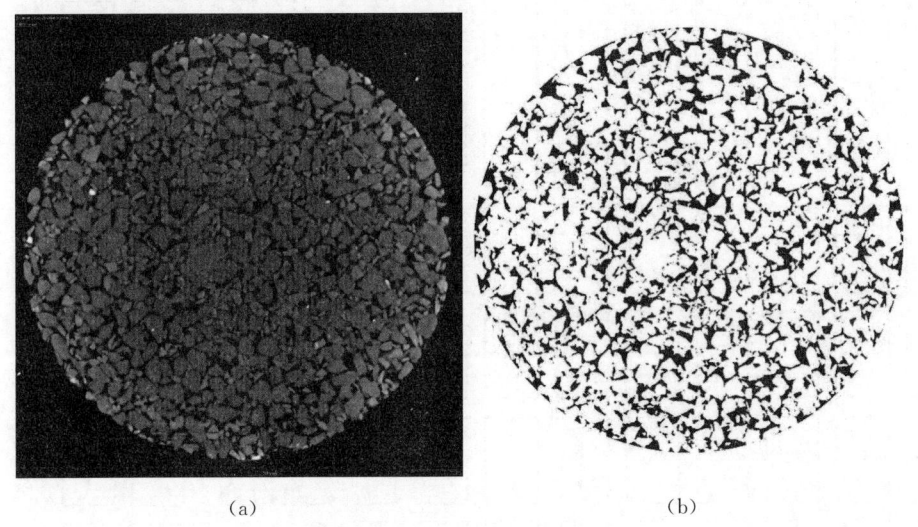

图 5.1 CT 扫描和处理后图像
(a) OGFC-5CT 扫描结果图像；(b) OGFC-5CT 二值化处理后图像

将 CT 扫描图像进行二值化处理之后，通过 Image J 图像处理软件进行孔隙特征参数的提取，包括孔隙数量、孔隙等效直径（最大值、最小值、平均值和百分位数）和孔隙面积（截面孔隙面积和截面孔隙面积比），其中为了消除图片处理的误差，去除等效直径小于 1mm 的孔隙。

(2) 总体相关性可视化

为了研究不同粒径大小对混合料性能的影响，采用 R 语言对混合料性能和孔隙结构参数进行相关性的可视化分析，从总体上把握孔隙特征参数对不同混合料的性能影响。同时，由于提取的孔隙特征参数较多，R 语言的相关性可视化可以帮助区分各参数与混合料性能相关性的显著性差异，简化数据处理和分析过程，可视化处理结果如图 5.2 和图 5.3 所示。

根据可视化结果，汉堡车辙试验结果和吸声系数与截面孔隙面积或截面孔隙面积比有明显的相关性，而飞散试验、透水系数、蒸发率、连通孔隙率与孔隙等效直径的最大值有明显的相关性。

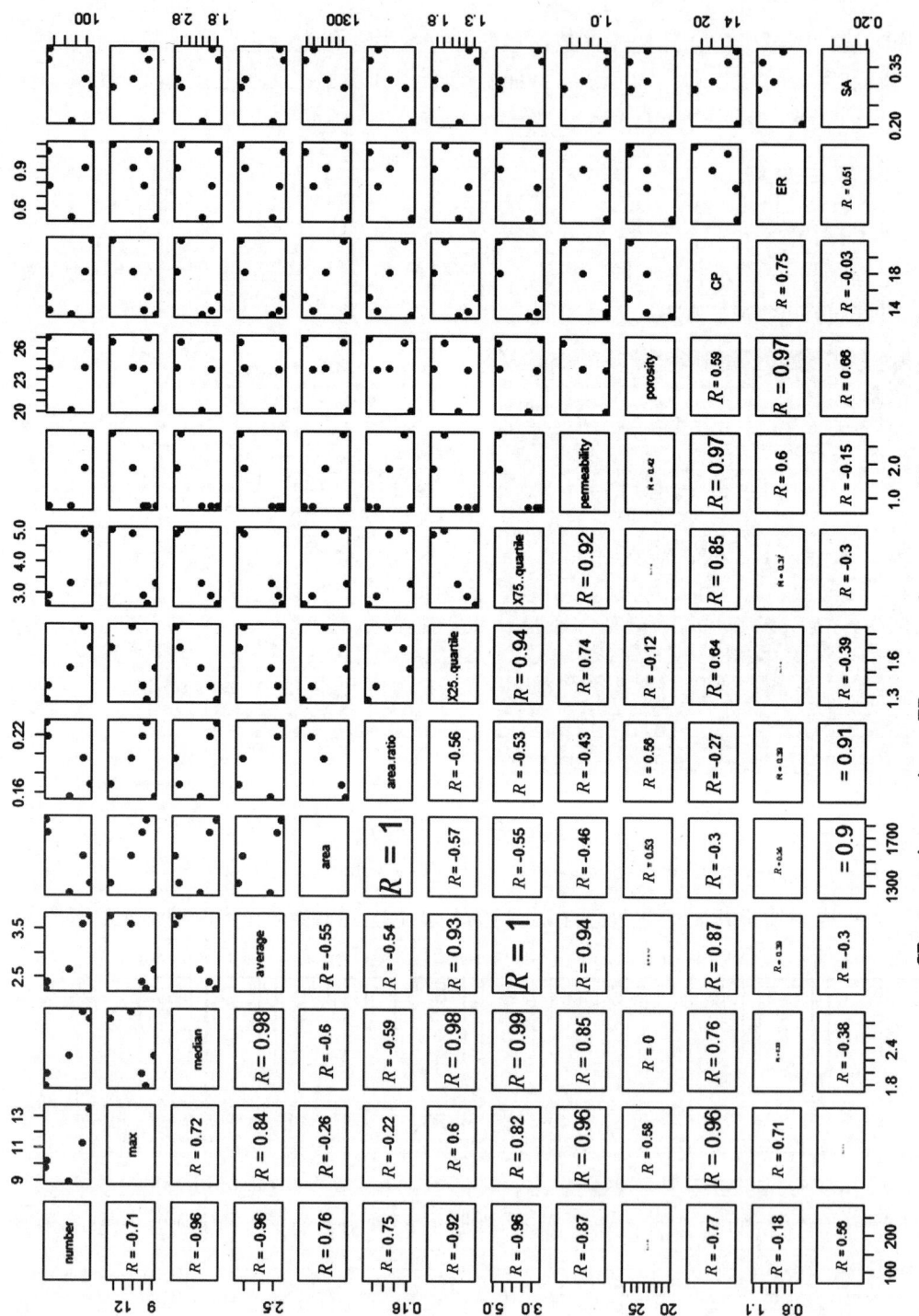

图 5.2 孔隙特征参数与混合料生态功能相关性的可视化结果

CP: connective porosity　　ER: evaporation rate　　SA: sound absorption

第 5 章 沥青混凝土面层材料

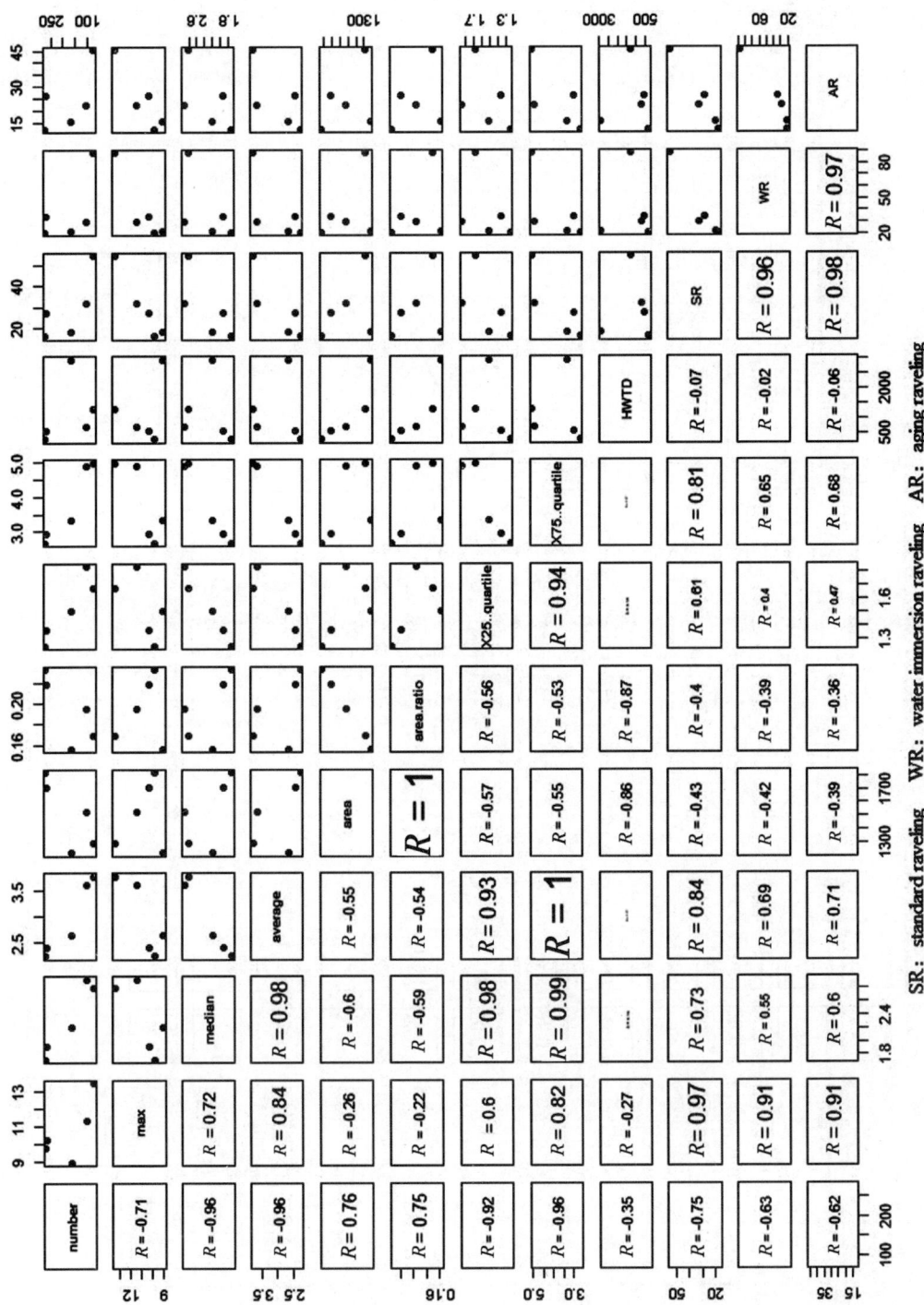

SR: standard raveling　　WR: water immersion raveling　　AR: aging raveling

图 5.3　孔隙特征参数与混合料力学性能相关性的可视化结果

（3）连通孔隙率

采用水中重的方法测试不同最大公称粒径下混合料的连通孔隙率，试验结果如图 5.4 所示。

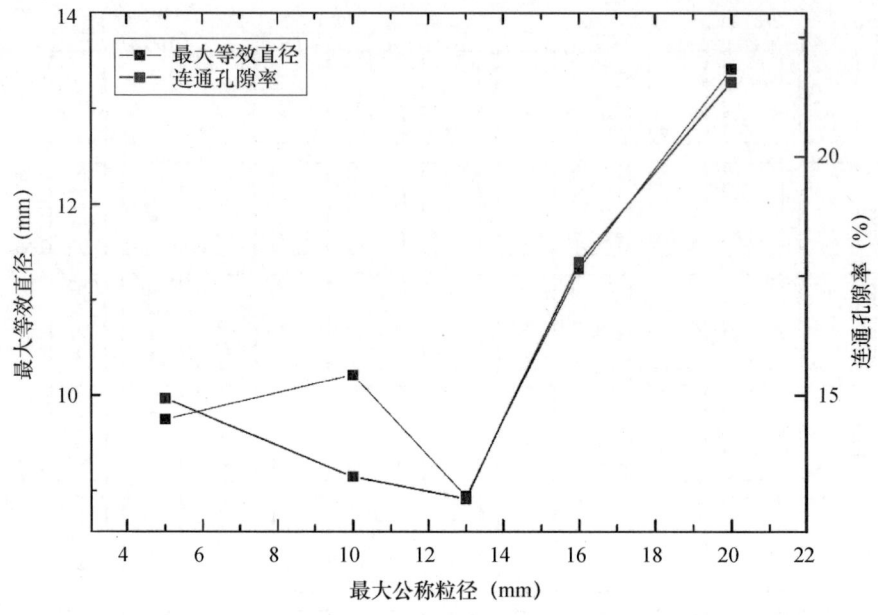

图 5.4　不同最大公称粒径连通孔隙率的试验结果

由图 5.4 可知，随着混合料最大公称粒径的增大，连通孔隙率先增大后减少，总体上呈增大趋势。由可视化分析结果可知，连通孔隙率与孔隙等效直径最大值具有最佳的相关性，对两者进行线性拟合，拟合结果如图 5.5 所示。

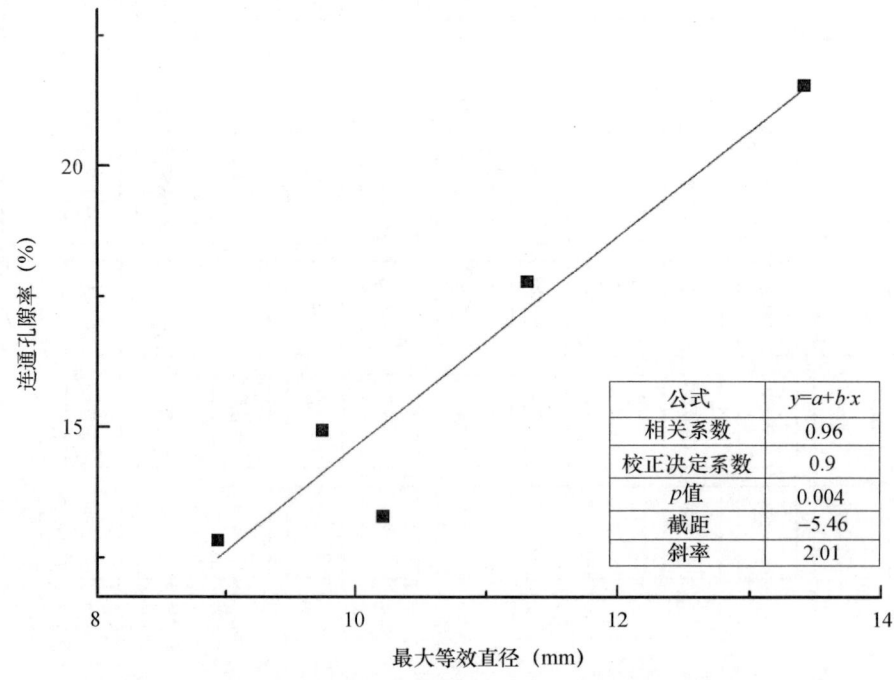

图 5.5　连通孔隙率与孔隙等效直径最大值拟合结果

由图 5.5 可知，两者具有极高的线性相关性，随着孔隙等效直径最大值的增大，连通孔隙率明显增大。由前文透水系数的相关分析可知，透水系数与截面孔隙面积和截面孔隙面积比具有很低的相关性，而透水系数与连通孔隙率具有极高的相关性，因此，连通孔隙率对混合料的透水率具有显著的影响，混合料孔隙等效直径最大值可用于综合评价混合料的透水系数和连通孔隙率，随着孔隙等效直径的增大，混合料的透水系数和连通孔隙率均明显增大。

（4）透水性能试验

采用恒水头渗透系数测试法，测试不同最大公称粒径的混合料的渗水系数，由可视化结果可知，除了截面孔隙面积和截面孔隙面积比，渗水系数与其他孔隙结构参数均具有较好的相关性，透水系数试验结果如图 5.6 和图 5.7 所示。

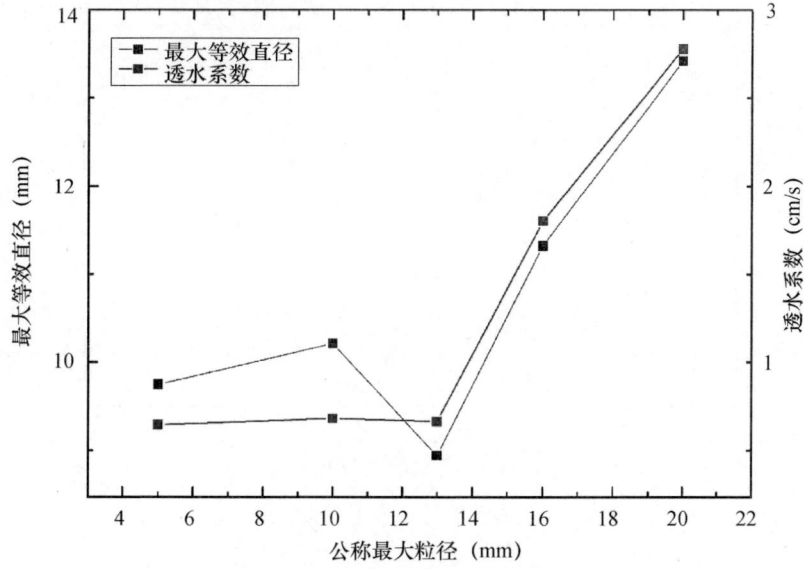

图 5.6　不同公称粒径混合料透水系数的试验结果

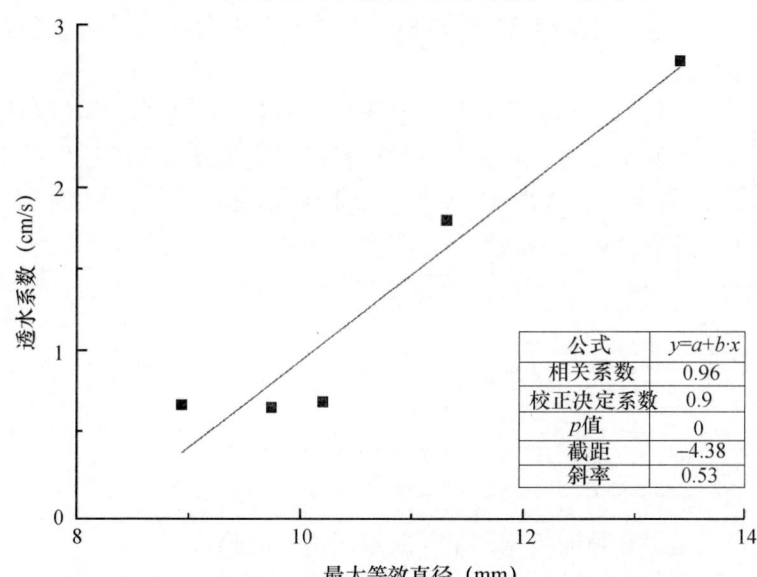

图 5.7　透水系数试验结果与孔隙等效最大直径值拟合结果

渗水系数与孔隙等效直径的最大值具有最佳的相关性，相关系数为0.96，线性相关性非常高。由以上数据可知，随着孔隙等效直径最大值的增大，混合料的透水系数呈增大趋势。从宏观性能上来看，孔隙直径越大，水越容易从空隙中流出，渗水系数越大。

（5）蒸发率

由可视化结果可知，蒸发率与孔隙特征参数的相关性很低，相关系数均小于0.8，仅与孔隙等效直径最大值有较好的相关性，相关性系数仅为0.71，蒸发率与孔隙等效直径最大值如图5.8所示。

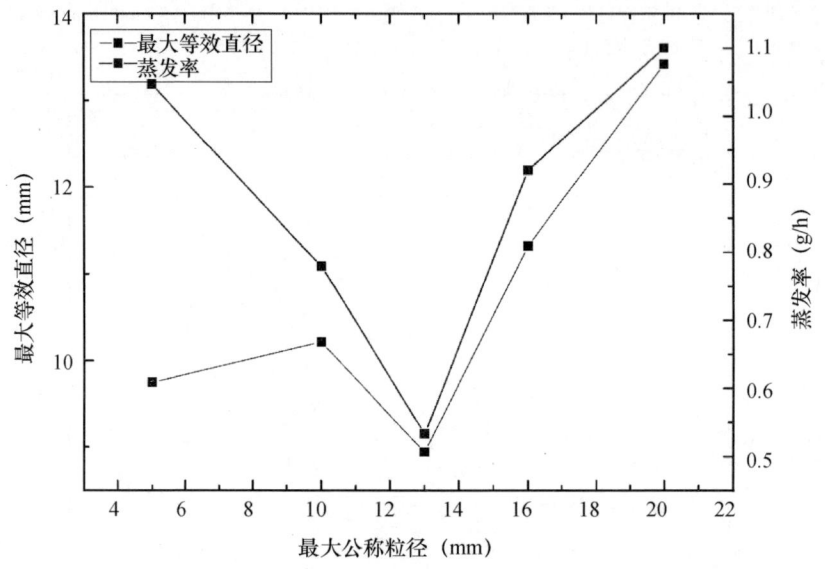

图5.8 蒸发率与孔隙等效直径最大值

由图5.8可知，蒸发率与孔隙等效直径最大值随着最大公称粒径的增大有相似的变化趋势，均呈先增大后减小的趋势，OGFC-13的蒸发率和孔隙等效直径最大值均为5种级配中的最小值。

由图5.9散点图可以看出，OGFC-5数据偏移异常，去除OGFC-5数据后，由图中的线性回归可知，蒸发率与混合料孔隙等效直径最大值具有极高的线性关系，其中相关系数$|R|=0.98$，判定系数 Adj. $R^2=0.94$。因此，对于最大公称粒径大于5mm的混合料，随着孔隙等效直径最大值的增大，蒸发率随之增大，而蒸发率越大，混合料的降温效果越好。

（6）吸声系数

采用驻波管吸声系数测试仪对不同公称粒径的混合料进行吸声系数测试，试验结果如图5.10所示。

由可视化结果可知，吸声系数与截面孔隙面积比具有较好的相关性。计算不同最大公称粒径的吸声系数的平均值，结果如图5.11所示，随着混合料最大公称粒径的增大，混合料吸声系数和截面孔隙面积比均呈先减小后增大的趋势。

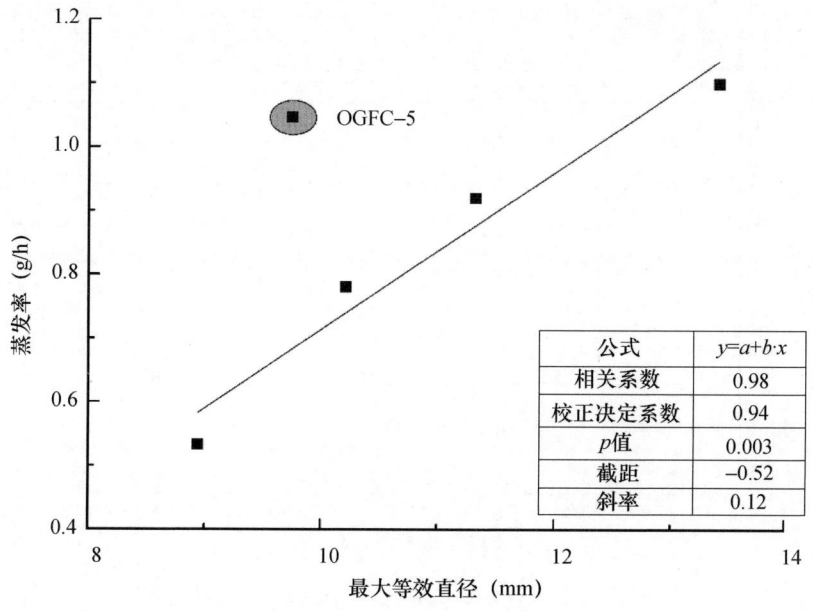

图 5.9　孔隙等效直径和蒸发率拟合结果

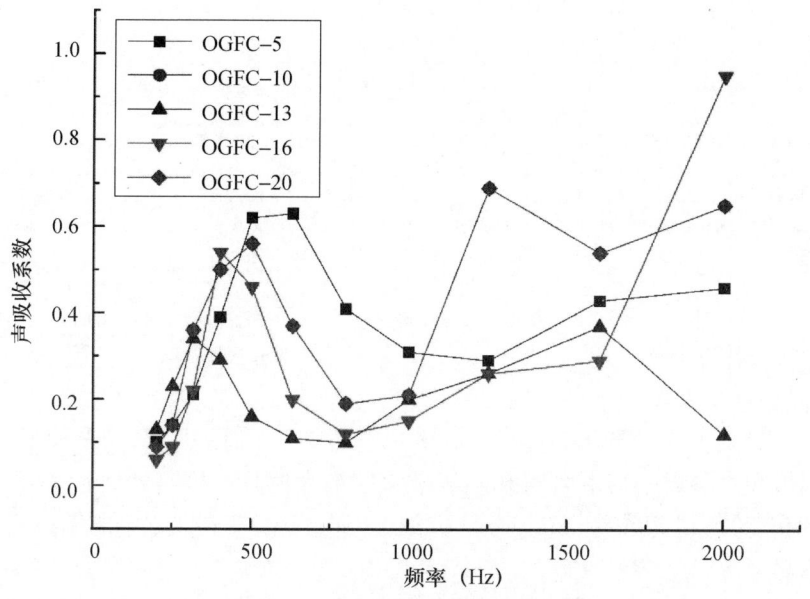

图 5.10　不同最大公称粒径和混合料吸声系数的测试结果

由图 5.12 可知,吸声系数与截面孔隙面积比具有很高的线性相关性,相关系数 $|R|=0.91$,Adj. $R^2=0.76$。截面孔隙面积比为截面孔隙面积之和与截面总面积的比值,也就是截面孔隙含量百分比,可以将其称为孔隙率。因此随着孔隙面积(孔隙率)的增大,混合料的吸声系数呈增大趋势。

在一定程度上,随着混合料内部孔隙含量的增加,混合料的吸声系数越大,降噪效果越好。

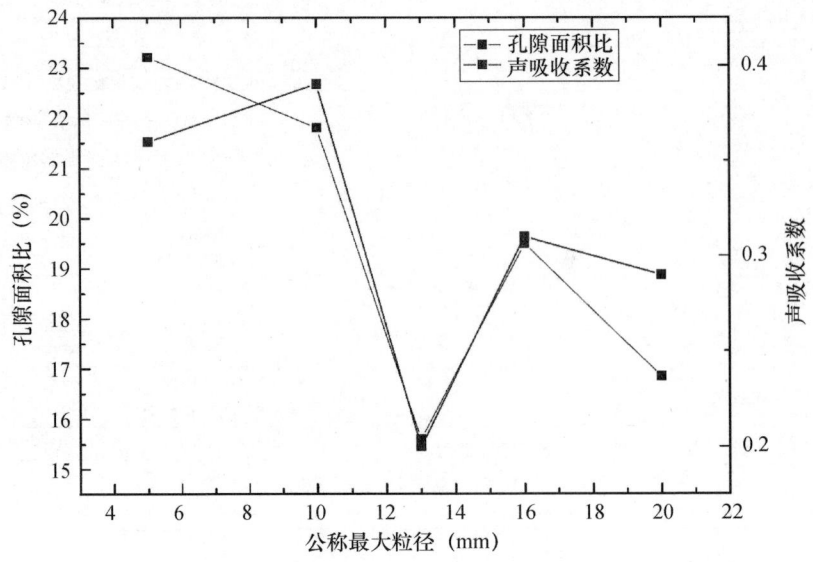

图 5.11 吸声系数试验结果和截面孔隙面积比

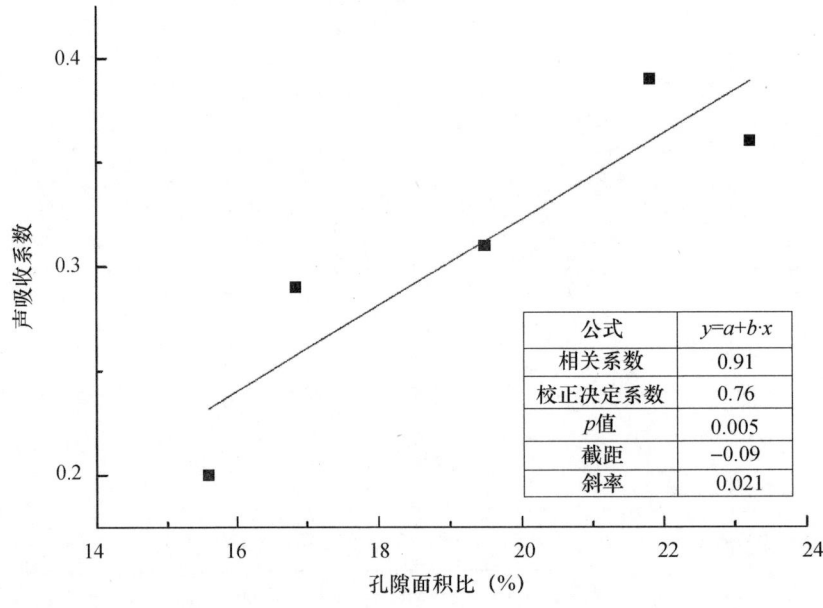

图 5.12 吸声系数与截面孔隙面积比拟合结果

(7) 汉堡车辙试验

对混合料的汉堡车辙试验结果与孔隙特征参数进行相关性研究，试验结果如图 5.13 所示。

根据汉堡车辙试验结果，OGFC-13 的抗水损害能力最好。根据图 5.3 孔隙特征参数与混合料力学性能相关性可视化结果，发现不同最大公称粒径的混合料性能与截面孔隙面积和截面孔隙面积比具有较明显的负相关性，如图 5.14 所示。

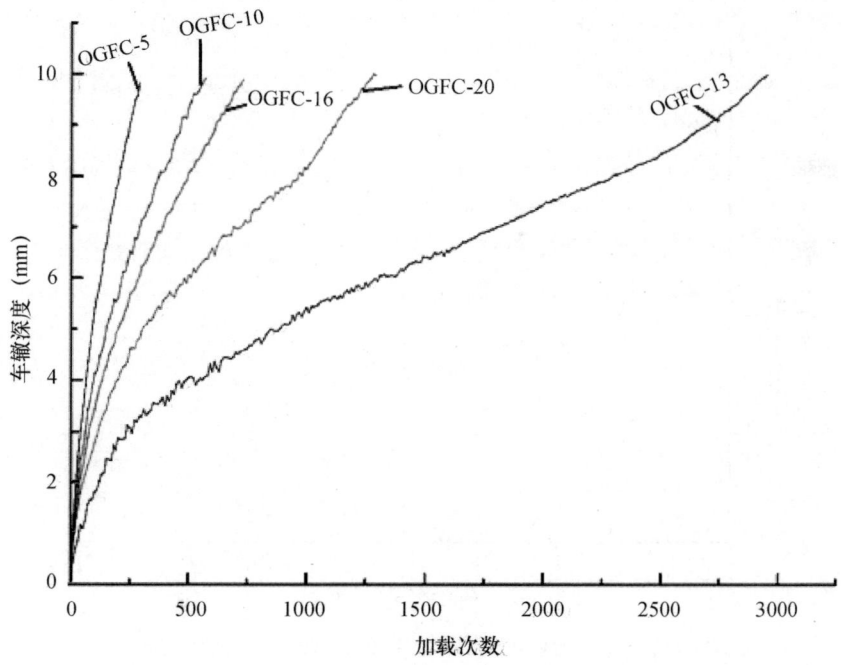

图 5.13 不同最大公称粒径混合料汉堡车辙的试验结果

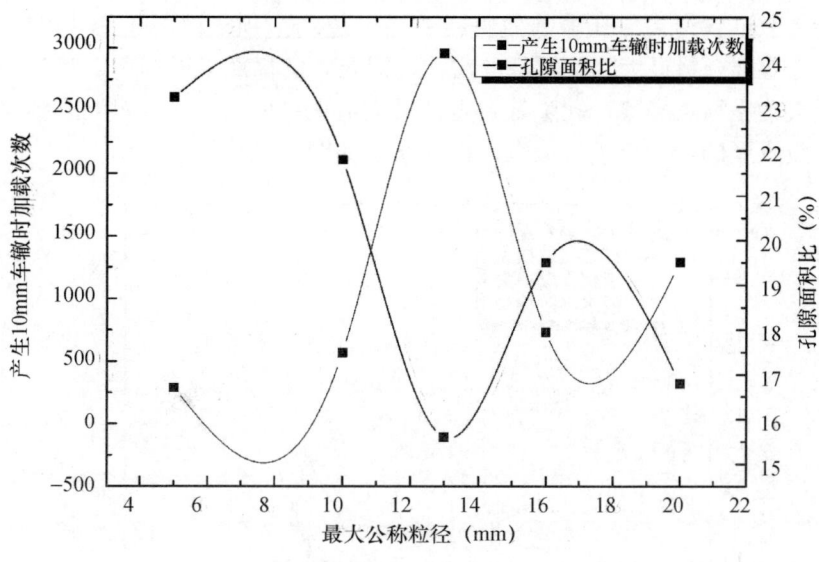

图 5.14 汉堡车辙试验结果

由图 5.15 可知，随着截面面积比的增大，混合料达到 10mm 时的车轮碾压次数呈减小趋势，$Adj.R^2=0.68$，$|R|=0.87$，可见两者有较高的相关性，即随着混合料孔隙截面面积比的增大，混合料的抗水损性能呈减小趋势，因为随着孔隙面积的增大，混合料与水的接触面积增大，更易发生水损害。

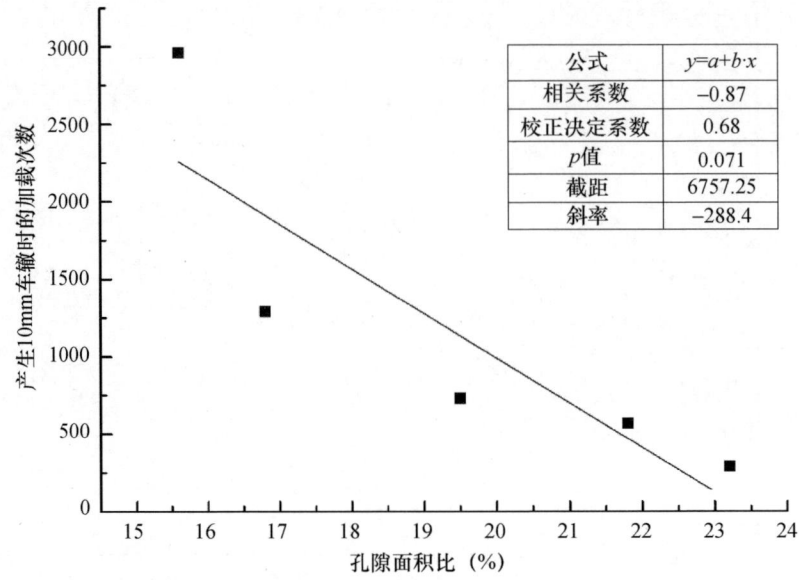

图 5.15　汉堡车辙试验结果与截面孔隙面积比的拟合结果

(8) 三种飞散试验

对混合料的三种飞散试验结果与孔隙特征参数进行相关性研究。由可视化分析结果可知,三种飞散试验结果与孔隙等效直径的最大值均呈现显著的正相关性,如图 5.16 (a) 所示。随着混合料最大公称粒径的增大,混合料的标准飞散损失、浸水飞散损失和老化飞散损失均呈增大趋势,孔隙等效直径最大值也呈增大趋势。对混合料飞散试验结果与孔隙等效直径的最大值进行拟合,拟合结果如图 5.16 所示。

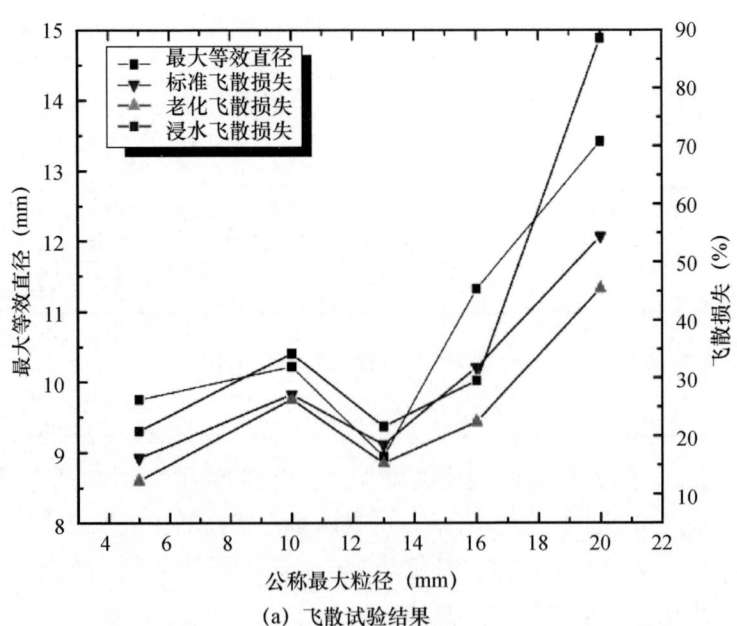

(a) 飞散试验结果

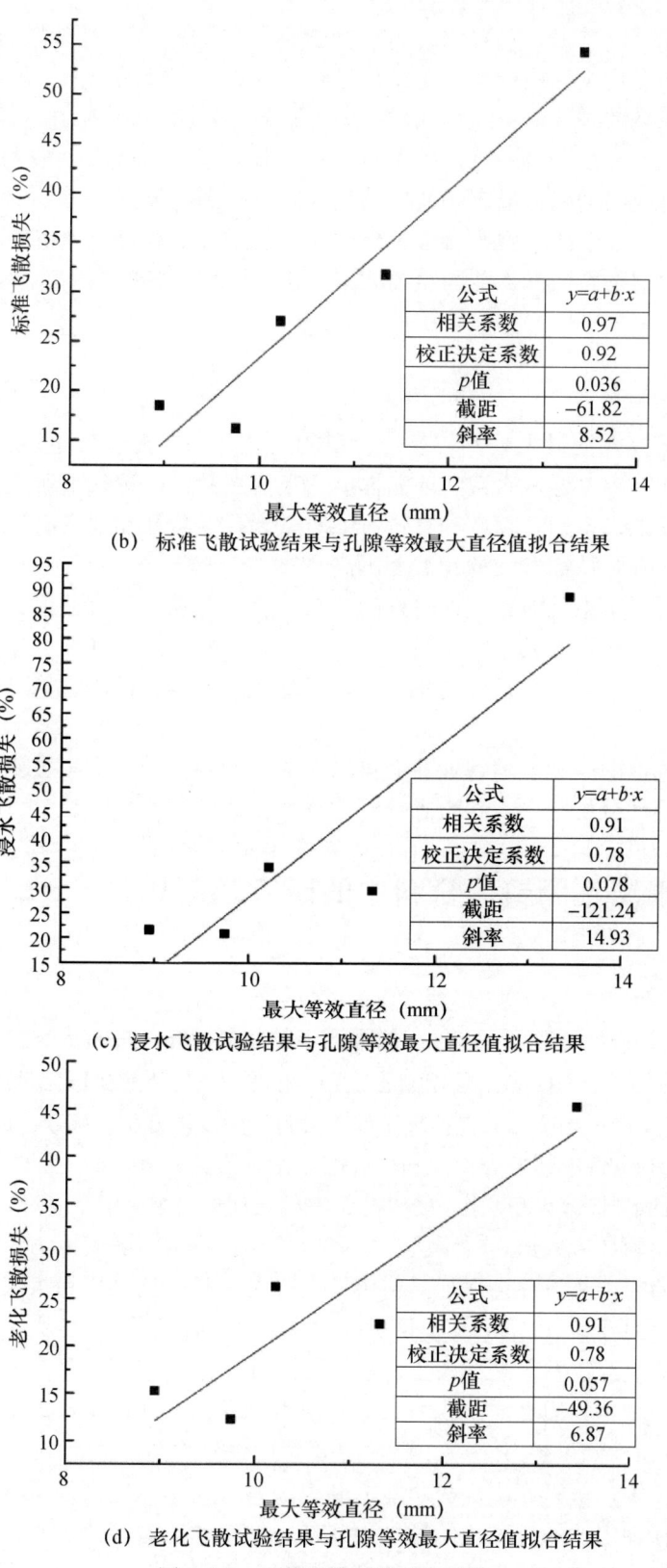

(b) 标准飞散试验结果与孔隙等效最大直径值拟合结果

(c) 浸水飞散试验结果与孔隙等效最大直径值拟合结果

(d) 老化飞散试验结果与孔隙等效最大直径值拟合结果

图 5.16 三种飞散试验拟合结果

从拟合结果可以看出，随着混合料最大公称粒径的增大，混合料的标准飞散损失、浸水飞散损失和老化飞散损失均呈增大趋势，孔隙等效直径最大值也呈增大趋势。标准飞散损失、浸水飞散损失、老化飞散损失与孔隙等效直径最大值的相关系数分别为0.97、0.91、0.91，混合料的飞散损失与孔隙等效直径最大值具有良好的正相关关系，随着孔隙等效直径的增大，混合料的抗飞散性能呈减小趋势。

从宏观性能来看，随着混合料最大公称粒径的增大，混合料中粗集料增多，骨架嵌挤结构成为决定混合料力学性能的主要因素，在不增加沥青膜厚度的情况下，混合料的抗飞散性能变弱。

5.1.4 小结

本节主要研究不同最大公称粒径混合料的空隙特征与混合料生态性能的相互关系，主要包括连通孔隙率、透水系数、降温性能和吸声系数，结论如下所述。

（1）透水性能、连通孔隙率和降噪性能与微观孔隙特征参数具有较好的相关性，而降温性能与微观孔隙特征参数的相关度不高。

（2）与混合料生态性能相关性较好的参数主要是孔隙等效直径最大值和截面孔隙面积或截面孔隙面积比，尤其是除了吸声系数，降温性能、透水性能、连通孔隙率等都与孔隙等效直径最大值具有非常好的相关性，因此孔隙等效直径最大值可以用于综合评价混合料的主要生态性能。

（3）文中选取的微观空隙特征参数可以归纳为空隙直径、空隙数量和孔隙面积三种类型，根据相关性分析结果，孔隙直径对混合料性能的影响最大，且占绝对主导地位。

5.2 固废填料在沥青混合料中的研究及应用

5.2.1 研究背景

填料与沥青之间的交互作用有助于增强沥青胶浆的性能，进而影响沥青混合料的性能。众多学者已达成共识，填料和沥青之间的交互作用是一个复杂的物理化学过程[159-161]。然而，目前已有研究并不能提出考虑沥青胶浆综合性能的平衡设计方法。如今，道路工程逐渐从单纯提高沥青混合料的性能朝考虑资源和环境的可持续方向发展[162]。因此，许多具有不同物理和化学性质的固体废弃物粉末作为石灰岩矿粉的替代填料被应用于道路工程领域[159,161-162]。

粉煤灰是煤燃烧后从烟道气中收集的固体废弃物粉末。随着电力工业的发展，中国燃煤电厂排放的粉煤灰量逐渐增加。与传统沥青混合料相比，用粉煤灰替代石灰岩矿粉可以为热拌沥青混合料（HMA）提供更高的强度和更小的变形[162,163]。

第二类固体废弃物粉末是硅藻土，主要分布在中国、美国、日本、丹麦、法国和罗马尼亚。它是一种生物质硅质沉积岩，主要由古代硅藻的残骸组成。中国的硅藻土储量为 3.2×10^8 t，预计储量超过 20×10^8 t，主要集中在华东和东北地区。硅藻土具潮湿蜂窝状二氧化硅结构，可以产生高吸收能力和表面积，化学稳定性和低堆积密度。硅藻土改性沥青的储存稳定性随硅藻土的增加而降低。根据动态剪切流变仪试验（DSR）的结果，用硅藻土作为填料的沥青胶浆具有良好的高温性能[159]。

第三类填料是赤泥,这是一种用拜耳法生产铝时产生的固体废弃物粉末[164]。2011年,中国赤泥产量约为7×10^7t,累计库存量约为4×10^8t。Ramesh通过研究表明,赤泥可以作为部分原材料生产水泥胶浆和砖[163]。此外,通过添加赤泥可以缩短凝结时间,从而改善水泥材料的性能。国内,李辉和张恒基初步探索了赤泥在多孔沥青混合料中的应用[161]。

到目前为止,大多数关于填料对于沥青胶浆及沥青混合料的研究均未提出一种平衡设计方法。如今,关于沥青及沥青混合料的自愈合性能是道路材料领域的研究热点。自愈合可以延长沥青路面的使用寿命,这种能力在设计可持续长寿命路面时被认为是必不可少的,近年来很多研究致力于自愈合沥青材料的机理、模型、表征和改性剂[165-168]。

虽然一些研究表明填料类型及其比例对沥青胶浆的自愈能力有一定的影响,但是之前的研究对于填料掺量及沥青-填料交互作用的关系并未得到一致的结论。根据已有研究,填料含量的增加对胶浆的自愈能力不利,填料对沥青胶浆的相互扩散和内聚潜力产生负面影响[168]。然而,也有研究表明,活性填料,如波特兰水泥和熟石灰,可以减少沥青胶浆自愈合过程中所需的能量。因此,填料类型和比例对沥青胶浆自愈能力的影响还有待进一步研究[169]。

根据原产地和生产工艺,不同类型的固体废弃物填料具有不同的化学组成和粒度分布。因此,应研究赤泥、粉煤灰和硅藻土等固体废弃物填料对沥青胶浆和混合物的影响。

5.2.2 原材料

本研究采用上海生产的70号沥青,性能如表5.2所示。7种填料分别为石灰岩矿粉、粉煤灰、硅藻土和四种不同类型的赤泥,如图5.17所示。由于原产地不同,四种赤泥的化学成分明显不同,呈现不同的颜色。表5.3列出了这些原材料的物理化学性质。

表5.2 沥青材料的性能

性能		指标范围	试验结果
针入度[25℃,100g,5s(0.1mm)]		60~80	64
延度[15℃,5cm/min(cm)]		≥100	>150
软化点,$T_{R\&B}$(℃)		≥46	50.9
闪点(℃)		≥260	276
溶解度(%)		≥99.5	99.8
短期老化后残留物(163℃,85min,%)	质量变化	≤0.8	0.2
	延度[15℃,5cm/min(cm)]	≥15	57
	针入度比	≥61	76
	SHRP PG	PG 64-22	PG 64-22
MSCR(64℃)	$J_{nr3.2}$	—	7.6
	$R_{3.2}$	—	0.53
黏度(mPa·s)	135℃	—	525.0
	150℃	—	315.0
	175℃	—	173.5

图 5.17 固体废弃物粉末填料

表 5.3 填料的物理化学指标

指标		石灰岩矿粉	粉煤灰	硅藻土	1号赤泥	2号赤泥	3号赤泥	4号赤泥
密度（g/cm³）		2.71	2.19	2.08	2.68	2.69	2.85	2.60
Rigden 空隙率（%）		25.4	24.9	52.8	48.3	40.2	46.7	47.9
$d_{0.1}$（μm）		3.1	3.7	3.4	1.4	1.4	0.7	1.4
$d_{0.5}$（μm）		17.1	26.7	13.7	7.1	9.4	3.0	6.5
$d_{0.9}$（μm）		124.8	71.7	58.7	34.0	52.3	46.6	36.6
通过率[75μm（%）]		84.4	89.3	93.1	98.1	96.0	94.5	97.0
化学组成（%wt）	Al_2O_3	0.9	26.7	6.5	29.4	30.4	23.0	23.5
	SiO_2	2.4	56.2	34.9	17.7	15.0	14.0	19.8
	Fe_2O_3	0.4	4.4	0.5	4.3	10.1	35.4	12.0
	Na_2O	—	1.3	1.1	9.2	9.2	7.2	6.7
	CaO	53.2	3.8	28.4	18.2	8.4	1.2	14.7
	MgO	0.2	0.1	1.2	1.5	0.5	0.6	0.7
	K_2O	0.1	1.8	1.3	0.5	2.0	1.2	1.8
	TiO_2	—	0.1	—	2.8	2.8	6.6	4.8

5.2.3 研究方法

沥青胶浆的性能对于沥青混合料具有重要作用。目前有许多关于沥青胶浆性能的研究。然而，沥青胶浆仍需考虑整体性能的平衡设计，其中包括自愈合能力。因此，本研究旨在分析不同比例（体积比：0.11、0.22、0.33、0.44 和 0.55）的不同类型填料对沥青胶浆和混合料性能的影响。其中使用的填料分别是石灰岩矿粉、粉煤灰、硅藻土和四种赤泥。首先采用不同种类及不同体积比的填料与沥青拌和，经过高速搅拌剪切制备沥青胶浆。然后，通过黏度试验和多应力蠕变恢复试验（MSCR），研究沥青胶浆的流变性能。此外，本研究探讨了填料类型及其比例对在干燥和潮湿条件下的黏附力和自愈合性能的影响。最后,研究发现,赤泥和硅藻土可用作其他填料的优选替代填料,为沥青混合料提供优良的高温稳定性和水稳性能。

本研究通过黏度试验(ASTM D4402)和 MSCR 试验(AASHTO TP 70-10)研究了不同填料类型(石灰岩矿粉、粉煤灰、硅藻土和四种赤泥)与填料-沥青体积比(0.11、0.22、0.33、0.44 和 0.55)对沥青胶浆流变性能的影响。此外,应用拉拔试验(BBS)[《沥青胶结料的拉拔强度试验》(AASHTO TP-91)]来研究沥青胶浆的黏附力和自愈合性能。

值得注意的是,黏度试验使用 Brookfield 旋转黏度计测试,该黏度计在本研究中用于定性研究沥青胶浆的和易性能。在试验过程中,为确保试验结果的可对比性,对所有样品使用相同的试验条件,如 27 号转子,预热温度(135℃)、预热时间(1h)、剪切速度(20r/min)、预剪切时间(5min)。应注意,预剪切时间是指在每次试验期间,在旋转 5min 后记录黏度。

为了消除原样沥青对不同沥青胶浆的影响,提出了相对性能指标,$Y_r = Y_{沥青胶浆}/Y_{原样沥青}$,以便计算。例如,$\eta_r = $ 沥青胶浆的黏度/原样沥青的黏度。

为了评价不同填料类型和不同掺量对沥青胶浆性能的影响,采用 7 种填料和 5 种不同填料沥青的体积比(FBv)制备了 35 种沥青胶浆。石灰岩矿粉-沥青比率首先按质量确定,分别为 0.3、0.6、0.9、1.2 和 1.5。该范围包括开级配沥青混合料、密级配沥青混合料和沥青玛蹄脂碎石混合料中所有常用的填料——沥青比(FB)[170-174]。然后,通过填料及沥青的比例计算石灰岩矿粉的体积比,结果分别为 0.11、0.22、0.33、0.44 和 0.55。最后,采用这些填料-沥青体积比,控制其他类型的填料。为了便于试验操作,表 5.4 显示了填料-沥青质量比。值得注意的是,对于本研究所用的各种填料,FBv 总是 0.11、0.22、0.33、0.44 和 0.55,对 35 组沥青胶浆和一种原样沥青的性能进行测试。

表 5.4 填料-沥青比的计算

FBv	粉胶比(质量比)						
	石灰岩矿粉	粉煤灰	硅藻土	1号赤泥	2号赤泥	3号赤泥	4号赤泥
0.11	0.30	0.24	0.23	0.30	0.30	0.32	0.29
0.22	0.60	0.48	0.46	0.59	0.60	0.63	0.58
0.33	0.90	0.73	0.69	0.89	0.89	0.95	0.86
0.44	1.20	0.97	0.92	1.19	1.19	1.26	1.15
0.55	1.50	1.21	1.15	1.48	1.49	1.58	1.44

注:FBv 为填料-沥青比(体积比)。

BBS 试验用于研究黏合剂的黏附性和内聚性[167,174]。根据 Chaturabong 和 Bahia 的研究[174],在拉拔试验中,沥青胶浆内的破坏形式通常是内聚破坏,这与图 5.18 的结果一致。

在最新的研究中,BBS 试验用于通过破坏-自愈合试验来研究聚合物改性沥青的自愈能力[167]。但是,当用 BBS 试验进行破坏-自愈合试验时,应对该试验方法进行一些改进。在该试验的规范(AASHTO TP-91)中,没有建议在试验过程中是否刮除从溢流孔中溢出的沥青,如图 5.18 所示。这主要因为如果仅进行一次破坏试验,溢出的沥青不会影响拉拔强度(POTS)。但是,在 F-H 试验期间,进行完拉拔试验后的拔头应放回原位置。根据试验结果，如果存在溢出的沥青并且拔头未非常严格地放置在原样位置，那么溢流沥青会粘在拔头上，并显著影响下一次 F-H 循环后的抗拉强度。另一方面，溢出的沥青将阻碍水浸入沥青和基材之间的破裂界面。因此，该试验无法模拟实际水损害情况。因此，建议当用 BBS 试验研究沥青黏合剂的自愈能力时，像在 DSR 试验中一样用刮刀将溢出的沥青刮除干净。

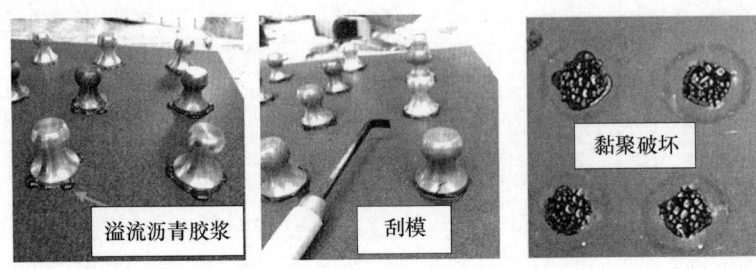

图 5.18 沥青胶浆在 BBS 试验中的刮除过程和内聚破坏

BBS 试验的 F-H 循环试验程序的示意图如图 5.19 所示。首先，样品在程序后在 25℃冷却 1h，通过 BBS 拉拔仪测量初始 POTS。在不施加压力的情况下，拔头立即被放回到原样位置，进行愈合循环。然后，将愈合样品放入 40℃的水浴或相同温度的烘箱中 8h，以恢复其黏合强度。在自愈合循环后再次测试自愈合后的强度。在这项研究中，$POTS_W$是指潮湿条件下最初的 POTS，$POTS_D$是指干燥状态下的初始 POTS。$POTS_{WH1}$表示在潮湿条件下第一次 F-H 循环后的 POTS。其余部分的命名依此类推。最后，自愈合指数（HI）定义 $HI_i=$（在第 i 次 F-H 循环后恢复的黏合剂黏合强度）/（初始黏合剂黏合强度）。

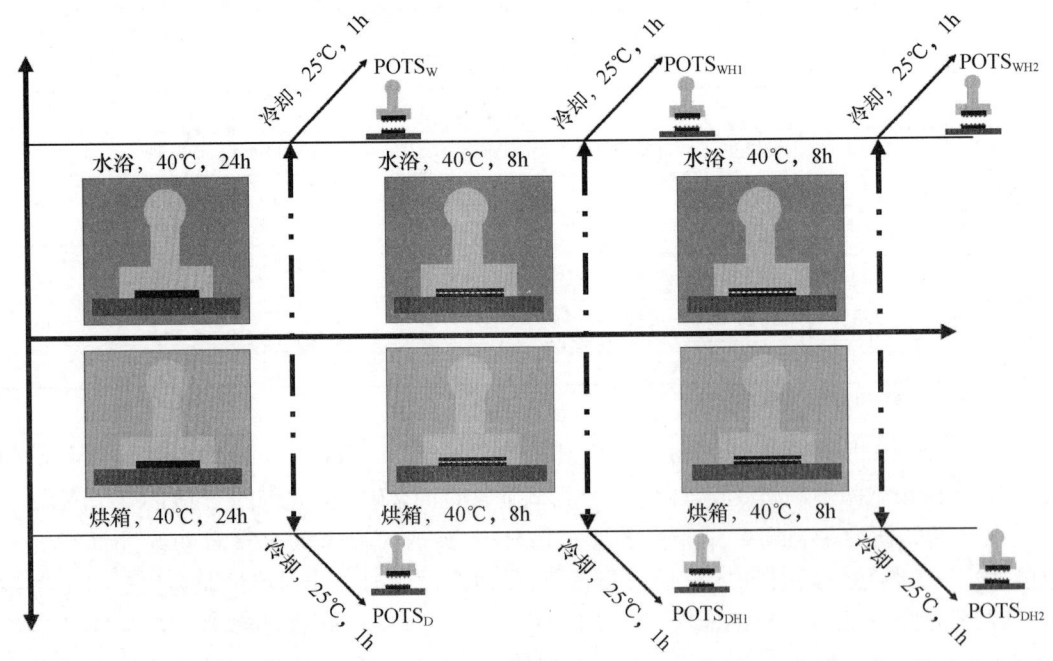

图 5.19 采用 BBS 试验方法进行 F-H 循环试验的试验程序

沥青胶浆的制备方法如下所述。

（1）将原样沥青加热至150℃，直至其具有良好的流动性。

（2）将填料分三次等量加入沥青中，每次加入后用搅拌器在150℃下搅拌5min。然后以3500r/min的速度进行剪切，时间为15min。

（3）立即测试这些沥青胶浆的流变性能和黏附力。

（4）为了消除剪切过程对原样沥青与胶浆之间流变学性能和黏附力或黏聚力的影响，原样沥青在150℃时剪切15min，速度为3500r/min。

BBS试验的简要试验程序如下所述。

（1）使用超声波清洗机清洗玄武岩板和拔头，然后在150℃的烘箱中加热至少1h，除去残留的水分。

（2）将玄武岩板材和拔头放入100℃的烘箱中至少1h，等待样品制备。

（3）将沥青样品放置于拔头上，然后将拔头牢固地压在基材上。持续地向拔头施加向下的压力，直到拔头与板材表面接触，以达到控制黏结剂厚度的目的。

（4）将样品养护24h后，进行拉拔试验。根据AASHTO TP-91的规定，加载速率为0.7MPa/s，黏合剂厚度控制为0.8mm。

5.2.4 数据与分析

（1）黏度结果

为了研究填料类型和不同比例对沥青胶浆黏度的影响，用Brookfield黏度计进行黏度试验，研究135℃、150℃和175℃下沥青和胶浆的黏度。

采用相对黏度（η_r）评价填料类型和比例对沥青胶浆的影响。表5.5显示了7种沥青胶浆的相对黏度。在图5.20中，硅藻土和四种赤泥的沥青胶浆的η_r远高于石灰岩矿粉和粉煤灰。此外，在黏度方面，硅藻土和4种赤泥具有较高的黏度，与以石灰岩矿粉和粉煤灰为填料的沥青胶浆相比，具有较差的和易性，主要原因是不同的填料存在物理性质的差异。例如，具有较大Rigden空隙的填料可以吸收更多的自由沥青并导致更高的黏度。

表5.5 沥青胶浆的相对黏度

温度	FBv	填料类型						
		石灰岩矿粉	粉煤灰	硅藻土	1号赤泥	2号赤泥	3号赤泥	4号赤泥
135℃	0.11	1.4	1.2	2.5	1.7	2.2	1.5	1.7
	0.22	1.9	1.6	4.2	3.3	4.0	2.4	2.2
	0.33	2.4	2.1	11.3	6.8	6.0	5.6	7.2
	0.44	4.6	4.2	27.9	16.3	13.5	12.3	22.6
	0.55	7.4	6.8	72.3	78.4	30.8	37.8	83.1
150℃	0.11	1.4	1.1	1.6	1.7	2.0	1.4	1.5
	0.22	1.6	1.4	3.3	2.9	4.4	2.2	2.1
	0.33	1.8	1.7	7.8	5.5	5.6	4.0	5.2
	0.44	4.3	3.0	19.3	13.2	12.8	7.3	17.7
	0.55	5.9	3.8	40.9	57.0	22.7	30.7	56.7

续表

温度	FBv	填料类型						
		石灰岩矿粉	粉煤灰	硅藻土	1号赤泥	2号赤泥	3号赤泥	4号赤泥
175℃	0.11	1.2	1.1	1.4	1.9	2.6	1.5	1.4
	0.22	1.2	1.5	2.6	2.6	4.6	1.9	1.9
	0.33	1.6	1.8	5.0	4.0	6.1	3.0	3.6
	0.44	3.8	3.4	11.4	8.5	10.5	9.7	11.4
	0.55	5.2	5.2	30.8	32.8	26.1	25.2	30.7

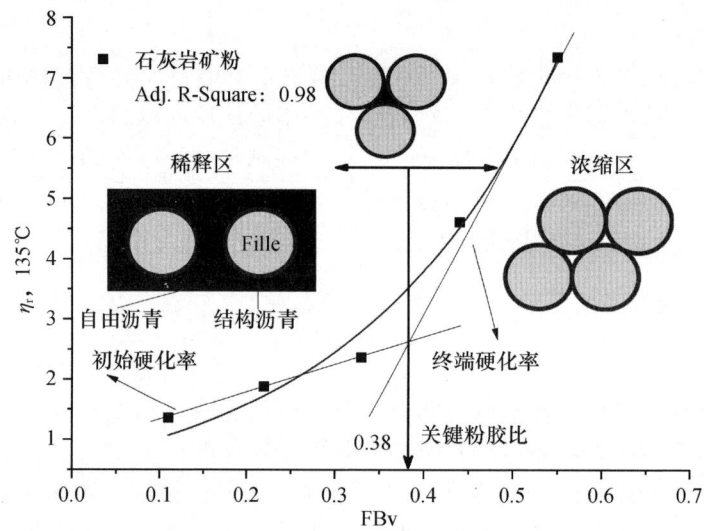

图 5.20 石灰岩矿粉沥青胶浆的稀释区域和浓缩区域（η_r 与 FBv，135℃）

值得注意的是，当以石灰岩矿粉作为填料时，在密级配沥青混合料中的填料-沥青质量比通常为 0.8~1.2。然而，由于固体废弃物粉末和石灰岩矿粉的物理和化学性质存在巨大的差异，在固体废弃物粉末用作石灰岩矿粉的替代填料之前需确定其最佳 FBv。Faheem 和 Bahia[149]通过研究表明，沥青胶浆的复合模量随填料含量的变化趋势可分为两个阶段：稀释阶段和浓缩阶段。这种变化规律可以通过三个关键参数明确定义：初始增强率、终端硬化率和临界填料浓度。分析黏度时，也可以采用类似的研究思路。

从图 5.20 可以看出，沥青胶浆与石灰岩矿粉和 FBv 相对黏度的相互关系遵循 Exp2PMod1 拟合模型，Adj. R^2 为 0.98。从图 5.20 可知，当 FBv 小于 0.33 时，沥青胶浆处于稀释状态，随着 FBv 的增加，η_r 呈线性增加，这与已提出稀释复合材料的爱因斯坦模型一致。初始状态的斜率可定义为初始硬化率，在这种状态下有足够的自由沥青来稀释填料。然而，当 FBv 达到 0.44 时，η_r 急剧增加，整体关系对应于 Exp2PMod1。这种从 0.44~0.55 浓度的硬化率可以定义为"末端硬化率"。随着填料体积比的增加，越来越多的自由沥青被填料吸收，转化为刚性结构沥青，并固定在填料的 Rigden 空隙中。没有足够的沥青来确保润滑效果，因此填料颗粒之间的摩擦效应开始增加。临界填料浓度可以通过两个硬化率的交叉点来确定（在图 5.20 中，临界 FBv 为 0.38），这表示从稀释相到浓缩相的逐步转化。由于在浓缩区域，在沥青混合料拌和压实的过程中没有足够的自由沥青来润滑集料,因此最佳 FBv 不应大于临界 FBv。然后,采用类似的研究方法,分别研究 135℃和 150℃下沥青胶浆的和易性(图 5.21 和图 5.22)。

如图 5.21 和图 5.22 所示,η_r 和 FBv 之间的关系仍然服从 Exp2PMod1 模型,且最小 Adj.R^2 为 0.93。在 135℃和 150℃时,临界 FBv 的范围分别为 0.37~0.47 和 0.35~0.45。因此,考虑和易性,最佳 FBv 不应超过在该部分中发现的临界 FBv 范围的下限(0.35)。此外,填料的粒度、形状和孔隙的差异将导致不同的临界粉胶比。例如,如硅藻土和赤泥具有较高的 Rigden 孔隙率,将导致更小的临界粉胶比(图 5.21 和图 5.22)。

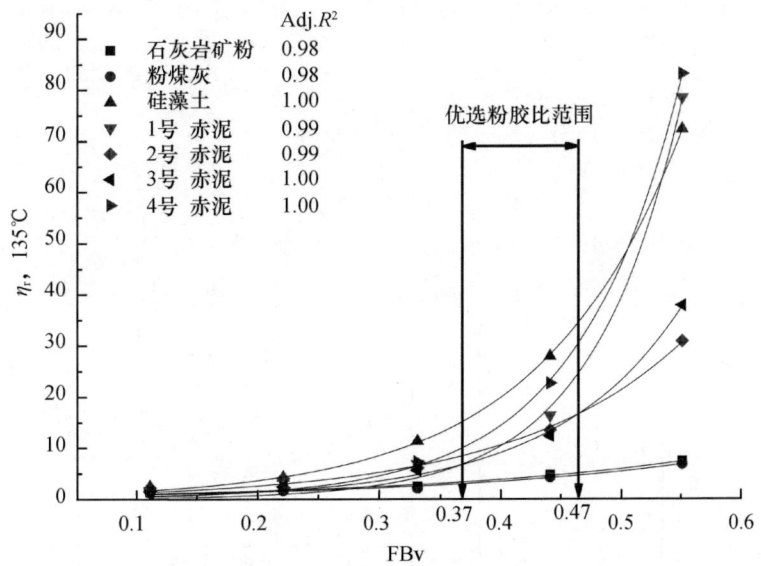

图 5.21 沥青胶浆的 η_r 与 FBv,135℃的关系

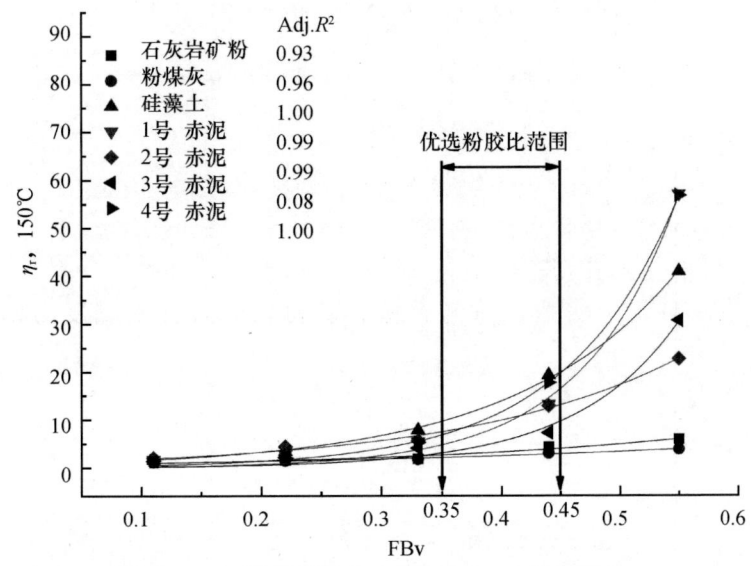

图 5.22 沥青胶浆的 η_r 与 FBv,150℃的关系

(2) MSCR 试验结果

最近,D'Angelo 提出,在 MSCR 试验中 $J_{nr3.2}$ 和 $R_{3.2}$ 可用于研究黏合剂的高温性能[175]。MSCR 试验在 64℃下进行,结果如图 5.23 所示。随着 FBv 的增加,$[J_{nr3.2}]_r$

（相对 $J_{nr3.2}$）呈指数下降。且 R^2 为 1.0。采用与黏度相同的方法确定该部分的临界 FBv 范围，结果为 0.22~0.29。与此试验相关，较小的 $J_{nr3.2}$ 值对应沥青胶浆的更优的高温性能，因此最佳 FBv 不小于本部分确定的临界 FBv 范围的上限。在图 5.24 中，当 FBv 不大于 0.33 时，最大 $[R_{3.2}]_r$（相对 $R_{3.2}$）为 14.71。由于原样沥青的 $R_{3.2}$ 为 0.53，各种沥青胶浆的最大 $R_{3.2}$ 为 7.80，与聚合物改性沥青相比非常低（例如，SBS 改性沥青，$R_{3.2}$ 通常超过 30%）[161]。此外，尽管添加填料可以提高沥青胶浆的硬度，但是当 FBv 不大于 0.33 时，$R_{3.2}$ 数据表明其弹性非常小。此外，非常值得注意的是，硅藻土和四种赤泥沥青胶浆的高温性能优于石灰岩矿粉和粉煤灰。建议使用 Rigden 空隙来量化填料的特性（尺寸、形状、角度和纹理）。具潮湿较大 Rigden 空隙的填料可以固定更多的游离沥青，因此对沥青胶浆产生更强的硬化效果。这是与石灰岩矿粉和粉煤灰相比，硅藻土和赤泥改性沥青胶浆具有更小 $[J_{nr3.2}]_r$ 的主要原因。

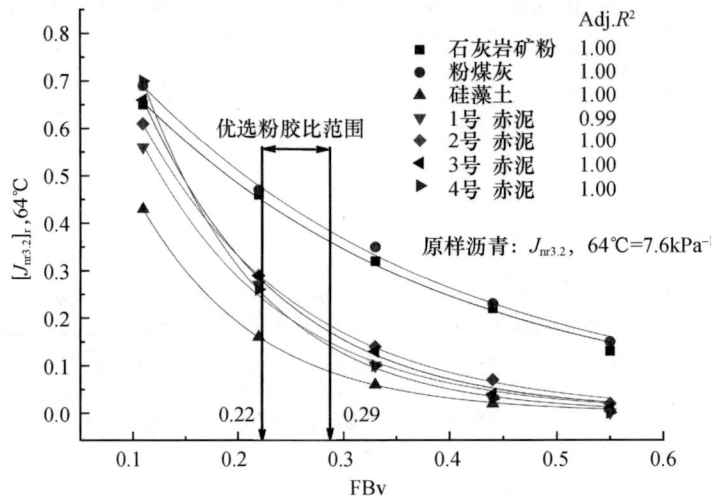

图 5.23　沥青胶浆 $[J_{nr3.2}]_r$，64℃与 FBv 的关系

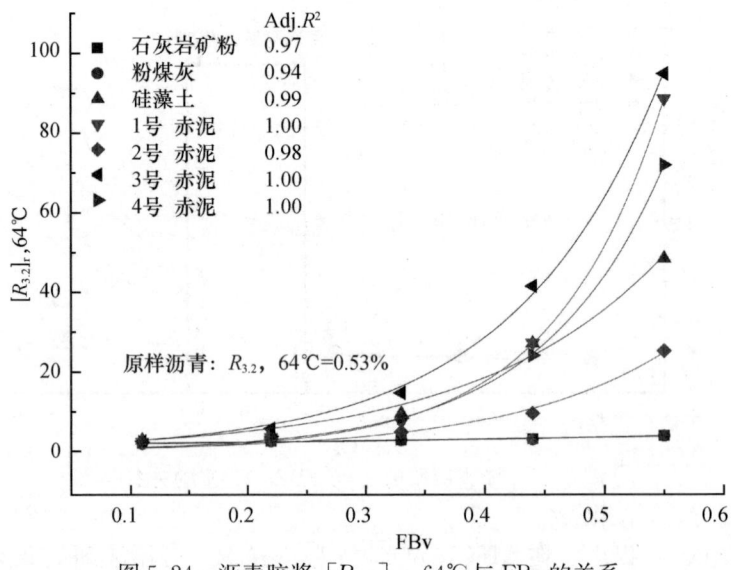

图 5.24　沥青胶浆 $[R_{3.2}]_r$，64℃与 FBv 的关系

(3) BBS 试验结果

通过在干燥条件和水条件的 BBS 试验，评估所有类型的沥青胶浆的黏附力和自愈合性能，如图 5.19 所示。在 BBS 试验中，以玄武岩作为基材，沥青膜的厚度为 0.8mm，加载速率为 0.7MPa/s。图 5.25（a）中，在干燥条件下，无论使用何种类型的填料，随着 FBv 的增加，POTS 得到改善。这主要因为填料对沥青胶浆的硬化效果随着填料掺量的增加而增强，这与黏度试验和 MSCR 试验结果一致。此外，当 FBv 不小于 0.33 时，赤泥和硅藻土沥青胶浆的 POTS 高于石灰岩矿粉和粉煤灰，证实了上述试验结果。在图 5.25（b）中，对于潮湿的 POTS 试验，POTS 起初随着 FBv 的增加而得到改善。然而，当 FBv 超过 0.44 的比率时急剧下降，这意味着较大的 FBv 将导致沥青胶浆抗水损坏性能下降。虽然填料的加入导致沥青胶浆黏度增加，但沥青胶浆与集料之间的空隙带来水损害，导致沥青胶浆的黏附性能受损，尤其是当样品在水浴中养护时。另外，如果填料和沥青之间的界面融合不够好，界面处的缺陷将导致潜在的水损害。因此，在考虑水损害条件时，最佳 FBv 应保持在 0.33～0.44 的范围内。

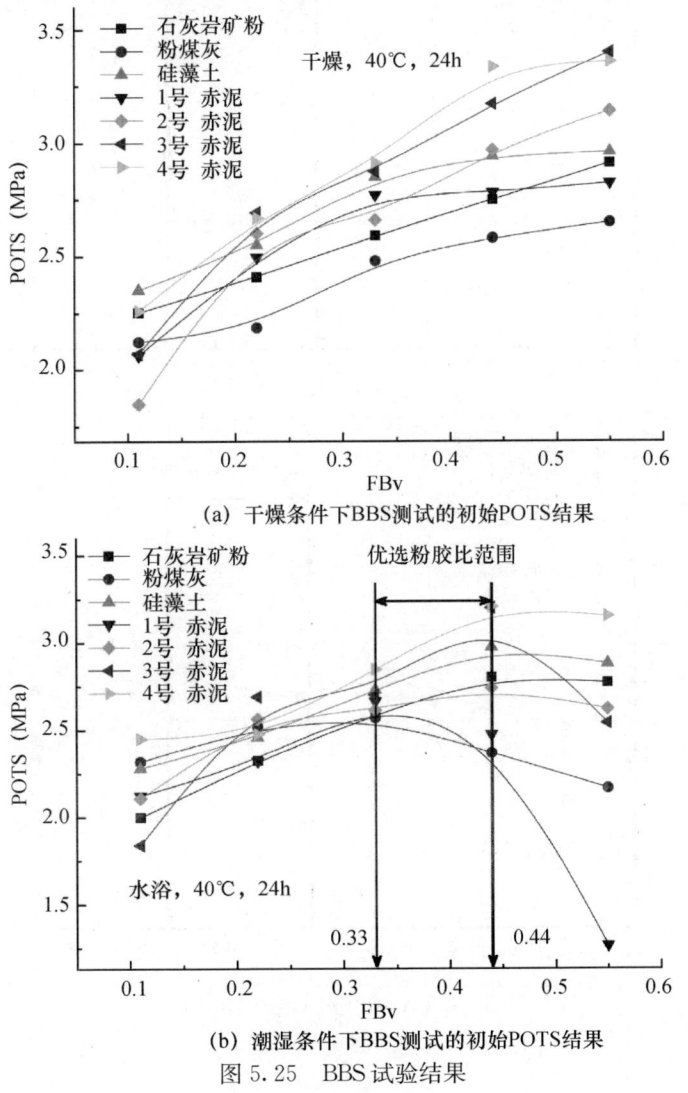

(a) 干燥条件下BBS测试的初始POTS结果

(b) 潮湿条件下BBS测试的初始POTS结果

图 5.25 BBS 试验结果

（4）自愈合试验结果

图 5.26 显示了 HI 在干燥状态下的结果，图 5.26（a）说明在第一个 F-H 循环后，在干燥状态，当 FBv 不超过 0.33 时，FBv 的增加导致 HI 的增加。当 FBv 超过 0.33 时，1 号、3 号和 4 号赤泥的沥青胶浆 HI 明显下降。然而，1 号、3 号和 4 号赤泥沥青胶浆与其他 4 种填料的 HI 相比，仍处于较高水平。另一方面，图 5.26（b）表明在第二个 F-H 循环后发现类似的变化行为。此外，通过比较图 5.26（a）和图 5.26（b）的结果，所有类型的沥青胶浆 HI 随着 F-H 循环的增加而降低。因此，考虑干燥条件下的 HI，临界 FBv 的范围是 0.32~0.44。这意味着当最佳 FBv 位于此范围内时，所有类型的沥青胶浆得到更好的 HI。此外，4 号赤泥和硅藻土的沥青胶浆总是显示出高于其他类型填料的 HI。

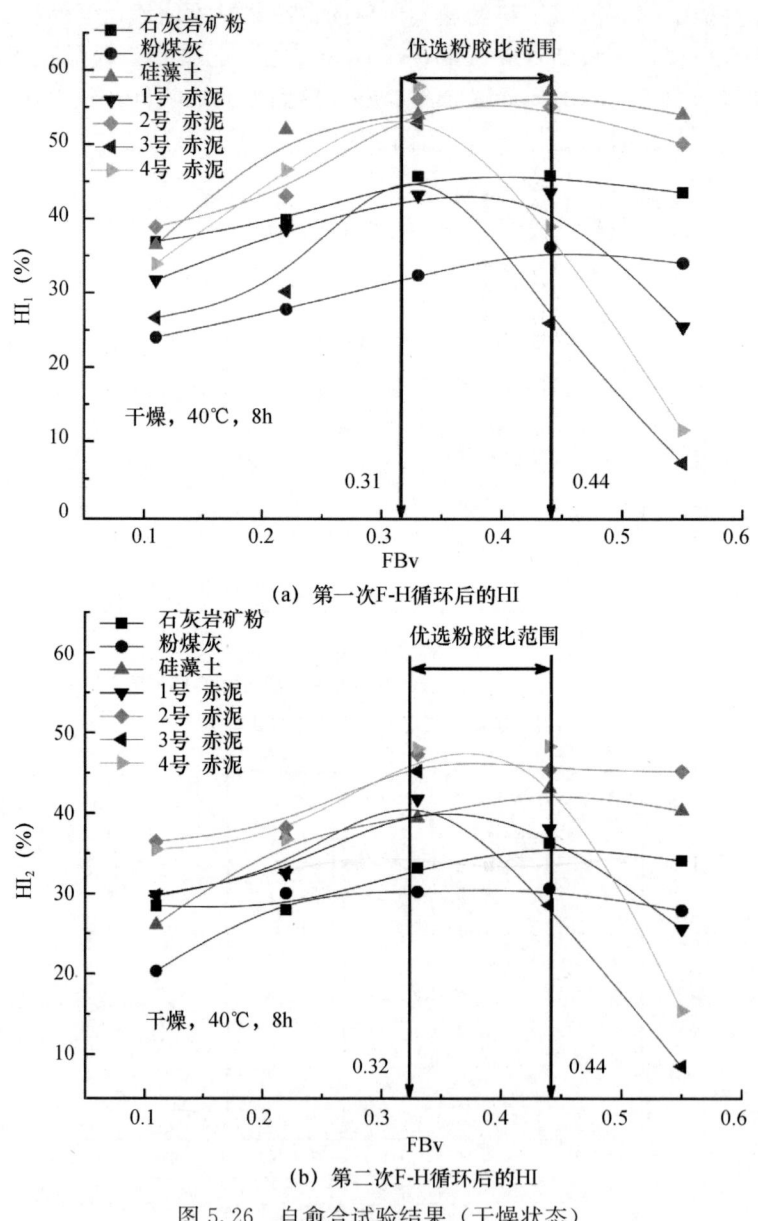

(a) 第一次 F-H 循环后的 HI

(b) 第二次 F-H 循环后的 HI

图 5.26 自愈合试验结果（干燥状态）

在图 5.27（a）中，在第一次 F-H 循环后的水条件下，当 FBv 小于 0.33 时，FBv 的增加导致自愈指数的上升。然而，当 FBv 超过 0.33 时，HI 急剧下降。在图 5.27（b）中，在第二次 F-H 循环之后观察到类似的变化趋势。此外，在比较图 5.27（a）和图 5.27（b）后，所有类型的沥青胶浆 HI 随着 F-H 循环的增加而减少。因此，对于潮湿的 HI，临界 FBv 的范围是 0.27～0.35。这意味着当最佳 FBv 位于该范围内时，所有类型的沥青胶浆在潮湿条件下获得更好的 HI 性能。此外，与其他填料相比，含 4 号赤泥的沥青胶浆总是显示出最高的 HI 值。

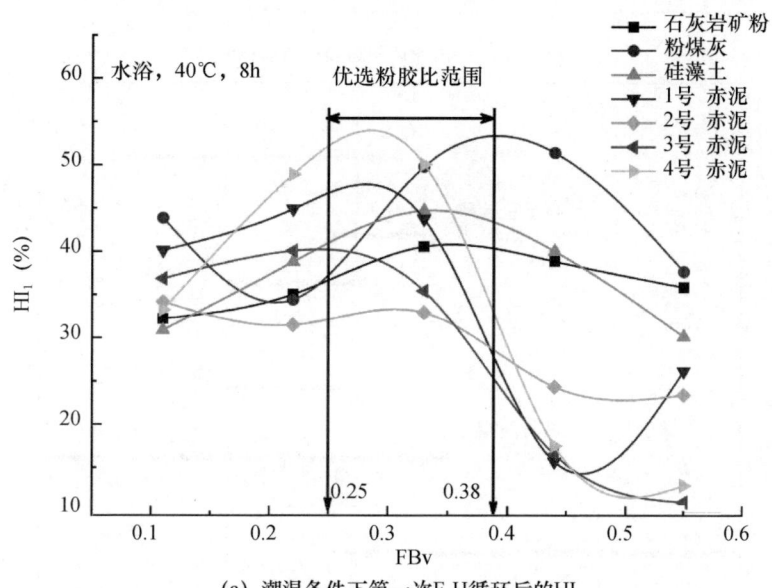

(a) 潮湿条件下第一次F-H循环后的HI

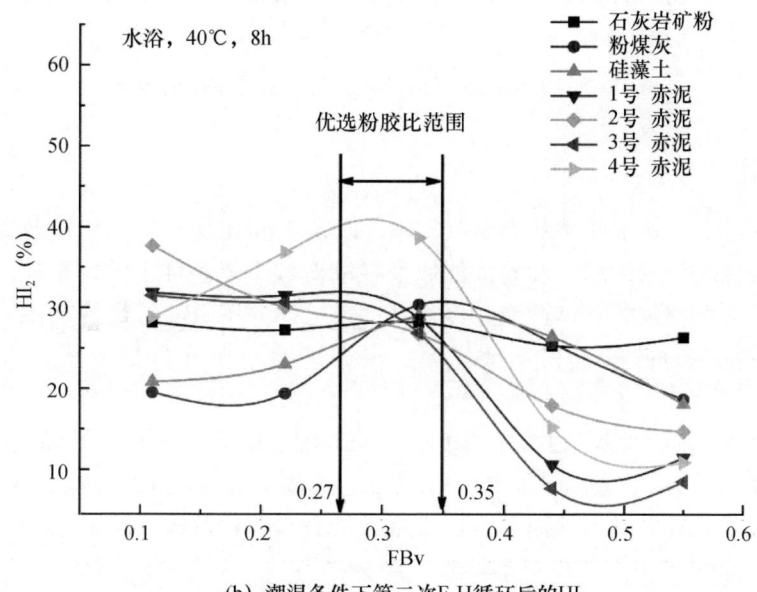

(b) 潮湿条件下第二次F-H循环后的HI

图 5.27　自愈合试验结果（F-H 循环后水条件下）

值得注意的是，在潮湿条件下临界 FBv 的范围为 0.27～0.35，而在干燥状态下为 0.32～0.44，这证实了 HI 在潮湿状态下对 FB 更敏感，即过量的填料沥青比例会导致沥青胶浆抗水损害性能的下降。

(5) 沥青胶浆性能平衡设计

图 5.28 为综合考虑沥青胶浆的整体性能，提供了确定最佳 FBv 的平衡设计方法。综合考虑沥青胶浆的高温性能、和易性能、干燥和潮湿条件下的黏附力和自愈性能的情况下，7 种填料的最佳 FBv 范围为 0.33～0.35。

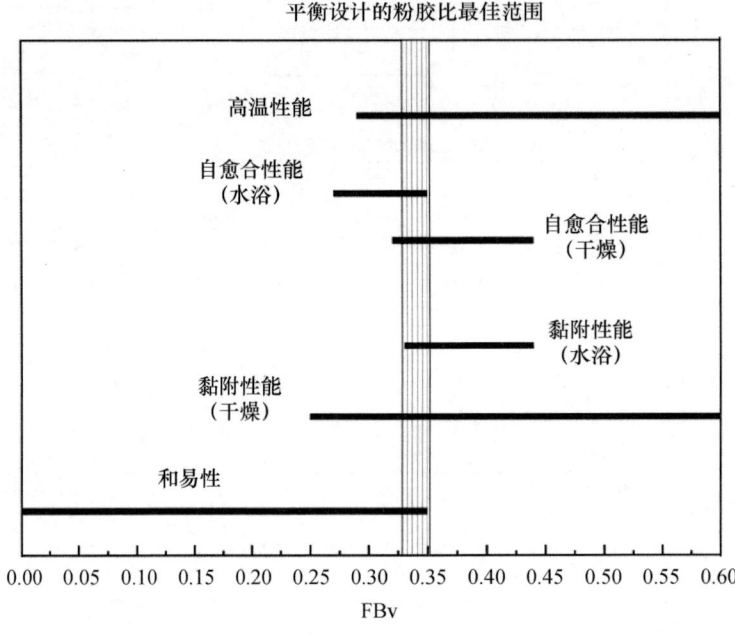

图 5.28 考虑性能平衡设计的 FBv 最佳范围的确定

5.2.5 小结

本研究探讨了具备不同填料类型（7 种）以及不同比例（5 种）的沥青胶浆流变性能，如沥青胶浆的高温性能、和易性能以及在潮湿和干燥条件下的内聚性能和自愈合性能，综合考虑沥青胶浆的整体性能，以 0.33～0.35 作为 FBv 的最佳范围。填料包括石灰岩矿粉、粉煤灰、硅藻土和 4 种赤泥。根据试验结果和数据分析，可以得出以下结论。

(1) 稀释相、临界 FBv 和浓缩相可通过沥青胶浆的流变试验结果确定。

(2) 沥青胶浆的 $[J_{nr3.2}]_r$ 随 FBv 的增加呈指数下降，而 R3.2 变化不显著。因此，填料的加入可以通过提供刚性而非弹性来增强沥青胶浆的高温性能。这是因为在填料的化学组成中没有 SBS 中类似丁二烯的弹性组分。

(3) 填料较大的 Rigden 空隙可以吸收和固定更多的自由沥青，这将增强填料颗粒之间的摩擦效果。因此，与石灰岩矿粉和粉煤灰沥青胶浆相比，硅藻土和赤泥沥青胶浆黏度更大，$[J_{nr3.2}]_r$ 更小。

(4) 在干燥条件下，拉拔强度随 FBv 的增加而增强。然而，在潮湿情况下，非常大的 FBv 将导致沥青胶浆抵抗损害性能变差。另外，用 BBS 试验来研究沥青胶浆的自愈能力，但应刮除溢流的沥青。

(5) 根据高温性能、和易性能以及干燥和潮湿条件下的内聚性能和自愈合性能的试验结果，推荐 0.33~0.35 作为 FBv 的最佳范围。

第 6 章 结构设计理论与方法

6.1 基于水文性能的透水路面设计理论与方法

6.1.1 SWMM 模型简介

美国环境保护署（Environmental Protection Agency，EPA）开发的暴雨洪水管理模型（storm water management model，SWMM）是一个动态的降水-径流模拟软件[176]，主要用于城市在单一、长期降雨情况下的水量、水质模拟，径流模块综合处理各子流域发生的径流和污染负荷，汇流模块通过管网、节点、水泵、调节闸等进行水量传输。该软件可以跟踪、模拟不同时间步长下任意时刻某一子流域产生径流的水质和水量，以及每个管道和河道的流量、水深及水质等情况。

SWMM 模型自 1971 年首次开发以来经历了几次重大升级，包括增加 LID（低影响开发）模块，具体包括透水路面、雨水花园、下沉式绿地、绿色屋顶等，因此，相关学者利用 SWMM 模型对 LID 措施（尤其是透水路面）进行了大量模拟分析。

朱浩然等以南京某双向六车道作为研究对象，分析了排水型、半透水型、全透水型铺装的不同特点[177]。胡爱兵等以深圳市某新修 LID 道路为研究对象进行模拟，得出透水路面可削减年雨水径流总量以及典型场降雨的峰值流量[178]。Zhang 等提出 SWMM 模型不能很好模拟浅层地下水条件下透水路面的性能，因此对计算公式进行改进并通过试验得到了验证[179]。Kong 等以四川巴中为例分析了土地利用类型转变以及应用 LID 措施导致的变化[180]，Qin 等分析了在不同降雨条件下某一区域采用植草沟、透水路面、绿色屋顶的水文性能，得出在降雨雨峰系数接近 0.5，即降雨强度在整个降雨过程中期达到峰值的情况下，透水路面对径流总量削减效果最佳[181]。Palla 等在利用室内试验验证 LID 模型可靠性的基础上，分析了采用透水路面、绿色屋顶前后水文性能上的差异，得出减少有效不透水面积是关键[182-183]。Li 等结合 SWMM 模拟结果以及层次分析法，得出环境、经济、社会效益综合最优的 LID 布置方案[184]。总体上，SWMM 模型由于其代码开源、结构简单、输入要求低等特点得到了较为广泛的应用，且其可靠性也得到了验证[176]，可有效用于模拟海绵城市透水路面自身以及对区域水文、水力等性能的影响。

6.1.2 LID 模块计算原理

SWMM 模型 5.1 版本中新增了 LID 模块，用于模拟上述 LID 措施。LID 模块通过竖向层的组合表示，在单位面积的基础上定义其属性。在模拟过程中，SWMM 执行含湿量平衡，跟踪水在每一结构层之间的移动和存储。以模拟透水路面为例，其内部结构层及水流路径如图 6.1 所示。

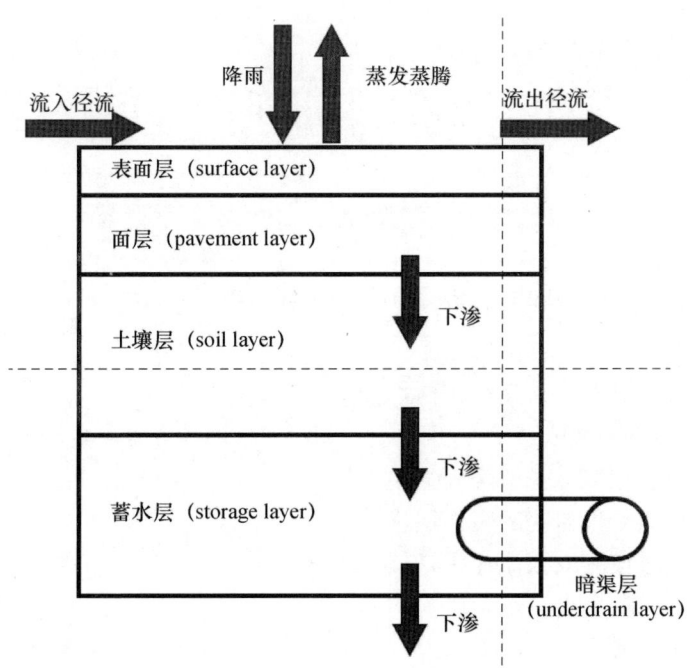

图 6.1 SWMM 模型透水路面结构层

(1) 表面层 (surface layer)

表面层对应于地面（或者路面）面层的顶部，直接接收降雨或者来自上游的流入径流存储在地表的洼地蓄水，产生进入下游或者排水管网的流出径流。主要参数为曼宁系数、坡度等，直接影响地表径流特性。

(2) 面层 (pavement layer)

面层对应于透水路面中的多孔水泥混凝土、沥青混凝土面层，或者透水砖路面的铺砌砖块。主要参数包括厚度、孔隙比、渗透性等。

(3) 土壤层 (soil layer)

土壤层描述了生物滞留池、雨水花园等工程土壤组织。对于透水路面，主要是表征草坪透水砖的土壤层。对于常规的透水沥青混凝土、水泥混凝土路面，该层可缺省。

(4) 蓄水层 (storage Layer)

蓄水层通常指砾石层，对应于透水路面的基层。主要参数包括厚度、孔隙比、渗透速率、堵塞因子等。

(5) 暗渠层 (underdrain layer)

暗渠层对应于透水路面的路面内部排水设施（溢流管等），位于基层，或然为可选项，可缺省。

为了模拟该 LID 单元的水文性能，SWMM 模型进行了如下简化的假设：①整个深度中保持恒定大小的横断面面积；②通过的竖向流量是一维的；③顶部进流量在表面层均匀分布；④整个土壤层含湿量均匀分布；⑤忽略蓄水层的矩阵力，将其作为简单水库，自下而上蓄水。基于这些假设，LID 措施可以通过求解简单流量连续性方程，作为该层流入和流出水量之间的差值，表达为单位面积单位时间上体积的变化，透水路面的计算方程如式 6-1 至式 6-4 所示。

表面层 $$\frac{\partial d_1}{\partial t}=i+q_0-e_1-f_1-q_1 \tag{6-1}$$

路面层 $$D_4(1-F_4)\frac{\partial \theta_4}{\partial t}=f_1-e_4-f_4 \tag{6-2}$$

土壤层 $$D_2\frac{\partial \theta_2}{\partial t}=f_4-e_2-f_2 \tag{6-3}$$

蓄水层 $$\varphi_3\frac{\partial d_3}{\partial t}=f_2-e_3-f_3-q_3 \tag{6-4}$$

式中 d_1——地表蓄水深度，ft；

θ_2——土壤层含水量（水容积/总土壤容积）；

d_3——蓄水层中水深，ft；

i——表面层直接接受的降雨强度，ft/s；

q_0——从其他面积捕获的表面层进流量，ft/s；

q_1——表面层径流或溢流速率，ft/s；

q_3——蓄水层暗渠出流量，ft/s；

e_1——表面层 ET 速率，ft/s；

e_2——土壤层 ET 速率，ft/s；

e_3——蓄水层 ET 速率，ft/s；

e_4——路面层 ET 速率，ft/s；

f_1——地表水进入土壤层的下渗速率，ft/s；

f_2——通过土壤层进入蓄水层的下渗速率，ft/s；

f_3——通过蓄水层进入原位土壤的下渗速率，ft/s；

f_4——通过蓄水层进入原位土壤的下渗速率，ft/s；

φ_3——蓄水层空隙率（空隙体积/总容积）；

D_2——土壤层厚度，ft；

D_4——路面层厚度，ft。

以上参数计算可参照相关资料。特别需要注意的是，在没有土壤层时，略去土壤层公式，在上述其他公式中出现 f_2 的地方，采用 f_4 代替。

6.1.3 气象参数输入

SWMM 模型模拟所需的气象数据包括降雨数据、蒸发数据、风速数据等，以此模拟降雨、蒸发等过程。其中，降雨数据为降雨径流水质模拟的最基本输入。雨水径流总量和面源径流水质直接取决于输入的降雨时间序列数据。这些时间序列可以是单一事件的几个时间段（一天内的若干小时），也可以是用于多年模拟的数千个时间段。此外，对于降雪地区，将降雨、降雪深度之和作为输入序列，SWMM 模型通过用户提供的划分温度来区分降雨、降雪。通常，自然地区中表面温度 34～35℉（1～2℃）为雨、雪的等概率划分线。在城市区域，由于地表温度较高，该划分温度相较于自然地区更低。此外，SWMM 模型充分考虑到降雨空间性分布的问题，在针对较大区域进行模拟时，不同的区域可以采用不同的降雨时间序列，通常采用雷达降雨数据，雷达降雨数据的精度可达到 1km²。

本研究气象模块中的降雨数据采用合成雨型。合成雨型的降雨强度由上海市地方标准《暴雨强度公式与设计雨型标准》确定，降雨重现期为 3a、5a、10a、20a，降雨雨型为芝加哥雨型，雨峰系数反映降雨峰值在降雨历时中的位置，本研究为 0.405（表 6.1）。

表 6.1 合成雨型降雨强度

重现期（a）	平均降雨强度（mm/h）	峰值降雨强度（mm/h）	降雨历时（h）	累计降雨量（mm）
3	34	153	2	68
5	38.5	173	2	77
10	44.5	201	2	89
20	61.5	229	2	123

6.1.4 路面结构参数输入

《透水沥青路面技术规程》（CJJ/T 190—2012）中规定了三种类型的结构组合：Ⅰ型透水沥青路面（排水路面）、Ⅱ型透水沥青路面（半透水路面）、Ⅲ型透水沥青路面（全透水路面）。SWMM 模型的 LID 模块中的透水路面结构层为表面层（surface layer）、面层（pavement layer）、蓄水层（storage layer）以及可选的暗渠层（underdrain layer），可以通过合理设置上述结构层的参数来模拟《透水沥青路面技术规程》中规定的三种类型的结构组合。

Ⅰ型透水沥青路面（图 6.2）：路表水进入表面层后排入邻近排水设施。Ⅰ型透水沥青路面仅面层作为透水功能层，面层下设封层，雨水可通过面层内部水平横向排出，主要功能是排除路面积水、降低噪声、提高路面抗滑性能和行车安全性能。

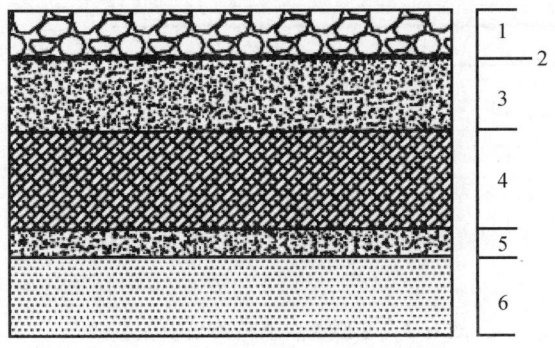

图 6.2 Ⅰ型透水沥青路面结构示意图[185]
1—透水沥青上面层；2—封层；3—中下面层；4—基层；5—垫层；6—路基

Ⅰ型透水沥青路面参数设置如表 6.2 所示，取值参考《SWMM 模型用户手册》及相关文献。因为Ⅰ型透水沥青路面雨水无法进入基层，即无蓄水基层，所以设置蓄水层厚度为 0。在厚度为 0 的情况下，蓄水层其他参数无实际意义，故缺省。

表 6.2　Ⅰ型透水沥青路面模型参数

结构层	LID 属性	Ⅰ型透水沥青路面
面层	护堤高度（mm）	5.0
	植被容积分数（%）	0
	表面粗糙度（%）	0.011
	表面坡度（%）	1
路面层	厚度（mm）	40
	孔隙比	0.2
	不渗透表面分数（%）	0
	渗透性（mm/h）	0
蓄水层	厚度（mm）	0
	孔隙比	—
	渗水速率（mm/h）	—

Ⅱ型透水沥青路面（图6.3）：路表水由面层进入基层（或垫层）后排入邻近排水设施。Ⅱ型透水沥青路面的沥青面层和基层均具有透水能力，雨水渗入路面后直至基层，可在基层底部横向排出。Ⅱ型透水沥青路面除了具备Ⅰ型透水沥青路面的功能，路面储水能力也大大提升，可有效减少地面径流量，减轻暴雨时城市排水系统负担等功能。Ⅱ型透水沥青路面取值参考《SWMM模型用户手册》及相关文献。其中，蓄水层中渗水速率设置为0，即雨水进入基层后无法再渗入路基（表6.3）。

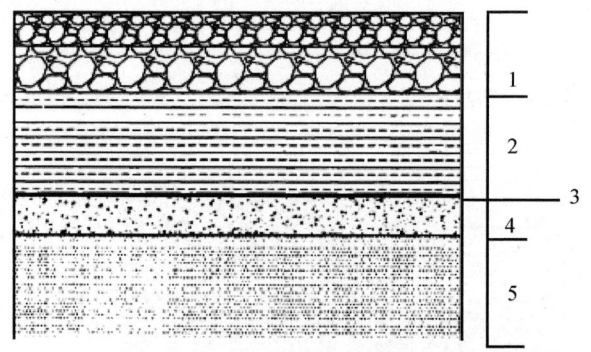

图 6.3　Ⅱ型透水沥青路面结构

1—透水沥青面层；2—透水基层；3—封层；4—垫层；5—路基

表 6.3　Ⅱ型透水沥青路面模型参数

结构层	LID 属性	Ⅱ型透水沥青路面
面层	护堤高度（mm）	5.0
	植被容积分数（%）	0
	表面粗糙度（%）	0.011
	表面坡度（%）	1

续表

结构层	LID 属性	Ⅱ型透水沥青路面
路面层	厚度（mm）	100
	孔隙比	0.2
	不渗透表面分数（%）	0
	渗透性（mm/h）	2500
蓄水层	厚度（mm）	200
	孔隙比	0.4
	渗水速率（mm/h）	0

Ⅲ型透水沥青路面（图 6.4）允许路表水进入路面后渗入路基。因此，Ⅲ型透水沥青路面的整个路面结构（面层、基层和垫层）都具有良好的透水性能。在降雨结束后的一定时间内，雨水最终通过路面结构渗入土基。Ⅲ型透水沥青路面除了具备Ⅰ型和Ⅱ型透水沥青路面的功能外，还可以补充城市地下水资源，改变道路周边的水平衡和生态条件，营造良好的人居环境。

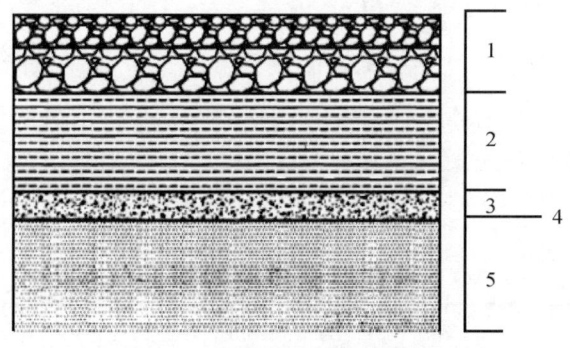

图 6.4　Ⅲ型透水沥青路面结构

1—透水沥青面层；2—透水基层；3—透水垫层；4—反滤隔离层；5—路基

利用 SWMM 模型的 LID 模块，建立Ⅲ型透水沥青路面模型，模型参数如表 6.4 所示。

表 6.4　Ⅲ型透水沥青路面模型参数

结构层	LID 属性	Ⅲ型透水路面
面层	护堤高度（mm）	5.0
	植被容积分数（%）	0
	表面粗糙度（%）	0.011
	表面坡度（%）	1
路面层	厚度（mm）	100
	孔隙比	0.2
	不渗透表面分数（%）	0
	渗透性（mm/h）	2500
蓄水层	厚度（mm）	200
	孔隙比	0.4
	渗水速率（mm/h）	3.6

6.1.5 结果分析

通过选取重现期为 3a、5a、10a、20a，降雨历时 2h 的共计四种降雨模型，分析传统路面、排水路面、半透水路面、全透水路面在不同降雨情况下水文性能的差异。以重现期为 20a 的降雨为例（图 6.5），降雨开始时，传统路面不透水，降雨直接转化为地表径流。对于三种透水路面，排水路面由于面层透水，因此在 15min 时才出现地表径流，在此之后，面层迅速达到饱和状态，因而 15min 后排水路面与传统路面径流曲线基本重合，两者地表径流在 50min 时达到峰值，且峰值大小一致。半透水路面由于基层透水，极大地增强了储水能力，可有效存储地表降雨，因此在 73min 时才出现地表径流。全透水路面由于允许雨水下渗至土基，因此地表径流出现在 108min 时。

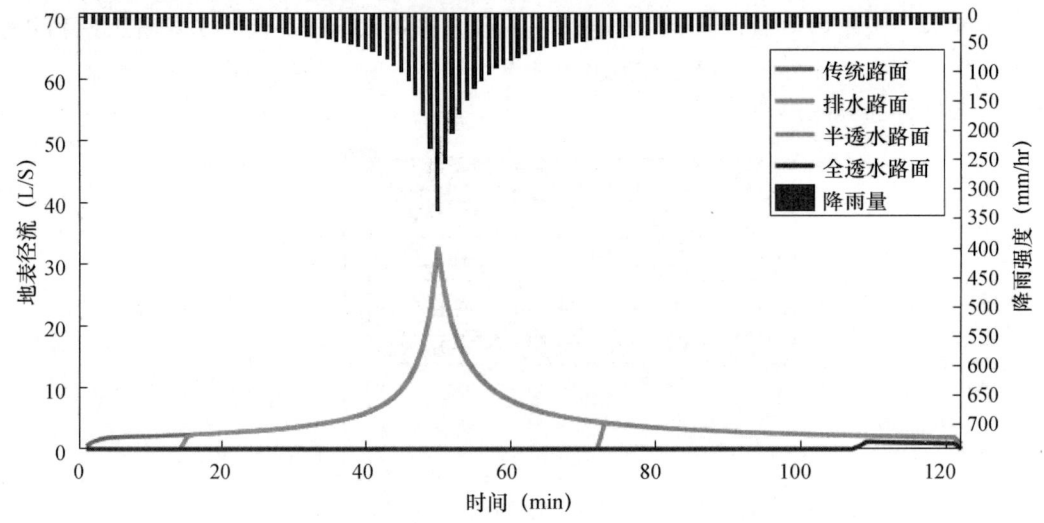

图 6.5 重现期 20a 降雨下四种路面径流过程线

表 6.5 为不同降雨重现期下四种路面的比较。径流系数为任意时段内径流深度与同时段内降水深度之比。总体上，排水路面可以在一定程度上减少径流总量，从而达到削减径流系数的效果，但是对于重现期大于 3a 的短历时暴雨，由于面层储水量有限，在降雨强度达到峰值前排水路面便会出现地表径流（图 6.5），因此对径流峰值无影响。半透水路面、全透水路面由于允许基层透水，具有极好的储水能力，有效避免在降雨前中期出现地表径流，从而实现削减径流峰值、减少径流总量的目标。重现期不超过 5a，半透水路面可保证不出现地表径流。全透水路面在重现期为 20a 的降雨下才出现极少的地表径流。

以半透水路面为例，进行敏感性分析，通过调整面层、基层结构参数，反映不同参数对半透水路面水文性能的影响。由图 6.6 可知，增加面层、基层的厚度、孔隙比均可以增加路面出水量，其中，基层孔隙比由 0.4 增至 0.6 后，径流出现时间延后 35min，径流峰值降至 1.32L/s，减少 68.1%，径流系数降至 0.05，减少 79.2%。

表 6.5 透水路面不同降雨下径流峰值、径流系数

类型	重现期 3a		重现期 5a		重现期 10a		重现期 20a	
	径流峰值(L/s)	径流系数	径流峰值(L/s)	径流系数	径流峰值(L/s)	径流系数	径流峰值(L/s)	径流系数
传统路面	21.89	1	24.81	1	28.79	1	32.76	1
排水路面	21.89	0.926	24.81	0.935	28.79	0.944	32.76	0.951
半透水路面	0	0	0	0	2.4	0.115	4.14	0.222
全透水路面	0	0	0	0	0	0	1.16	0.023

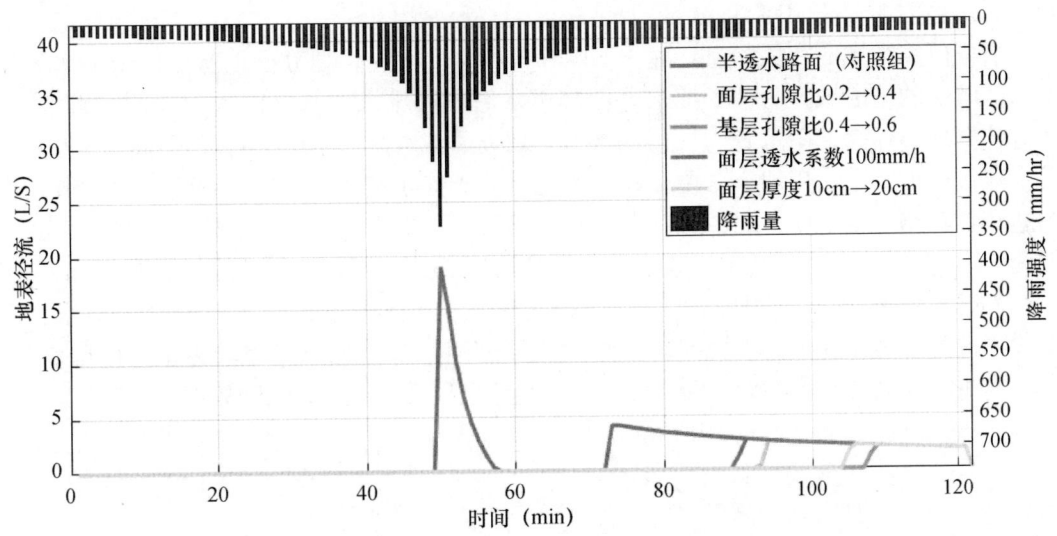

图 6.6 重现期 20a 降雨下不同结构半透水路面径流过程线

在半透水路面面层透水系数为 100mm/h 时，会出现超渗产流现象：从 50min 开始，半透水路面出现地表径流并迅速增加，一直持续到 57min 消失。其产生原因是面层透水系数不足，导致降雨强度大于面层透水系数即超渗产流，虽然面层、基层并未达到饱和，但是雨水无法及时进入路面结构，所以在 50～57min 出现地表径流。在 57min 后，随着降雨强度的逐渐降低，雨水入渗至面层、基层的孔隙结构，因此路面无地表径流出现。在 90min 时，面层、基层达到饱和，再次出现地表径流，即"饱和产流"现象。通常对于新建的透水路面，渗透系数均高达几千 mm/h，因此只会出现饱和产流，不会出现超渗产流。超渗产流更容易发生在使用较长时间且缺乏合理养护的透水路面，目前，Pratt 通过测试发现，透水路面使用 9 年后的透水系数仍大于 1000mm/h[186]，但是更多的研究人员测试结果表明[187-188]，在使用 4 年后，透水系数急剧衰减，最低可至 50mm/h。因此，有必要对透水路面进行合理的维护，以防面层堵塞而导致超渗产流现象。

6.2 透水铺装区域模拟

6.2.1 建立区域模型

在实际情况中，透水路面并非单独存在，透水路面周边透水区域、不透水区域以及排水管网等设施均影响透水路面蓄水功能，因此，有必要考虑透水路面在某一区域的性能表现。

本研究以同济大学四平路校区（北）为例，校区占地面积约为60.47ha，主要由道路、建筑、人行广场等不透水下垫面和绿地、人工湖等透水下垫面组成，不透水率58.6%。整体上，校园南高北低，西高东低，高程差约2m。

根据研究区域的相关信息，建立SWMM模型。首先，划分子汇水区。子汇水区是汇水区域中的子区域，每个子汇水区汇集雨水后就近排入雨水管网或相邻的子汇水区。通过依据地形标高、雨水管网、用地类型等划分子汇水区。本研究将子汇水区分为两大类：建筑用地及道路用地，其中，建筑用地是若干栋建筑及其附属的绿化、人行道面积的总和，道路用地是四平路校区内允许车辆通行的主干道。按照以上原则，将研究区域划分为30个子汇水区，其中，建筑用地子汇水区21个（S1～S21），道路用地子汇水区9个（R1～R9）。其次，根据管网信息，建立研究区域管网模型。本研究中，雨水管网支管不进行水力计算，仅考虑研究区域的主干管道，节点也只考虑较为主要的雨水井。最终，研究区域模型由30个子汇水区、40个节点以及39条管道组成（图6.7）。

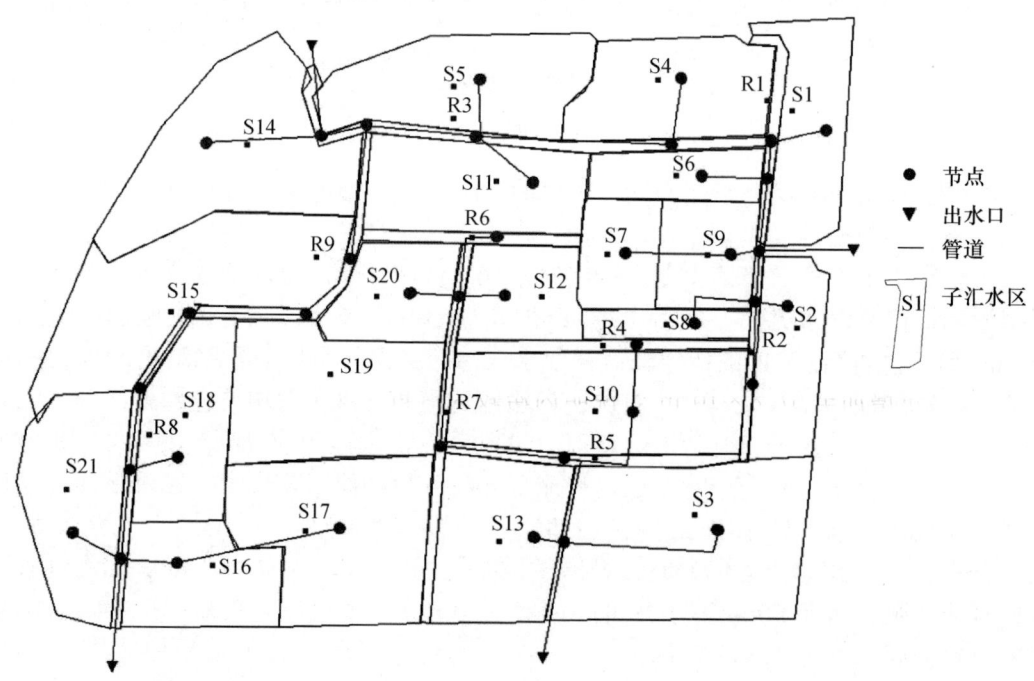

图6.7 研究区域的SWMM模型

为了反映区域采用透水路面前后水文性能的差异，本研究建立四种场景，场景一为传统开发模式，即未采用任何透水路面。场景二对主干道（R1～R9）采用半透水路面，面积4.2ha，其他区域（S1～S21）区域内10%的面积（5.6ha）采用全透水路面，路面结构参数如图6.1所示。场景三在场景二基础上，增加半透水路面、全透水路面厚度，面层由10cm增加至15cm，基层由20cm增加至30cm，但是不改变用地面积。场景四在场景二基础上，增加用地面积，建筑区域（S1～S21）全透水路面比例增加至20%，面积11.2ha，但是不改变路面结构。

6.2.2 结果分析

(1) 传统模式性能分析

为了更直观地反映降雨量对水文性能的影响，横坐标采用不同重现期（3a、5a、10a、20a）对应的降雨量（68mm、77mm、89mm、123mm）。在传统开发模式下（图6.8），由于缺乏透水下垫面，四种重现期下径流系数均高于0.95，即超过95%的雨水需要通过排水管网排出。此外，随着降雨量的增加，区域的径流系数增加较为平缓，这也是由于区域缺乏透水下垫面导致的。透水下垫面较少，降雨承载能力较为有限，通过透水下垫面就地消纳的降雨量占总降雨量的比率极低，绝大多数降雨仍转化为地表径流，因此，随着降雨量的增大，径流系数略有增长，但是增量较小。

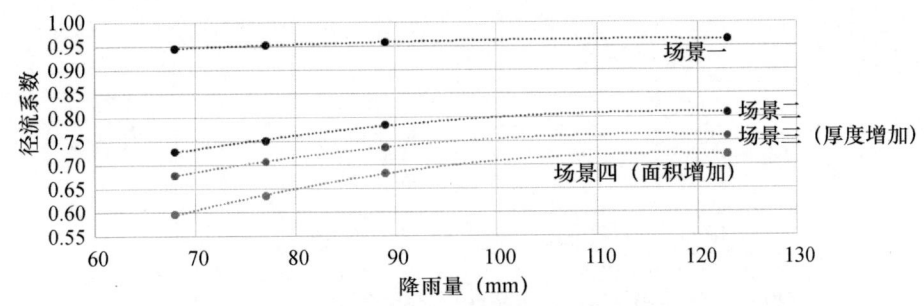

图6.8 不同降雨、场景下的径流系数对比

较高的径流系数意味着大量降雨需要通过排水管网排出，因此排水管网极易出现节点溢流、管道超载等情况。根据模拟结果（图6.9、图6.10），降雨量由68mm增至123mm时，所有节点溢流时间之和由102.9h增至107.35h，节点溢流容积之和由$37.7 \times 10^3 m^3$增加至$57.8 \times 10^3 m^3$，说明内涝较为严重。这主要由两方面原因造成：一方面，研究区域排水管网修建较早，早期排水管网设计选取的重现期标准较低，另一方面，气候变化加剧了降雨时间分布上的不均匀性，若干小时的极端降雨愈发频繁。

(2) LID模式性能分析

本研究建立了三种透水路面应用场景，场景二对主干道（R1～R9）采用半透水路面，其他区域（S1～S21）区域内10%的面积采用全透水路面。场景三在场景二基础上，增加半透水路面、全透水路面厚度，面层由10cm增加至15cm，基层由20cm增加至30cm，不改变用地面积。场景四在场景二基础上，增加用地面积，建筑区域（S1～S21）全透水路面比例增加至20%。

采用透水路面后，三种场景的径流系数相较于传统模式均明显下降，且场景四效果最佳。在降雨量从 68mm 增加至 123mm 时（图 6.8），场景二径流系数由 0.729 增加至 0.810，减少量分别为 23%、16%，场景三径流系数由 0.687 增加至 0.761，减少量分别为 28.3%、21.1%，场景四径流系数由 0.596 增加至 0.721，减少量分别为 37%、25.2%。随着降雨强度的增大，径流削减效果逐渐减小。由此可见，透水路面的应用对于径流小于 10a 的短历时暴雨效果较好，对于重现期超过 10a 的暴雨径流削减效果相对弱化。

此外，采用透水路面后，有助于缓解节点溢流问题。在降雨量从 68mm 增加至 123mm 时（图 6.9、图 6.10），场景二节点溢流时间之和从 86h 增加至 97h，分别减少 16%、9.4%。在降雨量为 68mm 时，场景三节点溢流时间之和与场景二基本相同，场景四节点溢流时间之和最短为 81h，即增加透水路面面积对于较小的短历时暴雨较为有效。随着降雨量的增加，场景三曲线斜率更为平稳，在降雨量为 123mm 时，其节点溢流时间为 92h，在四种模式中最短，即增加透水路面厚度对较大的短历时暴雨更有效。

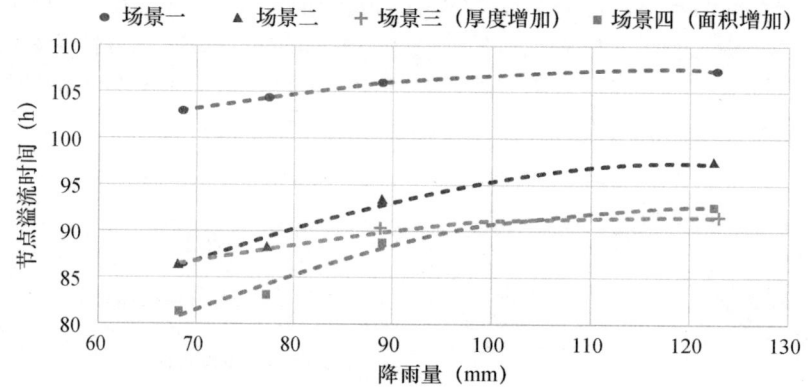

图 6.9 不同降雨、场景下的节点溢流时间对比

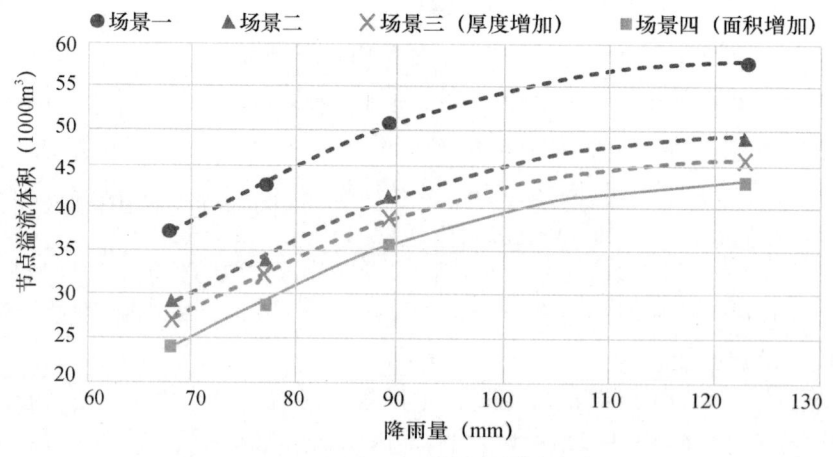

图 6.10 不同降雨、场景下的节点溢流体积对比

采用透水路面后，节点溢流体积得到有效的控制。在四种降雨情况下，相比于场景一，场景二节点溢流体积减少 $8.4 \times 10^3 m^3 \sim 8.8 \times 10^3 m^3$，场景三节点溢流体积减少 $10.4 \times$

$10^3 m^3 \sim 11.7 \times 10^3 m^3$,场景四节点溢流体积减少 $13.8 \times 10^3 m^3 \sim 14.2 \times 10^3 m^3$,减少量基本稳定,不随着降雨强度的增加而明显减小。此外,在场景二基础上,增加透水路面厚度、占地面积率均可以增大蓄水容积,从而实现节点溢流体积的减少,其中,增加面积率更为有效,场景四溢流体积相比场景二减少约 $5.4 \times 10^3 m^3$,但是减少量小于场景一、场景二之差,即透水路面面积率过大也会降低效率,部分路面蓄水能力未得到充分发挥。

6.3 透水路面设计理论与方法

6.3.1 概述

全透水路面的定义是路面结构的所有层均为透水结构层,并且能够在暴雨期间作为蓄水层蓄水,以尽量减少雨水径流的不利影响。自 20 世纪 70 年代以来,美国各州为低交通量和轻型车辆地区建造了完全透水的路面工程。截至目前,文献中的大部分报道是关于透水路面的成功应用,鲜有失败的案例。根据一些工程调研结果,全透水铺装的主要病害包括透水面层的堵塞、飞散以及由于施工不当引起的裂缝。透水铺装在设计过程中,由于要考虑透水性能,通常采用孔隙含量较大的面层和基层以及压实度较低的土基,这导致结构强度低并且易受到严重的水损害,从而导致全透水铺装结构的耐久性较低。因此,透水铺装主要应用于低速轻载交通道路,如停车场、人行道、公园等。

目前,透水铺装的设计方法在本质上仍然以经验设计方法为主,如美国国家沥青路面协会(NAPA)、美国混凝土路面协会(ACPA)和联锁混凝土研究所(ICPI)制定的《透水路面设计指南》。然而,纯粹的经验设计方法需要良好且全面的长期性能数据,并且在推广的过程中需要付出高昂的代价,这制约了透水铺装的进一步推广。

基于力学-经验方法的路面设计过程往往需要考虑材料、交通、气候、路基以及结构横断面等多种因素的共同影响,而纯经验设计方法很难全面考虑并定量确定各设计参数。基于此,加州大学路面研究中心在 2010 年提出了力学-经验法的透水路面设计理论,细化了透水路面的设计过程。本节梳理了美国沥青路面协会、混凝土路面协会、联锁混凝土路面协会以及加州大学路面研究中心研究提出的透水路面设计方法。

6.3.2 经验设计方法

由于缺少长期的性能检测数据支持,透水路面在应用初期主要采用经验性的设计,以美国国家沥青路面协会(NAPA)、美国混凝土路面协会(ACPA)和联锁混凝土研究所(ICPI)制定的《透水路面设计指南》为代表,下文将对这三种设计指南做简要介绍。

(1)美国沥青公路协会(NAPA)

2008 年,美国沥青公路协会(NAPA)推出了《雨洪管理透水沥青路面》的系列指南[189],用于指导透水沥青路面的设计、施工和保养。该指南主要应用于停车场和社区道路等低流量轻载路面,如高尔夫球场和公园小径等,并没有涵盖大交通流量道路,且设计方法主要依靠以往的成功案例,即经验设计法。

NAPA 指南将路面设计分为选址设计、排水设计以及结构设计。选址设计主要选择高程较高、土壤渗透性高的区域,并且规定了土壤渗透率范围、不透水区域与透水区域面积比例、路面最小厚度、最大纵坡、路床排水速度等。排水设计方面，为使路表径流快速渗入透水区域，减少路面径流，应正确规划径流方向。此外，由于路面在服役一段时间后会因堵塞而降低透水率，应设计备选路径，将雨水引入储水区；储水路床中的水应在12~72h内排出，为防止雨水没过面层影响路面行驶，还应设计溢流系统。

NAPA指南在结构设计中指出，透水路面若应用于轻载交通道路，结构设计为次要考虑因素；若应用于重载货车通行路面，路面结构设计为关键因素，NAPA提出的典型透水沥青路面结构形式如图6.11所示，各层材料的要求如表6.6所示。基层材料除了采用大粒径碎石储水基层，还推荐采用透水性沥青稳定碎石（ATPB）基层，并设置透水粒料底基层。

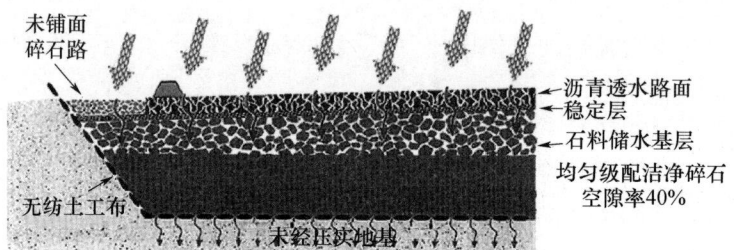

图6.11 典型的透水路面横断

表6.6 NAPA透水沥青路面材料要求

结构层	材料要求
地基	平整、未经压实的高渗透性地基，土壤渗透率范围为2.5~250mm/h
土工布	无纺土工布，阻止细集料向储水基层迁移
基层	ATPB：一般下设透水粒料底基层
	储水碎石基层：洁净的单一大粒径石料，孔隙率≥40%
调平层	洁净的单一粒径碎石组成，粒径小于储水层，厚度应超过0.3m
面层	开级配透水性沥青混合料面层，通常采用公称粒径为9.5mm的集料，推荐采用聚合物改性后者纤维改性沥青，要求设计孔隙率≥16%，保证足够的透水性能

路面总厚度按基层集料的储水能力、透水沥青路面的最小厚度以及层间系数确定。层间系数在AASHTO柔性路面设计方法中用于评估路面厚度，通过试验观察结果得出。NAPA指南综合现有的试验研究结果，给出了透水沥青路面结构设计评价的层间系数推荐值，如表6.7所示。此外，NAPA指南推荐了适用于不同交通类型的透水沥青面层最小厚度，如表6.8所示。此外，针对不同级配类型的透水沥青混合料，NAPA推荐了潜在的适用区域，如表6.9所示。

表6.7 透水路面层间系数推荐值

材料	层间系数
透水沥青	0.40~0.42
沥青稳定透水基层（ATPB）	0.30~0.35
透水级配碎石基层	0.10~0.14

表6.8 透水沥青路面最小压实厚度

荷载类型	最小压实厚度（mm）
停车场（无卡车行驶）	63.5
居民区街道（少量卡车）	101.6
重载卡车	152.4

表6.9 不同开级配混合料的潜在应用

混合料类型	应用	层厚（cm）
9.5mm 开级配混合料	停车场/娱乐设施	3.8~8.9
12.5mm 开级配混合料	磨耗面层，公路，街道，商业圈	5.1~10.2
19mm 开级配混合料	磨耗面层，公路，商业圈	5.1~12.7
19mm ATPB	基层	7.6~15.2

（2）美国水泥混凝土路面协会（ACPA）

美国水泥混凝土路面协会（ACPA）于2006年出版了《透水水泥混凝土路面设计指南——透水水泥路面雨洪管理》[190]。ACPA指南称，透水水泥路面为渗透性路面，底基层采用碎石储水层，可以储存雨水，降低地表径流。透水水泥混凝土路面空隙率高达15%或者更大，在暴雨期间，可以暂存较多雨水，提高路面安全性。ACPA提出的典型透水水泥混凝土路面结构如图6.12所示。

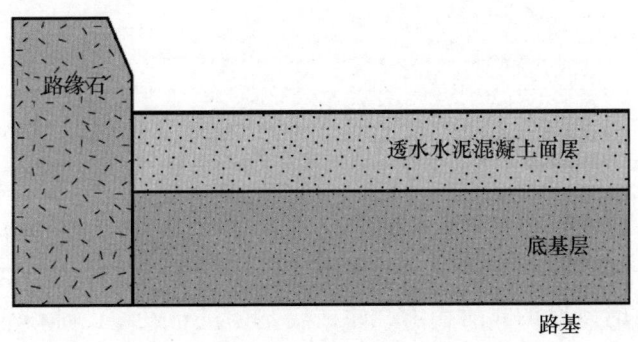

图6.12 典型透水混凝土路面横断面[190]

目前，透水水泥混凝土路面在建筑周边的应用效果较为理想，如人行道、乡村公路、停车场以及低交通量高速公路。透水水泥混凝土路面也可以应用于高速公路路肩，或在施工期间使用以缓解地表径流影响。此外，许多研究表明，透水路面的融雪能力高于密实性路面，积雪在透水路面融化的速度较快，可以减少融雪剂的使用。此外，由于融化的雪水可以直接透过路面渗透而非积聚在路面，需考虑冻涨对路面结构的影响。ACPA以挪威的实际工程案例为例，说明增加基层厚度有助于避免冻胀带来的安全隐患。

此外，ACPA 指南指出，许多提供特定服务的场所，如酒店、加油站、仓储区、工业区、汽车清洗等，排出的水不经过处理会造成环境污染，因此不应使用透水路面。

ACPA 指南从选址和设计两个方面对透水水泥混凝土路面进行了设计指导。与一般路面类似，透水路面选址需考虑以下条件：

- 透水路面储水基层应具有足够厚度，保证在暴雨期间有足够的储水能力；
- 在地基中安装排水管道或小型蓄水池，以储存地表雨水；
- 若透水路面需处理路面范围以外径流，那么在结构设计过程中应包括预处理程序；
- 透水路面高程应高于季节性地下水位 0.9m，距离饮水井至少 30m。

透水混凝土结构组成如图 6.13 所示，在对结构进行设计的过程中，主要考虑以下三个方面：①路表处理和养护：定期对路表进行清洗和维护，保持空隙畅通，推荐采用真空或压力清洗的养护方式，每年一次；②足够的基层厚度：雨水从面层下渗，储存在碎石储水层空隙中，从而减少路表径流。对于小型暴雨，层厚应为 12.7～38.1mm；③排水：一方面，在储水基层底部应铺设土工布防止雨水倒流，另一方面，在路面下铺设排水管，将雨水分流至辅助集水区。

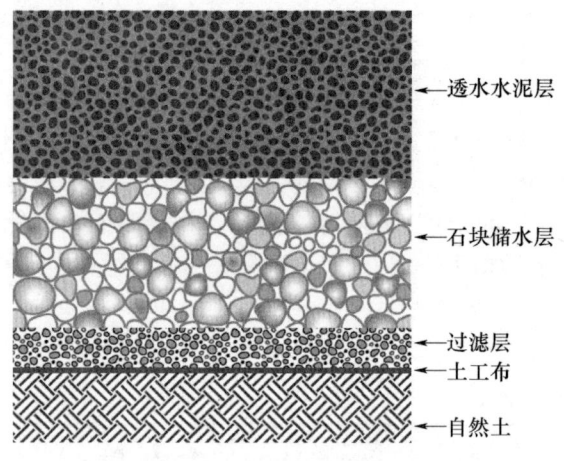

图 6.13　透水混凝土分层材料

此外，指南中针对大纵坡路面、寒冷地区以及低渗透率地基土三种特殊情况下的透水混凝土路面设计进行了说明。当路面有一定纵坡时，可采用一些辅助措施，使路面厚度和底基层设计满足径流降低的要求。如在底基层进行开挖，铺设管道，并填充碎石（图 6.14），同时铺设土工布帮助阻止雨水冲刷地基土。

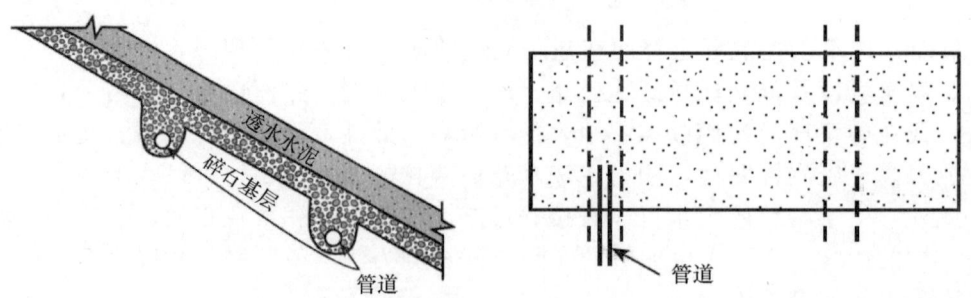

图 6.14　斜坡路面设计纵断面和水平面

在寒冷地区，透水路面储水基层高度应低于土层冰冻线，以减少冻胀病害。对于低渗透率地基土地区，ACPA 推荐了几种透水混凝土路面断面形式，如图 6.15 所示。

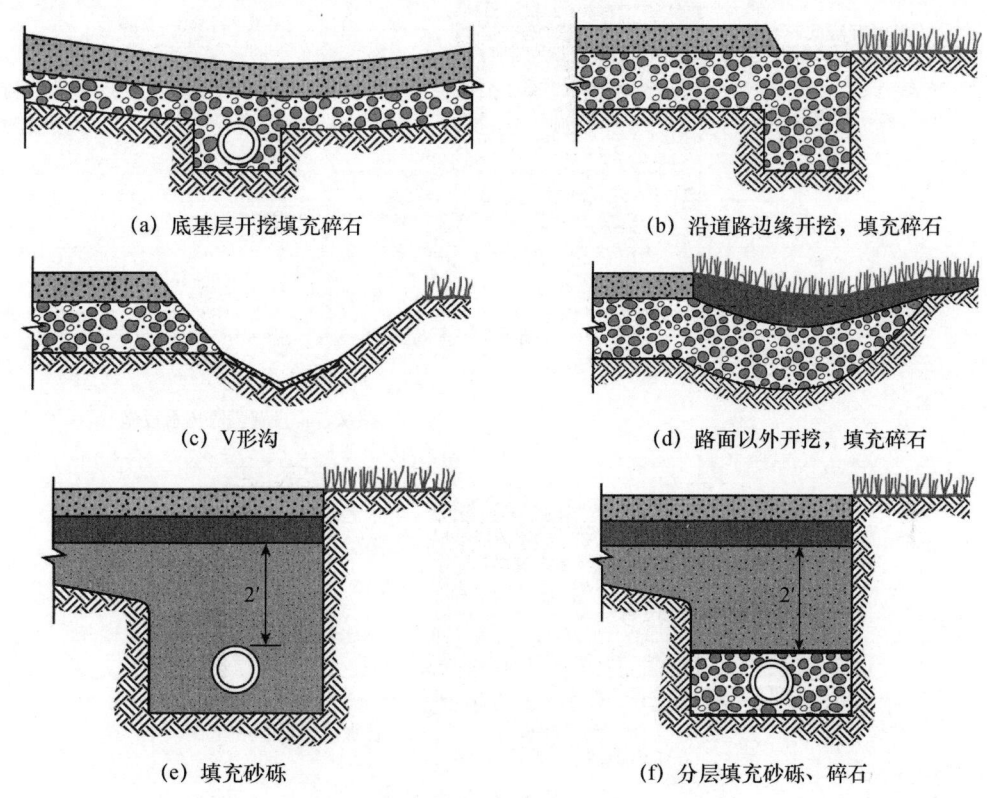

图 6.15 几种低渗透率地基土透水路面横断面

（3）联锁混凝土路面协会（ICPI）

联锁混凝土路面协会（ICPI）针对联锁透水混凝土铺砖路面推出了《联锁透水混凝土路面》设计指南[191]，用于指导路面设计、施工以及保养。联锁混凝土路面采用透水混凝土砖，基层和底基层为碎石。ICPI 指南的设计指标侧重于雨水渗透率而非交通荷载，将路面类型分为全透水、半透水以及排水路面三种，如图 6.16～图 6.18 所示。

其中，针对排水路面的使用做出了更加详细的说明。当出现以下四种情况之一，指南建议应优先选择排水路面：

- 基层底部距离水位不足 0.6m，土壤无法下渗大量雨水；
- 在没有松散砂土的坚硬岩石上铺设；
- 经过喀斯特地貌、开裂土地等，污染物进入地下水之前无法过滤；
- 膨胀土，如黄土、压实不良地基、石膏土等，遇水发生坍塌。

此外，有时深层土壤渗透率高于浅层土，可以利用排水管或管道将水从不透水的土层排到较深的土层，提高渗透性。

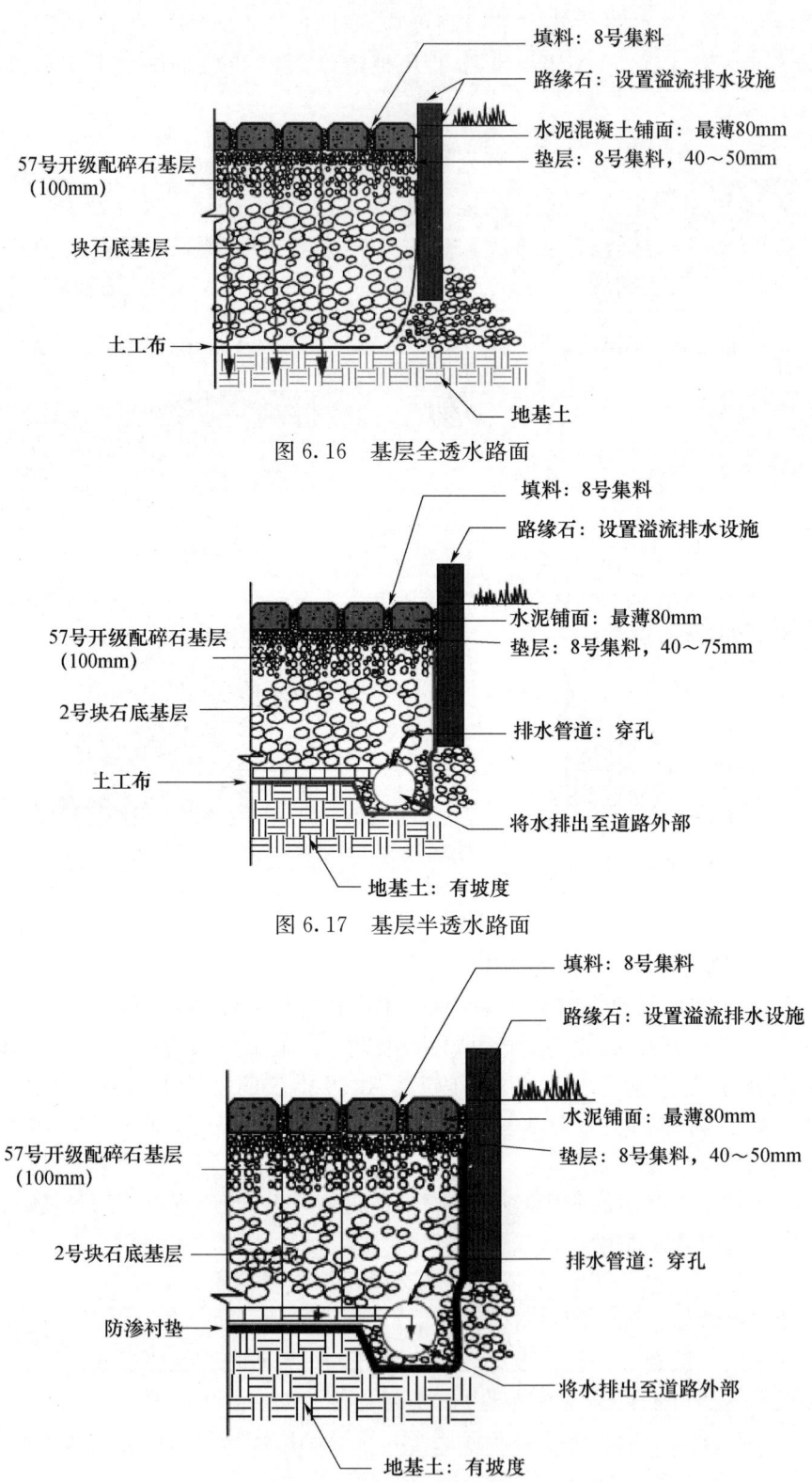

图 6.16 基层全透水路面

图 6.17 基层半透水路面

图 6.18 排水路面横断面

与透水沥青或透水水泥混凝土路面不同的是,联锁透水混凝土铺砖路面的渗透性和渗透量取决于面层接缝填充材料、垫层以及基层材料的渗透性,而面层开放面积比例不是主要影响因素。此外,与其他类型透水路面一样,联锁透水混凝土铺砖路面也存在堵塞问题,一般情况下,新建路面渗透率可达 6×10^{-5} m/s,四年后降至 2×10^{-5} m/s。因此,设计时应采用保守渗透率,例如,设计寿命为 20 年时,采用 2.1×10^{-5} m/s 渗透率为面层设计渗透率。

联锁透水混凝土铺砖路面的厚度设计主要针对透水砖和基层、底基层的厚度进行了说明。其中,满足车辆荷载要求的面层最小厚度为 8cm,满足行人荷载的面层最小厚度为 6cm,人行道接缝不应超过 1.5cm。面层与基层之间设置调平层,厚度不超过 5cm。基层设计方法依据美国马里兰州环境部出版的《渗透实践规范》(Specifications for Infiltration Practices)和《马里兰州降雨手册》(Maryland Stormwater Manual)两部规范,采用美国资源环境署发布的 55 号方法(NCRS TR 55)计算径流量,该方法以 24h 暴雨量为基础,通过控制 24h 内径流量进行设计。根据土壤渗透率、72h 内最大允许储存时间以及碎石基层、底基层的空隙率,确定最大基层允许厚度。根据储水量计算基层体积,进一步确定透水路面的表面积和基层深度,从而设计路面最大允许厚度。同时,应满足表 6.10 所示的最小厚度要求。表 6.10 中厚度设计基于 Bean 和 Scholes 于 2005 年提出的透水沥青路面设计方法[192-193]。

表 6.10 推荐基层和底基层最小厚度 (mm)[191]

气候类型		非冻土			冻土			
ESAL	浸泡 CBR 值	>15	10-14	5-9	砂砾土	黏土质砾石,塑性砂性土	粉砂质砾石,砂砾,砂质黏土	粉砂,粉砂砾石,粉砂黏土
行人	基层(57 号) 底基层(2 号)	200 150	100 150	100 150	100 150	100 150	100 150	100 150
5000	基层(57 号) 底基层(2 号)	100 200	100 200	100 200	100 200	100 200	100 200	—
150000	基层(57 号) 底基层(2 号)	100 200	100 200	100 200	100 200	100 200	100 250	—
600000	基层(57 号) 底基层(2 号)	100 200	100 200	100 250	100 200	100 350	100 450	—

注:ESAL 为 80kN 等效单轴荷载作用次数。

6.3.3 力学-经验设计方法

2004 年 3 月,美国国家战略公路研究项目(NCHRP)研究小组公布了《力学-

经验路面设计指南（MEPDG）研究报告》；同年 7 月，MEPDG 设计软件 0.7 版开始试用。MEPDG 为柔性路面、刚性路面及复合路面的设计提供了统一的基础，并采用共同的交通、路基、环境及可靠度设计参数，不但预测了多种路面性能，还在材料、路面结构设计、施工、气候、交通及路面管理系统之间建立了联系[194-195]。MEDGP 主要分为三个设计步骤：第一步，建立分析所需的输入值，建立基础分析、路面材料特性及交通数据；第二步，结构-性能分析，利用软件计算交通、气候、损伤和关键病害（疲劳开裂、车辙等）以及国际平整度指数（IRI），经过迭代分析，得出满足性能要求的路面结构；第三步，不同设计方案的工程分析及寿命周期分析。

与非透水性路面结构相比，透水路面的主要作用是减小路面径流缓解城市内涝风险，此外，透水路面结构在服役过程中长期受到水的作用，因此透水路面的设计应与水相关。

加州大学路面研究中心（UCPRC）提出了基于水文和力学性能的透水铺装力学-经验设计方法[196]。该力学-经验法设计过程主要包括以下几个步骤：①通过室内试验确定路面材料的基本性能；②利用计算机软件模型评估路面性能；③利用加速加载试验或现场试验对所提出的路面结构进行验证和标定。计算机软件模拟发展迅速，日趋成熟，成本和风险低，具有较高准确性和可靠性，因此是评估路面性能的重要工具。下面对不同路面结构类型的设计过程做简单介绍。

(1) 全透水水泥混凝土路面（pervious concrete，PC）

路面面层材料为开级配的透水水泥混凝土（PC），设计变量包括水泥板厚度、长度、材料性能、气候、温度、轴型、轴载、地区以及交通量。设计分析过程如图 6.19 所示。采用软件建立模型的过程中，需要输入的参数包括路面各层厚度、平面尺寸、模量、密度等基本参数，以及气候、轴型、荷载作用位置等，参数均来自项目的前期试验、模型计算以及当地数据库。

不同荷载作用下水泥板的力学响应可以通过有限元软件分析得到。软件的计算结果可导入 Miner's 疲劳方程中，进行疲劳性能计算，并预测设计寿命。Miner's 疲劳方程如式（6-5）所示。

$$D = \sum \frac{n_i}{N_i} \tag{6-5}$$

式中　D——疲劳破坏；

　　　n_i——第 i 种条件下，实际的荷载作用次数；

　　　N_i——第 i 种条件下允许的最大荷载作用次数。

(2) 透水沥青路面（porous asphalt，PA）

透水沥青路面模型参数与水泥路面类似，力学分析过程如图 6.20 所示。与水泥混凝土路面不同的是，采用了剪切应力与剪切强度，用来预测路基永久变形。研究结果表明，当剪应力/剪切强度（SSR）小于 0.3 时，路基永久变形不再发生变化，当 SSR 为 0.3～0.7 时，车辙以稳定速率增长。在透水沥青路面的设计分析过程中，结构的选择主要依据疲劳寿命和 SSR 值。

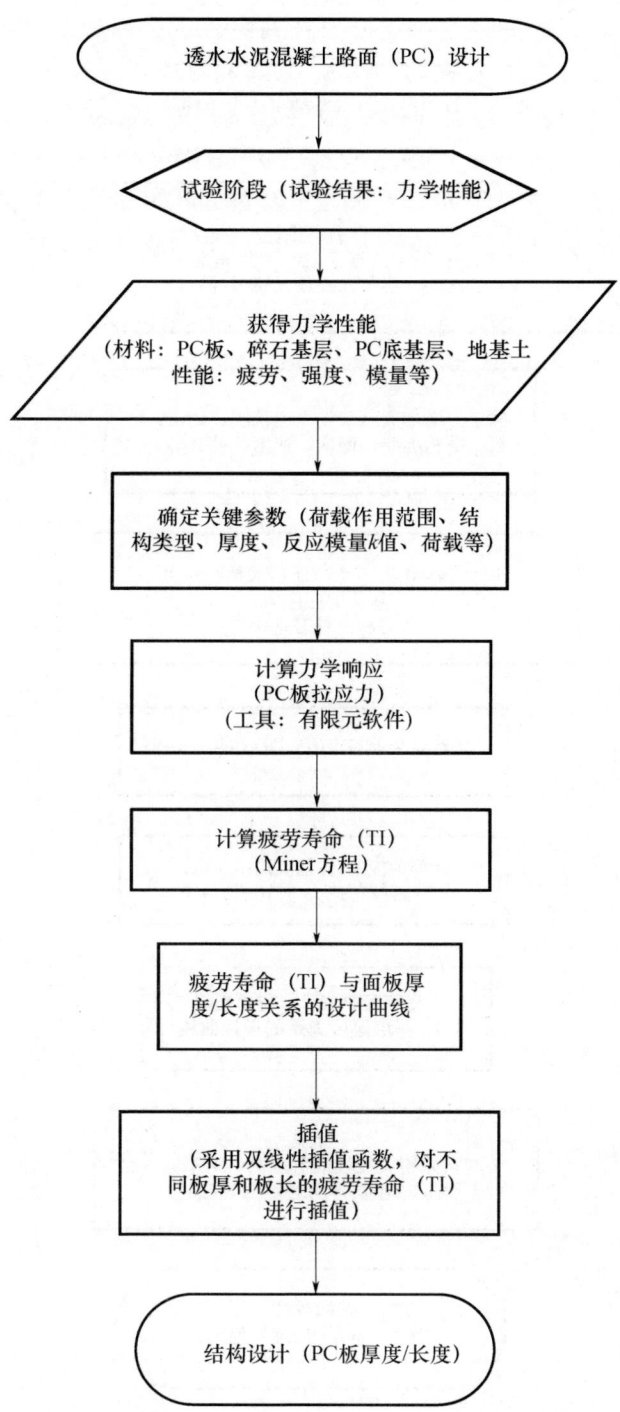

图 6.19 透水水泥混凝土路面结构设计力学分析过程

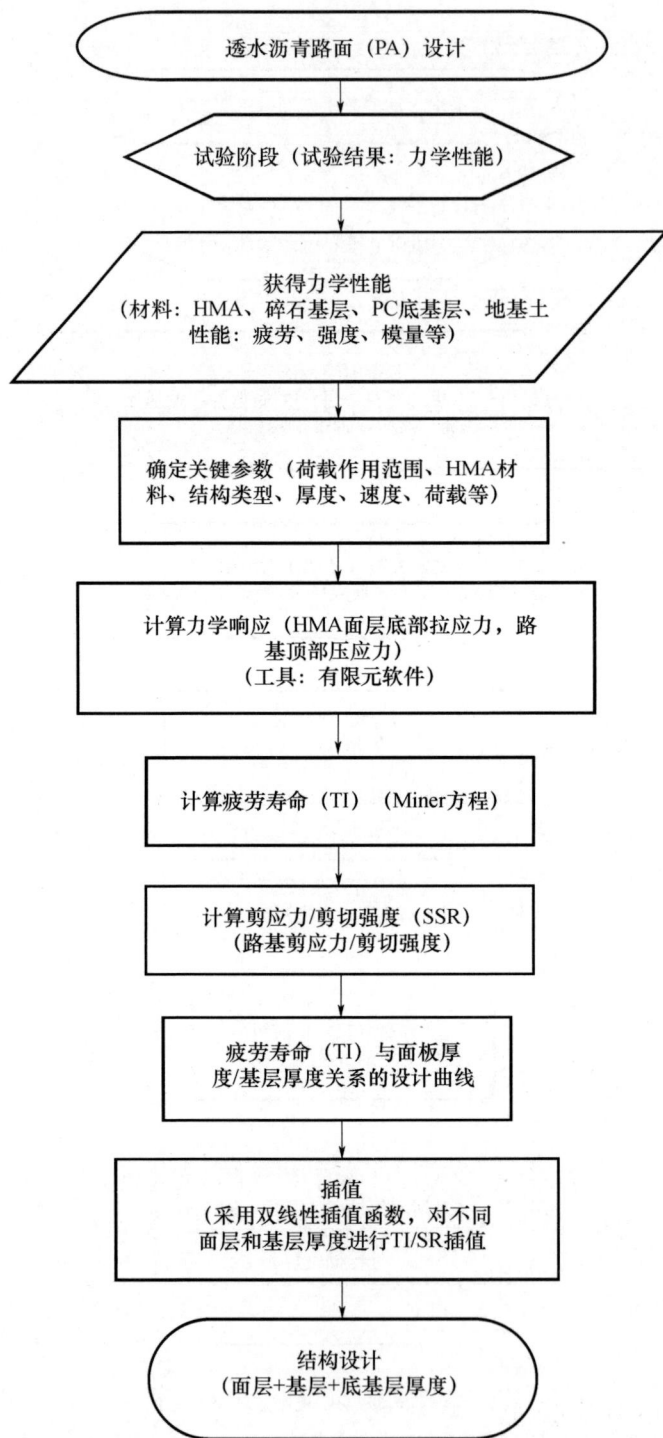

图 6.20 透水沥青路面结构设计力学分析过程[196-197]

6.4 透水路面典型结构组合与力学分析

6.4.1 透水路面典型结构

目前，全透水结构主要应用于小区、广场、停车场、公园、人行道等轻载区域，结构层以透水水泥混凝土、级配碎石基层、透水性路基的结构组合为主。排水结构主要以表层排水型的沥青路面结构为主，可应用于多数路面类型，包括重载交通路面，结构形式以透水沥青表面层、密集配普通沥青混凝土中下面层、水泥稳定碎石基层、路基等结构组合为主。

在我国，透水混凝土路面铺装主要用于园区道路、步行道、停车场、广场等，根据荷载大小以及土壤渗透性的不同，将透水混凝土路面分为三种。

(1) 全透水结构人行道

当土基渗透系数$>10^6$m/s且渗透面距离地下水位>1.0m，路面用于人行道时，可以采用全透水结构人行道。雨水沿面层、基层下渗，然后渗入路基。基层可采用级配砂砾、级配碎石及级配砾石，厚度不应小于150mm。例如，南京白下区的光华路东段人行道在2008年改造中采用此种类型的透水混凝土路面结构。

(2) 全透水结构的其他道路

当路面用于非机动车道或者景观硬地等其他道路时，可以采用全透水结构道路。在级配砂砾、级配碎石及级配砾石基层上增设多孔隙水泥稳定碎石基层。通常，多孔隙水泥稳定碎石基层厚度不小于200mm，级配砂砾、级配碎石及级配砾石基层厚度不应小于150mm。例如，西安大明宫国家遗址公园御道广场采用的就是这种结构，透水混凝土面层厚120mm，基层采用300mm厚的级配碎石。

(3) 半透水结构路面

轴载4t以下的停车场、广场、小区道路，可采用半透水结构透水路面，土基上方常加设非透水型防渗土工布。雨水依次透过面层、基层后，沿不透水垫层的顶面排出路基之外，路基亦不受路面渗水的影响。通常，稳定土基层或石灰、粉煤灰稳定砂砾基层厚度不小于180mm。

全透水沥青路面的应用还比较少，目前常用作排水沥青路面。采用大孔隙沥青混合料作表层，将降雨渗透到排水功能层，并通过层内将雨水横向排出，从而消除了对行车不利的路表水膜，可以显著提高雨天行车的安全性和舒适度。目前常用的路面结构组合为透水沥青表面层或上中面层、不透水中下面层或下面层、不透水基层和路基，透水表面层厚度通常为2~6cm。

6.4.2 结构分析方法概述

目前在研究柔性路面的设计方法中，常采用弹性层状体系理论，我国现行的沥青路面设计规范以及国外大多数路面设计方法均以弹性层状体系理论为基础。水泥路面常采用不同的有限元软件进行力学计算，为了了解不同的结构组合在荷载作用下的力学响应特性，本节以层状弹性理论为基础，借助ABAQUS有限元计算软件，针对不同的结构形式，建立有限元模型对各结构组合进行力学响应参数的计算和分析，为透水路面结构组合设计提供参考。

通常在进行路面结构力学计算时，以双轮组单轴垂直荷载 $P=100\text{kN}$ 为标准轴载，轮胎的接地压力 $p=0.70\text{MPa}$，荷载当量圆直径 $d=21.30\text{cm}$，当量圆半径 $\delta=10.65\text{cm}$，双圆中心间距 $D=1.5d$，标准轴载计算参数如表 6.11 所示。

表 6.11　标准轴载计算参数

标准轴载	BZZ-100	标准轴载	BZZ-100
标准轴载 P（kN）	100	单轮传压当量圆直径 d（cm）	21.30
轮胎接地压强 p（MPa）	0.70	两轮中心距 D（cm）	$1.5d$

同济大学孙立军等人根据竖向和水平荷载下的多层结构数值解，对典型的二层（面层＋土基）及三层（面层＋基层＋土基）结构的应力和位移进行一般性的分析，为结构设计提供基础。本文在此基础上，根据透水路面的特点，选取一系列透水面典型结构进行数值模拟计算，如表 6.12 所示。

表 6.12　透水路面典型结构形式

路面类型	面层材料	基层材料	简称
全透水	透水混凝土	级配碎石基层	C+GB
		多孔水泥稳定碎石基层＋粒料类底基层	C+CTPB+AB
	透水沥青混凝土	排水式沥青稳定碎石基层	A+ATPB
		多孔水泥稳定碎石基层	A+CTPB
		级配碎石基层	A+GB
半透水	透水混凝土	水泥混凝土基层（C20）＋稳定土类底基层	C+C20+TS
		水泥稳定碎石基层＋稳定土类底基层	C+CTB+TS
		级配碎石＋水稳基层	C+GB+CTB
	透水沥青上面层＋密实型沥青混凝土中下面层	水泥稳定碎石基层	A+HMA+CTB
		沥青稳定碎石基层	A+HMA+ATB
		级配碎石层＋水稳碎石层	A+HMA+GB+CTB

本节模型计算中各结构材料参数如表 6.13 所示。

表 6.13　透水路面结构参数

材料	模量（MPa）	泊松比
透水水泥混凝土面层	10000、20000、27000	0.2
透水沥青混凝土面层	1000、1200、1400	0.4
密实型沥青混凝土中下面层	1200、1600、2000	0.25
多孔水泥稳定碎石基层	1300、1500、1700	0.25
水泥混凝土基层（C20）	23000	0.2
排水式沥青稳定碎石基层	600、700、800	0.4

续表

材料	模量（MPa）	泊松比
水泥稳定碎石基层	3000、3500、4000	0.25
沥青稳定碎石基层	1200、1400、1600	0.25
级配碎石基层	200、300、400	0.35
粒料类底基层	100、150、200	0.35
稳定土类底基层	2500	0.25
路基	20、40、60、80、100	0.4

为了分析不同结构组合的应力、应变以及路标弯沉的分布情况，力学响应的计算图示如图 6.21 所示。根据设定的材料参数及相关荷载状况，使用 ABAQUS 有限元软件进行计算，采用二维的有限元模型，对不同材料参数变化下对路面结构力学响应产生的影响进行分析，力学响应参数包括面层顶面最大弯沉、面层层底拉应力和拉应变、基层层底拉应力、基层和路基顶面压应变。

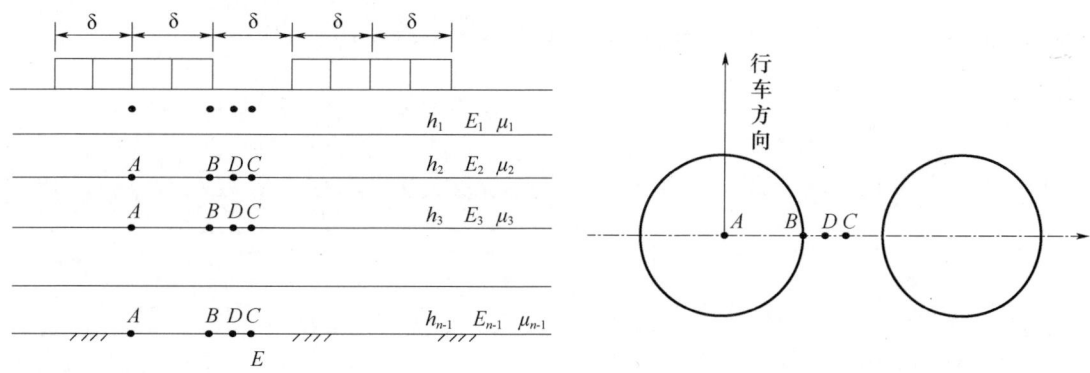

图 6.21 力学响应计算点图示

6.4.3 模型计算结果分析

（1）不同结构组合类型力学计算结果

沥青面层厚度取 20cm，水泥面层厚度取 20cm 和 30cm，基层厚度均取 30cm，计算结果如图 6.22 所示。从面层层底拉应力和拉应变的结果来看，水泥面层均处于受拉状态，沥青面层受拉程度较小，甚至处于受压状态。对于不同的结构组合，由于采用不同的基层材料，对比同样的面层材料、不同基层材料的力学响应情况，发现基层材料的强度对面层底部的受拉程度起决定性作用，由计算结果可知，采用级配碎石基层时，面层底部拉应力最大。刚性基层或半刚性基层的强度同样决定了基层层底的受拉程度。根据路基顶面压应变的计算结果可知，透水水泥路面路基顶面压应变总体上较小，基层模量影响路基和基层顶面压应变的大小，透水沥青面层与级配碎石基层的组合产生了最大的路基和基层顶面压应变。从面层顶面弯沉变形的计算结果来看，排水沥青结构与透水（排水）水泥面层结构的面层顶面弯沉相差不大，全透水沥青面层结构的面层完成变形较大。在重载相同的情况下，水泥路面面层厚度通常更大，因此力学计算中考虑增大水泥面层厚度，根据计算结果可知，水泥面层厚度增大到30cm，层底拉应力有较大幅度的降低，但是对应变和变形影响不大。

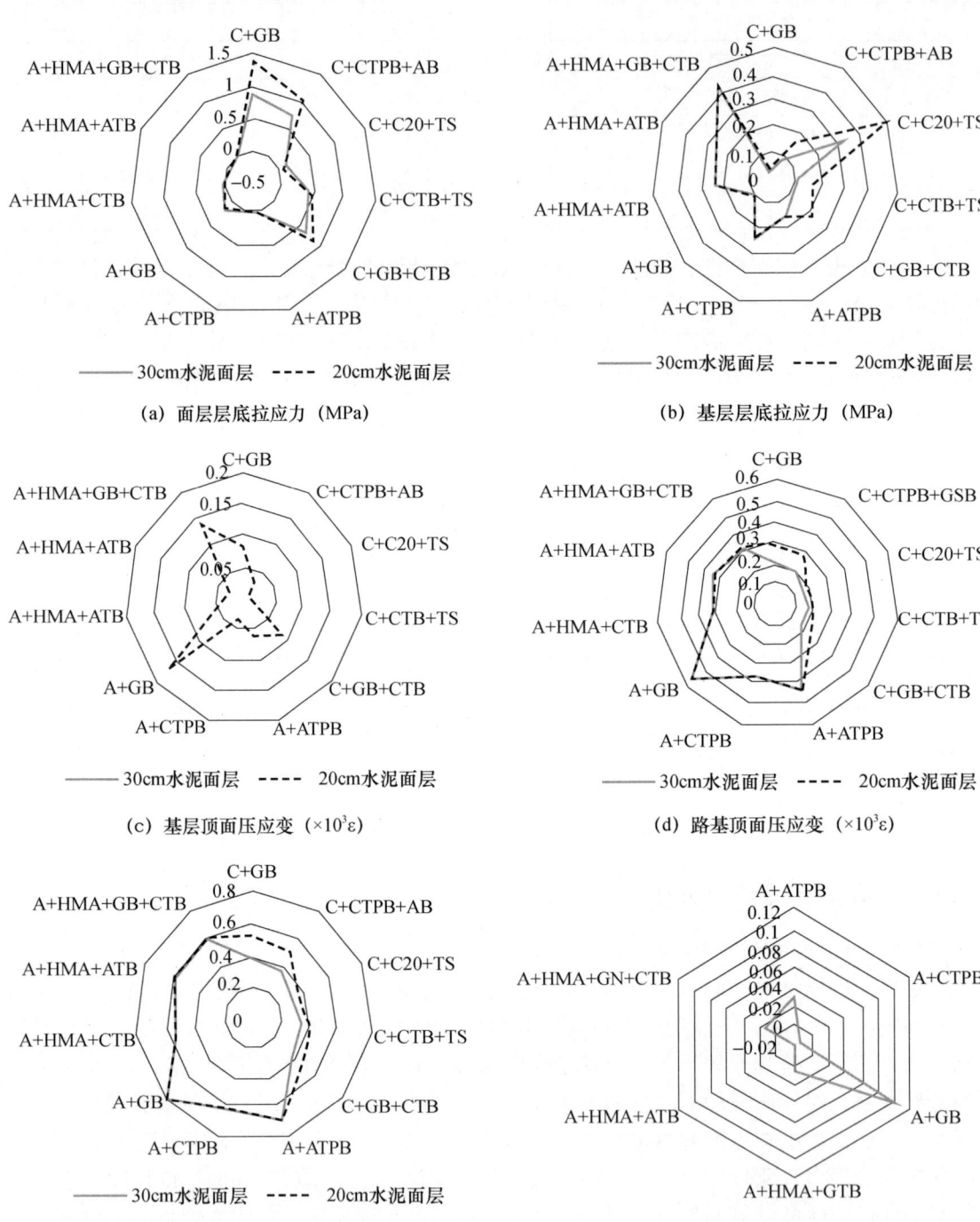

图 6.22 不同结构组合类型力学计算结果对比

综上，透水沥青结构总体上较弱，产生了更大的变形和应变，尤其是全透水沥青结构的应变和变形远远大于其他结构，而透水水泥结构总体上优于透水沥青结构，但是当采用软弱基层时，水泥面层层底受拉程度较大。根据力学计算结果，全透水结构推荐采用透水水泥面层，但是在一定的场景下，比如，小区街道、人行道等轻荷载条件下，可以酌情采用全透水沥青结构，尤其是彩色透水沥青全透水结构，更加舒适、美观。

（2）透水水泥混凝土面层＋级配碎石基层

面层厚度取 20cm，基层厚度取 30cm，复合基层厚度取（20＋10）cm，改变结构层模量，如表 6.14 所示，透水水泥面层厚度 20cm，级配碎石层厚度 30cm。为了统一参数，采用模量比来定义相邻结构层模量。

表 6.14 不同模量比下力学响应计算结果

C＋GB	面层/基层			基层/路基				
	33.3	66.7	90	3	3.75	5	7.5	15
面层底部拉应力（MPa）	0.82	1.22	1.40	1.07	1.15	1.26	1.40	1.61
基层底部拉应力（MPa）	0.06	0.04	0.04	0.02	0.02	0.03	0.04	0.05
基层顶部压应变（$\mu\varepsilon$）	116.1	89.6	78.9	83.7	82.4	80.8	78.9	76.5
路基顶部压应变（$\mu\varepsilon$）	397.2	326.7	296.6	165.5	192.1	231.0	296.6	452.3
面层顶部弯沉（mm）	0.64	0.56	0.52	0.28	0.32	0.40	0.52	0.86

如表 6.15 所示，随着面层与基层的模量比增大，面层层底拉应力增大，其余力学响应减小；基层与路基模量比增大，面层层底拉应力、面层顶面弯沉和路基顶面压应变增大，基层与路基的模量比对路基顶面压应变（面层顶面弯沉）影响较大。基层顶部压应变和底部拉应力受各层模量的影响较小。若降低面层层底拉应力，应降低面层与基层模量比和基层与路基模量比，该路面结构，由于级配碎石层的模量较小，因此级配碎石层的模量对模量比的影响不大，但面层模量不宜太大，增大路基模量是较优选择。若降低路基顶面压应变（面层表面弯沉），首选减小基层与路基的模量比，次选增大面层与基层模量比，适当地增大路基模量是较优选择。综上，对于透水混凝土面层与级配碎石基层的结构组合，应保持一定的面层模量，适当地增大路基模量，但应注意，面层模量的增加一般伴随着土基压实度的增加，这不利于水渗入路基，因此应考虑土基的渗水系数对强度和径流的影响。

表 6.15 不同厚度下力学响应计算结果

C＋GB	面层/厚度			基层/厚度		
	20	30	40	30	40	50
面层底部拉应力（MPa）	1.40	0.87	0.56	1.40	1.28	1.17
基层底部拉应力（MPa）	0.04	0.01	0.01	0.04	0.03	0.03
基层顶部压应变（$\mu\varepsilon$）	78.9	51.6	38.8	78.9	80.9	82.8
路基顶部压应变（$\mu\varepsilon$）	296.6	199.6	159.8	296.6	282.2	265.7
面层顶部弯沉（mm）	0.52	0.39	0.33	0.52	0.49	0.46

对于透水水泥混凝土路面，采用级配碎石作为基层材料，如表 6.15 所示，面层厚

度对面层层底拉应力、路基顶面压应变和面层顶部弯沉的影响较大，而基层厚度对各种力学响应影响较小，基层底部拉应力和基层顶部压应变受面层和基层厚度影响较小。因此，应适当地增大面层厚度。

综上，对于透水水泥混凝土与级配碎石的结构组合，在保持一定的面层模量和土基透水系数的前提下，应适当增大面层厚度和路基模量。

（3）透水水泥面层＋CTPB＋AB

透水水泥面层厚度为20cm，CTPB层取20cm，AB层取10cm，计算不同模量比情况下的力学响应，如表6.16所示。

表6.16　不同模量比下力学响应计算结果

C＋CTPB＋AB	面层/基层			基层/底基层			底基层/路基				
	6.7	13.3	18	6.7	10	20	1.5	1.875	2.5	3.75	7.5
面层底部拉应力（MPa）	0.46	0.84	1.03	1.17	1.03	0.74	0.81	0.86	0.93	1.03	1.16
基层底部拉应力（MPa）	0.21	0.17	0.15	0.11	0.15	0.25	0.11	0.12	0.14	0.15	0.18
基层顶部压应变（$\mu\varepsilon$）	38.2	32.1	29.0	37.5	29.0	18.5	28.9	28.9	28.9	29.0	29.2
底基层顶部压应变（$\mu\varepsilon$）	161.1	137.2	126.0	133.5	126.0	109.1	135.1	132.5	129.5	126.0	121.7
路基顶部压应变（$\mu\varepsilon$）	337.4	292.6	272.1	286.0	272.1	241.7	153.1	177.2	212.4	272.1	417.6
面层顶部弯沉（mm）	0.55	0.50	0.48	0.50	0.48	0.45	0.25	0.30	0.36	0.48	0.81

如表6.16所示，面层与基层、底基层与路基模量比变化趋势与C＋GB相同，增加底基层后，基层/底基层增大，面层层底拉应力减小，面层顶部弯沉减小，路基顶面压应变减小，但基层底部拉应力增大。总体上，面层与基层模量比和基层与底基层模量比对面层层底拉应力有明显的影响，底基层与路基模量比对面层表面弯沉和路基顶部压应变影响最明显。因此，若降低面层层底拉应力，应减小面层与基层模量比，增大基层与底基层模量比，降低底基层与路基模量比，在面层模量较大的情况下，适当地增大基层模量和增大路基模量，作为底基层，级配碎石模量可变化范围较小。若降低路基顶面压应变（面层顶面弯沉），首选降低底基层与路基模量比；基层顶面压应变受模量变化影响较小。综上，对于透水水泥面层、大孔隙透水水泥稳定基层和粒料类底基层的结构组合，增大基层模量，使底基层与路基模量相近，对结构最有利。

如表6.17所示，保持各层模量不变，随着面层厚度的增大，各力学响应均不同程度地降低，基层顶部压应变和基层底部拉应力变化不大，面层底部拉应力降低最明显。随着基层厚度的增大，面层顶部弯沉和面层底部拉应力变化最大。随着底基层厚度的增大，各力学响应的变化不大。综上，面层厚度对面层层底拉应力、路基顶面压应变和面层顶部弯沉的影响较大，基层厚度次之，而底基层厚度对各种力学响应影响较小。因此，适当地增大面层厚度或者基层厚度为较优选择。

综上，对于透水水泥面层、透水水泥稳定碎石基层和碎砾石底基层的结构组合，在保持面层一定强度的前提下，适当地增加基层和路基的模量，而结构层厚度可优先选择增加基层的厚度。

表 6.17　不同厚度下力学响应计算结果

C+CTPB+AB	面层厚度			基层厚度			底基层厚度		
	20	30	40	20	30	40	10	20	30
面层底部拉应力（MPa）	1.03	0.72	0.48	1.03	0.75	0.57	1.03	0.98	0.93
基层底部拉应力（MPa）	0.15	0.08	0.05	0.15	0.13	0.11	0.15	0.14	0.13
基层顶部压应变（με）	29.0	19.7	14.3	29.0	29.2	29.7	29.0	29.0	29.0
底基层顶部压应变（με）	126.0	84.8	65.4	126.0	111.9	98.2	126.0	126.0	126.6
路基顶部压应变（με）	272.1	193.7	158.0	272.1	240.4	213.4	272.1	265.4	254.9
面层顶部弯沉（mm）	0.48	0.37	0.32	0.48	0.43	0.38	0.48	0.46	0.45

（4）透水水泥面层+普通水泥混凝土基层+稳定土基层

透水水泥面层厚度为 20cm，普通水泥混凝土基层取 20cm，底基层取 10cm，计算不同模量比情况下的力学响应，如表 6.18 所示。

表 6.18　不同模量比下力学响应计算结果

C+C20+TS	面层/基层			基层/底基层			底基层/路基				
	0.43	0.87	1.17	4	9.2	12	25	31.25	41.7	62.5	125
面层底部拉应力（MPa）	-0.09	-0.03	0.01	0.18	0.01	-0.03	0.01	0.01	0.01	0.01	0.02
基层底部拉应力（MPa）	0.61	0.53	0.50	0.34	0.50	0.55	0.45	0.46	0.48	0.50	0.51
基层顶部压应变（με）	0.7	2.0	2.4	6.1	2.4	1.6	2.4	2.4	2.4	2.4	2.4
底基层顶部压应变（με）	13.8	12.1	11.5	16.1	11.5	10.4	11.7	11.6	11.6	11.5	11.4
路基顶部压应变（με）	180.9	165.2	160.1	179.3	160.1	155.2	85.3	98.4	119.4	160.1	278.8
面层顶部弯沉（mm）	0.38	0.35	0.35	0.37	0.35	0.34	0.16	0.20	0.25	0.35	0.64

面层与基层模量越接近，面层层底受拉程度越小，当面层与基层模量接近时，底基层与路基模量比对面层层底拉应力影响很小，而基层与底基层模量比较大时，面层层底拉应力较小；底基层与路基模量比对面层顶部最大弯沉影响最大。但由于普通水泥混凝土基层模量较大，基层底部的拉应力在数值上增加较大。因此，若降低面层层底拉应力，需降低面层/基层，增大基层/底基层，而底基层/路基对面层层底拉应力的影响较小；若降低路基顶面压应变（面层顶部弯沉），应降低底基层/路基；基层顶面压应变受各层模量比影响小。同时应考虑避免基层底部拉应力过大，适当地增大面层模量，降低底基层模量。

面层、基层、底基层厚度对各种力学响应均具有较为明显的影响，但路基、基层和底基层顶部压应变受各层厚度影响不大。但是，由于面层厚度的增加会增大层底拉应力，因此适当增加基层的厚度会是比较好的选择。

不同厚度下力学响应计算结果如表 6.19 所示。

表 6.19　不同厚度下力学响应计算结果

C+C20+TS	面层厚度			基层厚度			底基层厚度		
	20	30	40	20	30	40	10	20	30
面层底部拉应力（MPa）	0.01	0.08	0.09	0.01	-0.05	-0.07	0.01	0.00	-0.01
基层底部拉应力（MPa）	0.50	0.34	0.24	0.50	0.34	0.24	0.50	0.41	0.33

续表

C+C20+TS	面层厚度			基层厚度			底基层厚度		
	20	30	40	20	30	40	10	20	30
基层顶部压应变（με）	2.4	2.3	2.1	2.4	2.1	2.1	2.4	2.3	2.3
底基层顶部压应变（με）	11.5	8.8	7.2	11.5	8.9	7.3	11.5	11.5	11.8
路基顶部压应变（με）	160.1	143.0	134.0	160.1	143.2	134.3	160.1	156.8	151.6
面层顶部弯沉（mm）	0.35	0.31	0.29	0.35	0.31	0.29	0.35	0.33	0.31

综上，对于透水水泥面层、普通水泥混凝土基层和稳定土基层的结构组合，面层层底拉应力在数值上较小，应降低基层层底拉应力、面层表面弯沉和路基顶部压应变。因此，应适当地降低基层的模量，增大路基的模量，另外适当增加基层的厚度。

(5) 透水水泥混凝土面层+水泥稳定碎石基层+稳定土基层

透水水泥面层厚度为20cm，水泥稳定碎石基层取20cm，底基层取10cm，计算不同模量比情况下的力学响应，如表6.20所示。

表6.20 不同模量比下力学响应计算结果

C+CTB+TS	面层/基层			基层/底基层			底基层/路基				
	2.86	5.71	7.71	0.8	1.4	2	25	31.25	41.7	62.5	125
面层底部拉应力（MPa）	0.11	0.33	0.46	0.61	0.46	0.36	0.39	0.41	0.43	0.46	0.49
基层底部拉应力（MPa）	0.20	0.18	0.17	0.11	0.17	0.22	0.14	0.15	0.16	0.17	0.19
底基层底部拉应力（MPa）	0.22	0.19	0.17	0.19	0.17	0.16	0.14	0.15	0.16	0.17	0.19
基层顶部压应变（με）	0.02	0.02	0.02	0.02	0.02	0.01	0.02	0.02	0.02	0.02	0.02
底基层顶部压应变（με）	0.03	0.02	0.02	0.02	0.02	0.02	0.02	0.02	0.02	0.02	0.02
路基顶部压应变（με）	0.23	0.21	0.21	0.22	0.21	0.20	0.12	0.14	0.16	0.21	0.33
面层顶部弯沉（mm）	0.43	0.41	0.40	0.41	0.40	0.39	0.20	0.24	0.29	0.40	0.70

面层与基层模量接近，面层层底受拉程度较小，底基层与路基的模量比对面层层底拉应力影响很小，而基层与底基层模量比较大时，面层层底拉应力较小；底基层与路基模量比对面层顶部最大弯沉影响最大。若降低面层层底拉应力，应降低面层与基层模量比，增大基层与底基层模量比，降低底基层与路基模量比（影响较小）；若降低面层顶面弯沉（路基顶面压应变），应降低底基层与路基模量比；基层顶面压应变受各层模量变化影响较小。

如表6.21所示，保持各层模量不变，基层由C20替换为水泥稳定碎石后，基层厚度和底基层厚度对面层层底拉应力产生了更显著的影响，其余力学响应不明显。因此适当增大基层厚度或者底基层厚度是比较好的选择。

表6.21 不同厚度下力学响应计算结果

C+CTB+TS	面层厚度			基层厚度			底基层厚度		
	20	30	40	20	30	40	10	20	30
面层底部拉应力（MPa）	0.46	0.42	0.33	0.46	0.29	0.20	0.46	0.31	0.23
基层底部拉应力（MPa）	0.17	0.11	0.07	0.17	0.14	0.11	0.17	0.11	0.07

续表

C+CTB+TS	面层厚度			基层厚度			底基层厚度		
	20	30	40	20	30	40	10	20	30
底基层底部拉应力（MPa）	0.17	0.10	0.07	0.17	0.13	0.10	0.17	0.14	0.11
基层顶部压应变（$\mu\varepsilon$）	15.5	11.9	9.2	15.5	14.8	14.7	15.5	14.9	14.8
底基层顶部压应变（$\mu\varepsilon$）	21.8	15.0	10.9	21.8	17.8	14.7	21.8	17.7	16.1
路基顶部压应变（$\mu\varepsilon$）	206.2	168.7	148.5	206.2	181.1	164.5	206.2	184.8	169.1
面层顶部弯沉（mm）	0.40	0.34	0.30	0.40	0.35	0.32	0.40	0.36	0.33

综上，对于透水水泥面层、水泥稳定碎石基层和稳定土类底基层的结构组合，应使面层与基层的模量尽量接近，可以增大基层模量，适当地增大路基模量。适当地增大基层和底基层厚度能够明显降低面层层底拉应力。

（6）透水水泥面层＋级配碎石基层＋水泥稳定碎石基层

透水水泥面层厚度为 20cm，级配碎石基层取 10cm，水泥稳定碎石基层取 20cm，计算不同模量比情况下的力学响应，如表 6.22 所示。

表 6.22 不同模量比下力学响应计算结果

C+GB+CTB	面层/基层			基层/底基层			底基层/路基				
	33.3	66.7	90	0.0286	0.0857	0.2	35	43.75	58.3	87.5	175
面层底部拉应力（MPa）	0.39	0.70	0.86	1.17	0.86	0.66	0.74	0.77	0.81	0.86	0.92
基层底部拉应力（MPa）	−0.02	−0.01	−0.01	−0.01	−0.01	0.00	−0.02	−0.01	−0.01	−0.01	−0.01
底基层底部拉应力（MPa）	0.30	0.24	0.22	0.20	0.22	0.23	0.17	0.18	0.20	0.22	0.24
基层顶部压应变（$\mu\varepsilon$）	115.8	96.0	87.0	201.6	87.0	46.7	91.4	90.1	88.7	87.0	85.1
底基层顶部压应变（$\mu\varepsilon$）	7.9	7.7	7.4	0.7	7.4	11.9	7.7	7.6	7.5	7.4	7.3
路基顶部压应变（$\mu\varepsilon$）	254.5	228.8	217.3	228.4	217.3	209.3	125.6	143.2	169.8	217.3	344.7
面层顶部弯沉（mm）	0.48	0.45	0.44	0.48	0.44	0.41	0.23	0.27	0.33	0.44	0.74

对于倒装路面，面层与基层模量相近的规律同样适用，基层与底基层的模量比对于基层顶面的压应变影响较大，而底基层与路基的模量比对面层顶部弯沉和路基顶面压应变影响最大。基层和底基层顶部压应变、基层和底基层底部拉应力受各层模量影响较小。若降低面层层底拉应力，需降低面层/基层，增大基层/底基层，适当地降低底基层/路基；若降低路基顶部压应变（面层顶面弯沉），应降低底基层/路基；若降低基层顶面压应变，应增大基层/底基层。

表 6.23 不同厚度下力学响应计算结果

C+GB+CTB	面层厚度			基层厚度			底基层厚度		
	20	30	40	10	20	30	20	30	40
面层底部拉应力（MPa）	0.86	0.64	0.45	0.86	0.86	0.84	0.86	0.67	0.54
基层底部拉应力（MPa）	−0.01	−0.01	−0.01	−0.01	−0.01	−0.01	−0.01	−0.02	−0.02
底基层底部拉应力（MPa）	0.22	0.12	0.07	0.22	0.19	0.16	0.22	0.19	0.15
基层顶部压应变（$\mu\varepsilon$）	87.0	58.6	44.2	87.0	88.0	88.7	87.0	95.4	101.9

续表

C+GB+CTB	面层厚度			基层厚度			底基层厚度		
	20	30	40	10	20	30	20	30	40
底基层顶部压应变（$\mu\varepsilon$）	7.4	6.2	5.1	7.4	5.7	5.1	7.4	5.4	5.4
路基顶部压应变（$\mu\varepsilon$）	217.3	169.9	146.8	217.3	205.2	195.2	217.3	196.1	179.3
面层顶部弯沉（mm）	0.44	0.36	0.31	0.44	0.42	0.40	0.44	0.39	0.36

如表 6.23 所示，级配碎石层厚度对各种力学响应影响较小，面层和底基层厚度对面层层底拉应力、面层顶部弯沉、路基顶部压应变影响较大。

综上，对于透水水泥面层、级配碎石基层与水泥稳定碎石底基层的结构组合，透水水泥面层的模量最大，与级配碎石层的模量相差很大，因此使两者模量相近的最好选择是增大基层模量，以便兼顾降低面层层底拉应力和基层顶面压应变，适当地增大路基模量可以兼顾降低面层层底拉应力和路基顶面压应变（面层顶面弯沉）。此外，适当地增大面层厚度或者底基层厚度，可以显著地减小面层层底拉应力和面层顶面弯沉。

（7）全透水沥青路面结构

如表 6.12 所示，全透水路面结构采用不同的透水性基层，ATPB、CTPB 和级配碎石基层。透水沥青面层厚度为 20cm，三种基层厚度均取 30cm，计算不同模量比情况下的力学响应，计算结果分别如表 6.24、表 6.25 和表 6.26 所示。

表 6.24 不同模量比下采用 ATPB 基层的透水沥青结构组合力学计算结果

A+ATPB	面层/基层			基层/路基				
	1.14	1.71	2.86	7	8.75	11.7	17.5	35
面层底部拉应力（MPa）	−0.03	0.00	0.08	0.01	0.01	0.01	0.00	0.00
基层底部拉应力（MPa）	0.18	0.17	0.16	0.10	0.12	0.14	0.17	0.23
基层顶部压应变（$\mu\varepsilon$）	53.9	63.3	70.2	66.9	66.0	64.9	63.3	60.8
路基顶部压应变（$\mu\varepsilon$）	465.1	443.2	417.0	250.6	289.6	347.0	443.2	660.0
面层顶部弯沉（mm）	0.71	0.68	0.65	0.35	0.41	0.51	0.68	1.11
面层底部拉应变（$\mu\varepsilon$）	13.9	32.1	47.9	34.1	33.6	33.0	32.1	30.5

表 6.25 不同模量比下采用 CTPB 基层的透水沥青结构组合力学计算结果

A+CTPB	面层/基层			基层/路基				
	0.53	0.8	1.33	15	18.75	25	37.5	75
面层底部拉应力（MPa）	−0.08	−0.07	−0.03	−0.05	−0.06	−0.06	−0.07	−0.08
基层底部拉应力（MPa）	0.26	0.25	0.23	0.16	0.18	0.21	0.25	0.31
基层顶部压应变（$\mu\varepsilon$）	28.3	32.8	36.7	37.6	36.4	34.9	32.8	29.5
路基顶部压应变（$\mu\varepsilon$）	384.4	363.2	338.9	207.8	239.2	285.5	363.2	542.8
面层顶部弯沉（mm）	0.63	0.60	0.56	0.31	0.36	0.45	0.60	0.98
面层底部拉应变（$\mu\varepsilon$）	−34.2	−14.8	5.3	−4.8	−7.7	−10.3	−14.8	−22.1

表 6.26　不同模量比下采用 GB 基层的透水沥青结构组合力学计算结果

A+GB	面层/基层			基层/路基				
	2.67	4	6.67	3	3.75	5	7.5	15
面层底部拉应力（MPa）	0.05	0.11	0.22	0.08	0.09	0.10	0.11	0.14
基层底部拉应力（MPa）	0.10	0.10	0.09	0.04	0.05	0.07	0.10	0.14
基层顶部压应变（$\mu\varepsilon$）	177.5	173.8	163.6	172.5	172.5	172.8	173.8	177.1
路基顶部压应变（$\mu\varepsilon$）	586.1	561.2	526.5	298.2	350.7	428.7	561.2	859.9
面层顶部弯沉（mm）	0.82	0.80	0.76	0.40	0.48	0.59	0.80	1.31
面层底部拉应变（$\mu\varepsilon$）	93.3	103.3	106.4	84.8	88.7	94.3	103.3	120.6

对于采用 ATPB 和 CTPB 基层的结构组合，两种结构组合的力学响应随模量比的变化规律类似。随着面层与基层的模量比增大，面层层底拉应力和拉应变增大，基层与路基的模量比对层底拉应力影响不大，但对面层顶部弯沉、路基顶面压应变以及基层底部拉应力影响较大。若降低面层层底拉应力或拉应变，需降低面层/基层；若降低面层顶面弯沉（路基顶面压应变、基层底部拉应力），需降低基层/路基。综上，对于采用 CTPB 和 ATPB 基层的透水沥青结构组合，适当提高路基模量是最佳选择。

对于透水沥青面层，面层与基层模量比对面层层底拉应力有较明显的影响，但是对其他参数影响不大；基层与路基的模量比对各参数的影响较大。与采用 ATPB 和 CTPB 作为基层相比，采用级配碎石基层后，如表 6.26 所示，各种力学响应在数值上增长幅度较大，这是由于级配碎石基层模量较低，导致面层与基层的模量比有较大幅度的增大。因此，降低面层底部拉应力或拉应变，应优先考虑降低面层与基层的模量比。

如表 6.27、表 6.28 和表 6.29 所示，保持各层模量不变，计算不同结构层厚度条件下的力学响应。除了面层底部拉应力和拉应变，面层和基层厚度对力学响应的影响规律类似，两者对面层层底拉应力和拉应变的影响规律相反。从表中数据可以看出，随着面层厚度的增大，沥青面层层底拉应力和拉应变增大，但面层厚度达到 20cm 后，拉应变和拉应力水平增大幅度很小。但这并不意味着面层越薄越好，面层薄，剪应力更大，面层表面受拉严重，裂缝从表面开裂，抵抗温度裂缝的能力较弱。因此，面层厚度不宜太小，但可适当地增加基层厚度。

表 6.27　不同厚度下采用 ATPB 基层的透水沥青结构组合力学计算结果

A+ATPB	面层厚度			基层厚度		
	10	20	30	30	40	50
面层底部拉应力（MPa）	−0.09	0.00	0.04	0.00	−0.02	−0.02
基层底部拉应力（MPa）	0.20	0.17	0.14	0.17	0.14	0.12
基层顶部压应变（$\mu\varepsilon$）	53.6	63.3	66.4	63.3	56.2	54.6
路基顶部压应变（$\mu\varepsilon$）	545.1	443.2	366.8	443.2	374.2	321.9
面层顶部弯沉（mm）	0.81	0.68	0.58	0.68	0.59	0.52
面层底部拉应变（$\mu\varepsilon$）	−18.3	32.1	52.1	32.1	18.7	14.1

表 6.28 不同厚度下采用 ATPB 基层的透水沥青结构组合力学计算结果

A+ATPB	面层厚度			基层厚度		
	10	20	30	30	40	50
面层底部拉应力（MPa）	−0.16	−0.07	−0.02	−0.07	−0.08	−0.08
基层底部拉应力（MPa）	0.30	0.25	0.20	0.25	0.20	0.16
基层顶部压应变（$\mu\varepsilon$）	36.1	32.8	30.8	32.8	32.5	34.0
路基顶部压应变（$\mu\varepsilon$）	444.6	363.2	305.1	363.2	301.7	257.9
面层顶部弯沉（mm）	0.72	0.60	0.51	0.60	0.51	0.44
面层底部拉应变（$\mu\varepsilon$）	−67.5	−14.8	8.0	−14.8	−20.4	−19.2

表 6.29 不同厚度下采用 ATPB 基层的透水沥青结构组合力学计算结果

A+GB	面层厚度			基层厚度		
	10	20	30	30	40	50
面层底部拉应力（MPa）	0.03	0.11	0.14	0.11	0.08	0.06
基层底部拉应力（MPa）	0.12	0.10	0.08	0.10	0.08	0.07
基层顶部压应变（$\mu\varepsilon$）	214.3	173.8	153.8	173.8	167.0	164.3
路基顶部压应变（$\mu\varepsilon$）	696.0	561.2	455.6	561.2	486.3	425.0
面层顶部弯沉（mm）	0.94	0.80	0.67	0.80	0.71	0.64
面层底部拉应变（$\mu\varepsilon$）	61.6	103.3	116.6	103.3	82.8	71.4

综上，对于全透水透水沥青路面，由于面层模量较小，面层与基层模量相近，面层与基层的模量比对各种力学响应影响较小，而基层与路基的模量比对各种力学响应有着明显的影响。当基层模量较小时，如采用级配碎石作为基层时，面层底部拉应变明显增大。因此，对于全透水沥青结构，应适当地增加路基模量。此外虽然面层应具有一定的厚度，同时适当地增加基层厚度。

（8）仅表面层透水的排水沥青路面

如表 6.12 所示，对于仅表面层透水的透水路面结构，透水沥青面层厚度为 20cm，其中透水沥青表面层 5cm，密集配中下面层厚度为 15cm。三种基层厚度均取 30cm，其中级配碎石层与水泥稳定碎石层的厚度组合为 10cm+20cm，计算不同模量比情况下的力学响应，其中面层模量指中下面层的模量。计算结果分别如表 6.30、表 6.31 和表 6.32 所示。

表 6.30 不同模量比下采用 CTB 基层的结构力学计算结果

A+HMA+CTB	面层/基层			基层/路基				
	0.32	0.46	0.8	35	43.75	58.3	87.5	175
面层底部拉应力（MPa）	0.06	0.003	−0.04	0.01	0.01	0.01	0.004	0.002
基层底部拉应力（MPa）	0.23	0.24	0.25	0.16	0.18	0.21	0.24	0.29
基层顶部压应变（$\mu\varepsilon$）	35.1	33.9	30.6	35.6	35.2	34.6	33.9	32.9
路基顶部压应变（$\mu\varepsilon$）	320.8	330.1	345.4	191.8	219.9	261.0	330.1	492.6
面层顶部弯沉（mm）	0.54	0.55	0.58	0.29	0.34	0.42	0.55	0.91
面层底部拉应变（$\mu\varepsilon$）	−8.44	6.46	13.94	7.56	7.30	6.96	6.46	5.67

表 6.31 不同模量比下采用 ATB 基层的结构力学计算结果

A+HMA+ATB	面层/基层			基层/路基				
	0.8	1.14	1.6	14	17.5	23.3	35	70
面层底部拉应力（MPa）	−0.04	−0.05	−0.05	−0.04	−0.04	−0.04	−0.05	−0.06
基层底部拉应力（MPa）	0.25	0.25	0.26	0.17	0.19	0.21	0.25	0.31
基层顶部压应变（$\mu\varepsilon$）	30.6	27.9	25.0	32.4	31.3	29.9	27.9	24.8
路基顶部压应变（$\mu\varepsilon$）	345.4	355.5	365.1	203.8	234.5	279.6	355.5	531.3
面层顶部弯沉（mm）	0.58	0.60	0.61	0.31	0.36	0.45	0.60	0.97
面层底部拉应变（$\mu\varepsilon$）	−30.1	−19.3	−8.4	−9.7	−11.9	−15.0	−19.3	−26.3

表 6.32 不同模量比下采用 GB 和 CTB 复合基层的结构力学计算结果

A+HMA+GB+CTB	面层/基层			基层/底基层			底基层/路基				
	2.3	5.3	16	0.06	0.086	0.15	35	43.75	58.3	87.5	175
面层底部拉应力（MPa）	−0.044	0.005	0.108	−0.003	0.005	0.024	0.018	0.015	0.011	0.005	−0.005
基层底部拉应力（MPa）	−0.03	−0.03	−0.03	−0.04	−0.03	−0.03	−0.03	−0.03	−0.03	−0.03	−0.03
底基层底部拉应力（MPa）	0.39	0.41	0.45	0.50	0.41	0.31	0.29	0.32	0.36	0.41	0.49
基层顶部压应变（$\mu\varepsilon$）	51.4	137.1	420.6	137.2	137.1	139.5	146.7	144.3	141.3	137.1	131.0
底基层顶部压应变（$\mu\varepsilon$）	7.6	2.6	−6.8	−3.4	2.6	16.7	5.7	4.9	3.9	2.6	0.8
路基顶部压应变（$\mu\varepsilon$）	304.3	324.5	363.2	302.1	324.5	365.5	189.7	217.1	257.1	324.5	484.2
面层顶部弯沉（mm）	0.55	0.59	0.67	0.57	0.59	0.62	0.31	0.37	0.45	0.59	0.95
面层底部拉应变（$\mu\varepsilon$）	74.3	14.9	−13.0	25.4	14.9	10.7	23.3	21.3	18.7	14.9	8.9

与三层全透水沥青路面结构相比，面层与基层模量比对各参数的影响趋势相反，基层与路基模量比对各参数的影响规律类似。基层与路基的模量比对面层层底拉应力影响较小。此外，密集配中下面层的加入使各力学响应在数值上有了大幅下降。若降低面层层底拉应变，应增大面层/基层；若降低路基顶面压应变（面层顶面弯沉），应减小基层与路基的模量比。综上，应适当增大中下面层的模量，增大路基模量。

如表 6.32 所示，对于倒装结构，面层与基层的模量比对面层层底拉应力影响最大，而面层顶部最大弯沉（路基顶面压应变）受底基层/路基影响最大，基层顶面压应变受面层与基层的模量比影响最大。若降低面层层底拉应变，应增大面层与基层的模量比；若降低面层顶部最大弯沉（路基顶面压应变），应减小底基层与路基的模量比；若降低基层顶面压应变，应减小面层与基层的模量比或底基层与路基模量比。综上，对于倒装结构的排水沥青路面，应适当地增大中下面层模量，增大基层模量，减小底基层模量为较优选择，也可适当地增大路基模量。

如表 6.33 和表 6.34 所示，保持各结构层模量参数不变，对不同厚度情况下的结构力学响应进行计算。对于 APB 和 CTB 基层结构，面层和基层厚度对力学响应的影响规律相似，该结构的面层顶面弯沉和路基顶面压应变较大。因此，鉴于该结构仅表面层透水，较小的面层厚度、更大的基层厚度组合是更安全的结构组合，中下面层厚度可适当增大。

表 6.33　不同厚度下采用 CTB 基层的结构力学计算结果

A+HMA+CTB	表面层厚度			中下面层厚度			基层厚度		
	5	10	15	10	15	20	30	40	50
面层底部拉应力（MPa）	0.004	0.028	0.046	−0.070	0.004	0.047	0.004	−0.029	−0.038
基层底部拉应力（MPa）	0.24	0.22	0.20	0.27	0.24	0.21	0.24	0.19	0.15
基层顶部压应变（$\mu\varepsilon$）	33.9	31.7	30.5	35.4	33.9	32.1	33.9	32.7	33.1
路基顶部压应变（$\mu\varepsilon$）	330.1	307.3	285.6	370.3	330.1	296.7	330.1	274.3	236.0
面层顶部弯沉（mm）	0.55	0.52	0.49	0.61	0.55	0.50	0.55	0.47	0.41
面层底部拉应变（$\mu\varepsilon$）	6.5	12.3	16.5	−12.1	6.5	17.0	6.5	−2.0	−4.3

表 6.34　不同厚度下采用 ATB 基层的结构力学计算结果

A+HMA+ATB	表面层厚度			中下面层厚度			基层厚度		
	5	10	15	10	15	20	30	40	50
面层底部拉应力（MPa）	−0.05	−0.03	−0.01	−0.09	−0.05	−0.03	−0.05	−0.06	−0.06
基层底部拉应力（MPa）	0.25	0.23	0.20	0.28	0.25	0.23	0.25	0.20	0.16
基层顶部压应变（$\mu\varepsilon$）	27.9	27.6	27.6	28.8	27.9	27.3	27.9	27.7	29.1
路基顶部压应变（$\mu\varepsilon$）	355.5	323.1	296.4	392.8	355.5	323.8	355.5	295.9	253.5
面层顶部弯沉（mm）	0.60	0.55	0.50	0.65	0.60	0.55	0.60	0.51	0.44
面层底部拉应变（$\mu\varepsilon$）	−19.3	−44.2	5.5	−40.2	−19.3	−50.9	−19.3	−24.8	−23.6

对于倒装结构，如表 6.35 所示，各层厚度对力学响应的影响规律类似。面层、基层层底应力受各层厚度影响较小，面层层底拉应变受中下面层和基层厚度影响明显。面层顶部弯沉和路基顶面压应变受各层厚度影响较大。因此，对于倒装结构的透水沥青路面结构，面层和基层厚度可适当减小，以减少面层层底拉应变，同时适当地增加底基层的厚度以减小路基顶面压应变和面层顶面弯沉。

表 6.35　不同厚度下采用倒装结构的力学计算结果

A+HMA+GB+CTB	表面层厚度			中下面层厚度			基层厚度			底基层厚度		
	5	10	15	10	15	20	10	20	30	20	30	40
面层底部拉应力（MPa）	0.005	0.023	0.035	−0.021	0.005	0.023	0.005	0.026	0.040	0.005	−0.006	−0.004
基层底部拉应力（MPa）	−0.03	−0.03	−0.02	−0.04	−0.03	−0.03	−0.03	−0.03	−0.02	−0.03	−0.04	−0.04
底基层底部拉应力（MPa）	0.41	0.36	0.32	0.47	0.41	0.36	0.41	0.35	0.29	0.41	0.32	0.25
基层顶部压应变（$\mu\varepsilon$）	137.1	128.6	123.0	153.9	137.1	129.1	137.1	144.5	149.3	137.1	142.4	148.1
底基层顶部压应变（$\mu\varepsilon$）	2.6	4.4	5.9	1.9	2.6	4.5	2.6	3.3	4.0	2.6	1.5	3.6
路基顶部压应变（$\mu\varepsilon$）	324.5	296.0	272.0	359.4	324.5	294.9	324.5	289.9	262.4	324.5	265.5	224.5
面层顶部弯沉（mm）	0.59	0.54	0.50	0.64	0.59	0.54	0.59	0.54	0.50	0.59	0.49	0.42
面层底部拉应变（$\mu\varepsilon$）	14.9	24.1	30.5	1.8	14.9	23.9	14.9	27.5	35.6	14.9	9.2	10.7

综上，对于排水沥青路面结构，由于表面层为透水层，模量较小，应选择模量较大的中下面层，同时适当地提升路基的模量。此外，面层的厚度不宜过大，可以适当地增加基层或底基层的厚度。

6.4.4 小结

(1) 通常,透水水泥面层层底处于受拉状态,而基层材料的强度决定了面层底部的受拉程度,基层材料模量越大,面层底部受拉程度越小,但基层层底的受拉程度增大。

(2) 基层材料模量是路基顶面和基层顶面压应变的决定性因素,基层材料模量越小,应变越大。

(3) 排水沥青结构与透水(排水)水泥结构的面层顶面弯沉相差不大,但全透水沥青结构的面层弯沉变形较大。

(4) 对于透水水泥路面,当面层与基层的模量接近时,面层底部受拉程度较小。

(5) 路基与基层或底基层模量相近时,能够较大限度地减小面层表面弯沉和基层、路基的顶面压应变。

(6) 对于透水沥青路面,面层底部受拉程度较小,随着面层与基层模量比的增大,面层层底拉应力水平增大,拉应力的变化趋势先增大后减小;此外,虽然在小模量比的情况下,应力应变呈现增大的趋势,但并不意味着面层越薄越好,面层薄,剪应力更大,面层表面受拉严重,裂缝从表面开裂,抵抗温度裂缝的能力较弱。

(7) 根据力学计算结果,全透水结构推荐采用透水水泥面层,但是在一定的场景下,比如,小区街道、人行道等轻荷载条件下,可以酌情采用全透水沥青结构,尤其是彩色透水沥青全透水结构,更加舒适、美观。

第 7 章　彩色透水路面反射涂层光学特性及耐久性研究

本章采用定性分析与定量分析相结合的方法，基于全频谱波段范围，采用紫外-可见-近红外分光光度计对不同化学结构、不同物理形态的路面材料的光学反射特性进行了测试，并研究了全频谱波段路面材料反射率的变化规律。根据不同波段的不同效应，针对光学特性（紫外线、可见光、红外线各波段的反射率）、色度空间特性（亮度）、热学特性（路面温度），分别建立了内在关系理论模型与分析方法。基于路面材料全频谱光学反射特性量化模型，选择适合路面使用条件的反射涂层材料，提出了路面材料光学反射特性的优化方法。基于正交试验方法，考虑涂层的抗滑、耐磨等路用性能，开发了适用于安全耐久型反射降温路面的反射涂层材料。

7.1　绪论

7.1.1　研究目的和意义

城镇化速度过快而引发热岛效应（urban heat island），这已成为世界范围内各国面临的一个灾难性问题，导致制冷能耗升高、空气质量下降（加速地表臭氧形成）、径流污染加重（地表水温升高）、人体热舒适度下降，甚至威胁人体健康。太阳辐射是城市热量的主要来源，经粗略计算，太阳辐射到地球的热量可达到 $1.7\times 10^{17}kW$。随着城镇化进程加快、工业化水平提高，城市硬化面积越来越多，城市建设和人类活动使城市温度高于郊区区域，最终导致城市地表与自然地面之间的热力学性质不同，即热岛效应（UHI）现象。由于材料热力学和光学性质，尤其对热通量高的黑色沥青路面来说，大部分太阳辐射被吸收、存储。路表面积占城市总面积的 $30\%\sim 50\%$[198-199]，采用凉爽路面（cool pavement）技术来缓解热岛效应，对改善城市热环境具有重要意义。

另一方面，沥青混合料路面本身作为一种对温度极其敏感的材料，抗压、抗弯拉、抗劈裂强度以及劲度模量等力学性质均受到温度的显著影响。过高的温度导致路面性能下降，尤其是高温易导致沥青面层产生车辙、推移、拥包等病害。调查表明，我国高速公路车辙深度大于 10mm 的路段占总里程的 50% 以上[200]。当气温高于 38℃ 时，沥青路面的车辙损坏发展速度加快，甚至产生严重的车辙损坏。当前，应对车辙病害的传统方式主要有优化级配、提高沥青和集料性能。这些均属于被动应对方式，而采用主动方式降低沥青路面温度对控制或减少沥青路面高温病害至关重要。

提高路面总反射率可以有效降低路面温度，进而减小高温季节和极端高温天气条件下重载沥青路面的车辙病害风险，延长路面寿命，降低建养成本、减少交通延误，并有助于缓解城市热岛效应、提高人体热舒适度，促进道路交通的绿色可持续发展。目前，常用的方法是提高路面材料的总反射率，并未区分紫外线、可见光和近红外线不同波段太阳辐射的不同影响。过高的反射率，尤其是可见光和紫外线的反射率的过度提高，容易引起行人和车辆驾驶人员的眩光，并增加在强光刺激下行人眼类疾病和皮肤癌的风险。因此，增强路面材料红外线波段的反射率，避免过度增加可见光和紫外线波段的反射率是更加科学的方式，这方面的研究是势在必行的。

因此，本研究采用定性与定量、试验与模拟相结合的方法，基于路面材料的化学结构、物理状态与使用环境和使用条件等因素，揭示路面材料的光学反射特性的定性与定量变化规律，建立统一量化理论模型，提出路面材料全频谱光学反射特性评价模型及优化方法，研制全频谱优化的光学反射复合功能路面材料的生产工艺及配方，为环保耐久凉爽路面材料的功能复合化奠定良好的基础，从而在促进新型城镇化中道路交通绿色可持续发展的同时，减小路面材料的潜在的不利影响。

7.1.2 国内外研究现状

高反射路面材料是指总反射率或不同太阳辐射波段反射率高于传统沥青混凝土或水泥混凝土路面铺装材料的新型材料，是凉爽路面（cool pavement）中的一类[201-202]。通过提高路表反射率来降低路表温度，对缓解热岛效应（UHI）[203-204]、改善户外人体热舒适度[205-206]、降低路面材料老化和车辙风险等[207-208]具有重要意义。

热反射涂层在初期主要应用于建筑、储油罐、飞行器甲板等，目的是降低涂覆物体内部和周围温度。直到21世纪，热反射路面才首次应用于路面。2002年，日本长岛特殊涂料公司和日本铺道公司[209]首次将一种白色热反射涂料应用于沥青路面，除了涂料填料，添加一种中空陶瓷微粒来降低路面温度，日间最高温度可降低15℃。但反射率波长测试范围有限，近红外光部分测试不完全。围绕高反射路面材料的开发及应用，国内外学者进行了一系列研究，证明多种类型的高反射路面材料均可实现提高路表反射率、降低路表温度的目的[210-213]。2010年，重庆交通大学曹雪娟研究团队进行了热反射涂层材料在沥青路面中的应用研究，分别开发了MMA树脂（2010）[214]、含氟丙烯酸酯（2012）[215]、含氟乳液类（2016）[216]及环氧树脂类（2016）[212]等多种涂料，并尝试将高反射涂层材料应用于OGFC路面，采用抗滑颗粒提高材料的抗滑性能。降温性能的研究均采用室内模拟辐射与室外喷涂的方案。

太阳辐射可分为紫外光（<400nm）、可见光（400~760nm）、近红外光（760~2500nm）等不同波段频谱。目前，国内外学者针对应用于路面的高反射材料的开发与性能开展了相关研究，开发了如浅色稀浆封层[210,217]、树脂类涂层[212,218]、水性乳液涂层[219-220]等多种高反射路面材料，反射率（albedo）为0.4~0.7，与传统新沥青路面0.05的反射率相比，极大地提高了路表反射率，路面温度最高可降低12℃[221]。在高反射路面材料开发研究的过程中，借鉴军事伪装技术，仅提高近红外波段反射率的近红外型反射材料也逐渐被引入高反射道路材料应用中，以避免过亮的外观颜色产生的眩光问题与美学缺陷。与总反射率高的浅色反射材料相比，近红外型反射路面材料颜色更暗，更符合道路使用要求，且反射率保持较高的水平[222-223]。

综合国内外研究可以发现,将热反射及热阻技术应用于沥青路面,以减缓热岛效应,预防沥青路面高温病害是一种具有广泛应用前景的技术,但仍有一些问题亟待解决:针对热反射技术,国内主要着眼于材料的降温性能,对材料本身的光学和热力学性能未有涉及。同时,由于设备限制,无法在全频谱范围内从原理上研究材料本身的性能,虽然测试了眩光性能,但是局限于最终的表现形式(是否眩光,如果考虑优化材料,必然涉及原理)。国外针对热反射涂层进行了多项研究,对材料基本性质和原理的研究较多,但对涂层应用于路面后路用性能改变的研究甚少,涂层对沥青混合料的路用性能影响仍需进一步研究。

7.2 研究方法

7.2.1 材料

在研究路用反射涂层材料的光学特性变化规律及建立模型时,选择树脂类油性涂层与乳液类水性涂层两种进行研究。应用于路面的反射涂层,主要的功能性材料有基料及助剂、反射填料等。

基料及助剂:采用化学稳定性高的树脂类油性基料(E51型环氧树脂)与环境友好型的乳液类水性基料(有机硅-丙烯酸树脂)进行研究。为形成稳定性良好的路用涂层,分别采用聚酰胺型固化剂、成膜助剂、消泡剂、流平剂及分散剂等助剂。

填料:无机矿物填料是一种主要原料为无机矿物、非金属矿物的粉体材料,加工后具有一定的表面特性及几何形状,能够赋予复合材料不同的功能。常用于光学反射的填料主要有二氧化钛、氧化锌、氧化铝等无机金属氧化物。为研究反射涂层的全频谱光学特性,采用以下粒径分布及色彩各异的反射填料:

① 白色反射填料:二氧化钛;
② 黑色(棕色)填料:氧化镍、四氧化三铁;
③ 其他颜色填料:三氧化二铁及其水合物、中铬黄。

其中,采用二氧化钛与氧化铁红分析填料粒径与光学反射特性之间的关系,采用的四种材料的平均粒径不同,二氧化钛:$5.74\mu m$、451nm,氧化铁红:$8.73\mu m$、582nm。

针对实验室少量制备的少量需求,采用高速分散机替代砂磨机制备涂层试样。首先,将消泡剂、流平剂及分散剂等助剂均匀混合,然后将功能性填料及助剂按照设计质量分数占比混合,采用高速分散机以150~200r/min的转速分散10min,最后将基料与前述材料混合,再采用高速分散机以100~150r/min的转速分散10min,涂料稳定消泡后,将其均匀涂布于试样基体板上,室温干燥24h成膜。

在探究路面涂层材料的全频谱光学反射特性变化规律及建立全频谱光学反射特性量化模型之后,以近红外型二氧化钛填料($NIR\text{-}TiO_2$)替代部分传统金红石型二氧化钛($R\text{-}TiO_2$),以氧化铁红作为颜料,从而满足低亮度条件下高反射率的要求。所选的近红外型二氧化钛($NIR\text{-}TiO_2$)粒径及基本材料属性如表7.1和图7.1所示。此外,采用有机硅改性的丙烯酸乳液、去离子水、助剂(分散剂、流平剂、消泡剂、成膜助剂、乙醇)来成型涂层试样。

表 7.1 路用降温涂层优化设计填料基本材料属性

名称	平均粒径（μm）	Rtotal（%）	Ruv（%）	Rvisi（%）	Rnir（%）	L^*
NIR-TiO$_2$	1	70.62	14.71	63.19	82.59	92.89
R-TiO$_2$	0.19	86.64	25.52	83.65	94.71	96.06
氧化铁红	45	34.89	13.14	13.57	54.72	57.32

注：Rtotal 为总反射率；Ruv 为紫外光反射率；Rvisi 为可见光反射率；Rnir 为近红外光反射率；L^* 为亮度指数。

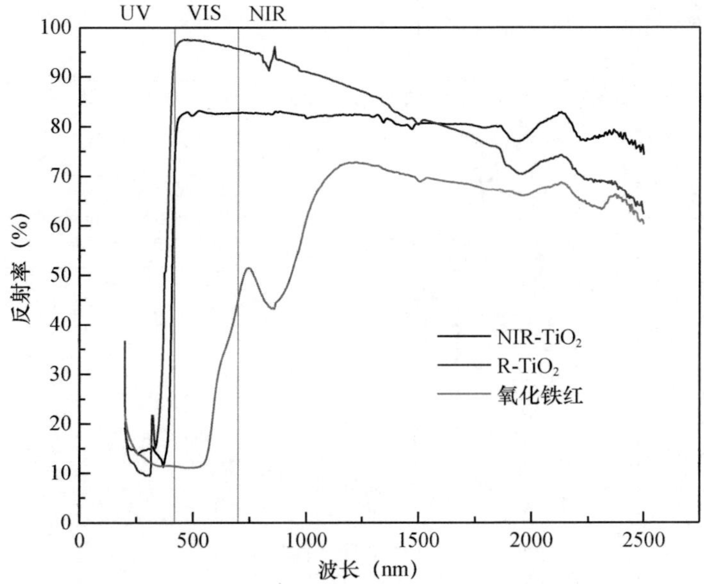

图 7.1 路用降温涂层优化设计填料反射波谱图
注：UV 为紫外线光，VIS 为可见光，NIR 为近红外光

7.2.2 方法

将填料及涂层的性质分为光学特性（反射光谱、反射率、色度空间）及热学特性（表面温度）两类。

光学特性的测试依照标准 ASTM E903-96 执行，采用紫外/可见/近红外分光光度计（Perkin Elmer Lambda 950）及150mm直径的积分球进行，测试间隔5nm，试验精度±0.08nm，聚四氟乙烯白板作为标准板。参考标准美国材料实验协会标准 ASTM E903-96 及 ASTM G159-98，太阳光谱反射率以大气质量 1.5（AM1.5）为标准太阳辐射光谱，如图 7.2 所示。由图可知，将太阳光谱反射分为紫外光反射（Ruv，200～400nm）、可见光反射（Rvis，400～700nm）、短波近红外光反射（Rsw-nir，700～1100nm）以及长波近红外光反射（Rlw-nir，1100～2500nm）。基于全频谱太阳光谱，研究以上述分段为原则，采用 Matlab 软件，计算不同波段范围内反射率的积分。

在热学特性测试中，采用红外热成像仪对试样进行温度分布的测试，以描述不同样品之间热学特性的差异。成像质量为 160×120 像素，温度敏感度为 0.06℃，空间分辨率为 5.12mrad。为对比涂层试样的热学特性，试验于夏季正午气温最高时进行（2018年7月2日），红外热成像仪成像高度为 1m，实时大气温度30℃，实时湿度50%，风速1.6m/s，大气压力为1001hPa，发射率为0.95。

在优化分析中，涂层由不同的材料组成，对多种指标均有不同程度的影响。为综合评价、优化路用涂层配方，以正交试验设计作为优化分析的方法。根据前期相关研究，主要选取不同填料的质量分数作为正交试验的因素：近红外型二氧化钛（NIR-TiO_2）为因素A，氧化铁为因素B，金红石型二氧化钛（R-TiO_2）为因素C，每个因素取三个水平，采用$L_9(3^4)$正交表安排试验，如表7.2和表7.3所示。指标选择如下：总反射率（Rtotal）、近红外光反射率（Rnir）、抗滑性指标（BPN）、抗磨耗性（Coating Loss）、涂层硬度（Film Hardness）。

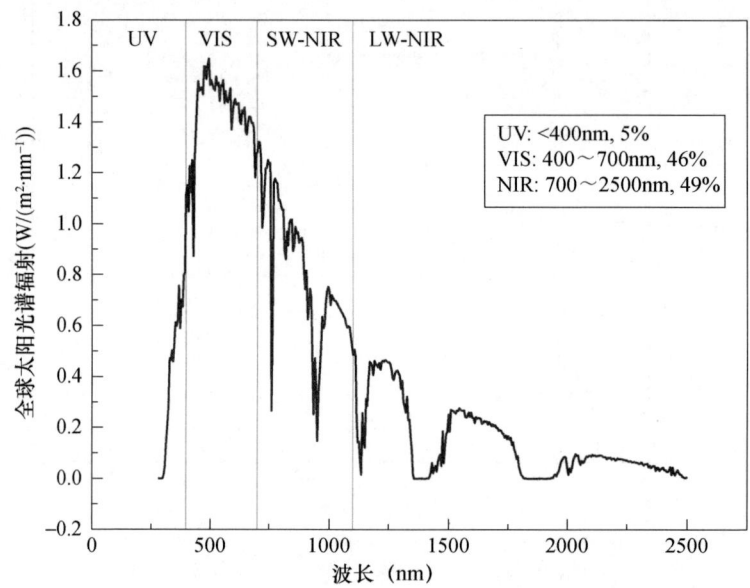

图7.2　标准太阳辐射图（AM1.5）

表7.2　正交试验因素及水平表

水平	因子		
	A（NIR-TiO_2）	B（氧化铁）	C（R型二氧化钛）
1	3	3	5
2	5	5	10
3	10	7	15

表7.3　正交试验设计表

试验号	列（g）			
	A（NIR-TiO_2）	B（氧化铁红）	C（R-TiO_2）	空列 e
1	1（3）	1（3）	1（5）	1
2	1	2（5）	2（10）	2
3	1	3（7）	3（15）	3
4	2（5）	1	2	3
5	2	2	3	1

续表

试验号	列 (g)			
	A (NIR-TiO$_2$)	B (氧化铁红)	C (R-TiO$_2$)	空列 e
6	2	3	1	2
7	3 (10)	1	3	2
8	3	2	1	3
9	3	3	2	1

由于路用涂层的环境与条件更加复杂，除了涂层光学特性与热学特性测试，本研究考虑涂层的路用性能，针对不同工况，引入涂层硬度、抗滑性能与抗磨耗性能优化评价方法，为路面反射型降温涂层的工程应用奠定基础。

路用涂层硬度：参考美国材料实验协会标准，采用铅笔硬度（从 6B 至 6H 不等）来描述纯铝板表面涂膜的硬度。

路用涂层抗滑性能：参考《公路路基路面现场测试规程》（JTG E60—2008）和《公路工程质量检验评定标准》（JTG F80/1—2012），利用摆式摩擦仪对不同工况（洒水、未洒水）下切割车辙板试件涂刷定量降温涂层前后的切割车辙板试件的表面摆值（BDN）进行采集分析，系统研究不同工况下降温涂层对路面抗滑性能的影响规律。

路用涂层抗磨耗性能：参考《稀浆混合料湿轮磨耗试验》（T 0752—2011），将涂层以 0.6kg/m^2 的用量涂布在微表处试件表面，室温干燥 48h，完全干燥后，将试件置于 25℃水浴箱中浸水 1h，利用湿轮磨耗仪，综合评定涂布于微表处试件表面涂层的水损及磨耗双重效应。

7.3 路面材料全频谱光学反射特性变化规律

7.3.1 填料的光学特性

当前，针对无机矿物填料的光学特性研究，尤其是应用于路面涂层方面的光学特性研究较少。光的反射主要分为镜面反射（specular reflectance）和漫反射（diffuse reflectance）。对于填料，镜面反射常见于理想平滑表面，发生在填料的单一方向；漫反射发生在填料不完全是球形均质时，填料粒径及颗粒边界成为漫反射的必要条件，如图 7.3 所示。

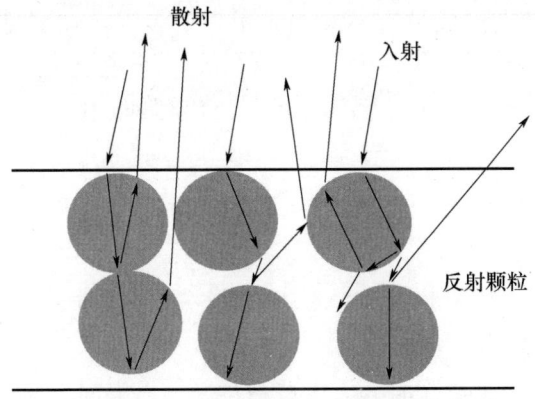

图 7.3 反射填料反射原理图

图 7.4 为填料粒径与材料反射率之间的关系图谱。可以看出，小粒径填料具备更优越的反射特性，尤其是在近红外光部分。为此，本研究采用 K-M 理论两通量模型进行分析，如式（7-1）所示。

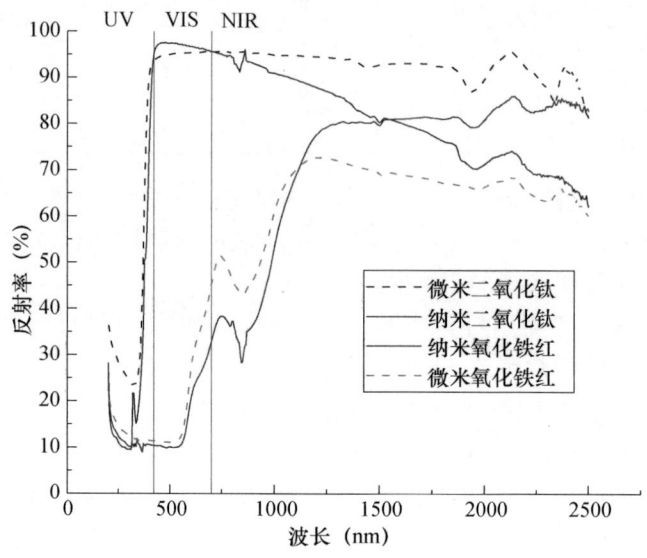

图 7.4　不同粒径二氧化钛与氧化铁红反射光谱图

$$\frac{(1-R_\infty)^2}{2R_\infty}=F(R)=\frac{K}{S} \tag{7-1}$$

式中　K——吸收系数；

S——散射系数；

R_∞——无限厚度的样品反射率 $F(R)$ 即 KM 方程。

从模型可知，材料反射率并非由 K 与 S 的绝对值决定，而是由二者的比值决定的。散射系数与填料粒径的倒数 $1/d$ 存在线性关系：当填料粒径减小时，散射系数 S 增大；反射率 $F(R)$ 增大。此外，小粒径的填料聚集时，晶界增多，晶体表面增多，从而反射更多的入射光。因此，纳米粒径填料具有更好的光学反射特性。

除了填料粒径外，颜色对填料的光学反射特性有较大的影响。本研究对不同颜色的填料光学反射特性进行了测试，结果如图 7.5 和表 7.4 所示。由于反射光谱不同，不同颜色的填料在全频谱波段具有不同的光学反射表现。在可见光区域，红色光谱区段（640～780nm）、蓝色光谱区段（470～550nm）、黄色光谱区段（530～610nm）以及绿色光谱区段（505～525nm），具有反射光谱峰值的填料分别表现为对应的颜色，如式（7-2）所示。

$$R=\frac{\Phi_p(\lambda)}{\Phi_i(\lambda)} \tag{7-2}$$

式中　R——光谱反射率；

$\Phi_p(\lambda)$——反射光通量；

$\Phi_i(\lambda)$——入射光通量。

当某一波段反射光通量增大时，光谱反射率增大，表面表现为某种特定的颜色。黑色涂层吸收所有入射光线，因此在光谱图中不产生任何峰值。对于近红外光区域，不同颜色的填料表现不一，即光学反射特性与近红外光反射率之间关系并不大，尤其是在长波近红外光波段（1100~2500nm）。从试验结果来看，黄色、绿色、红色填料更适合作为反射填料，而黑色填料的掺入量必须加以控制，可与其他颜色进行混合。

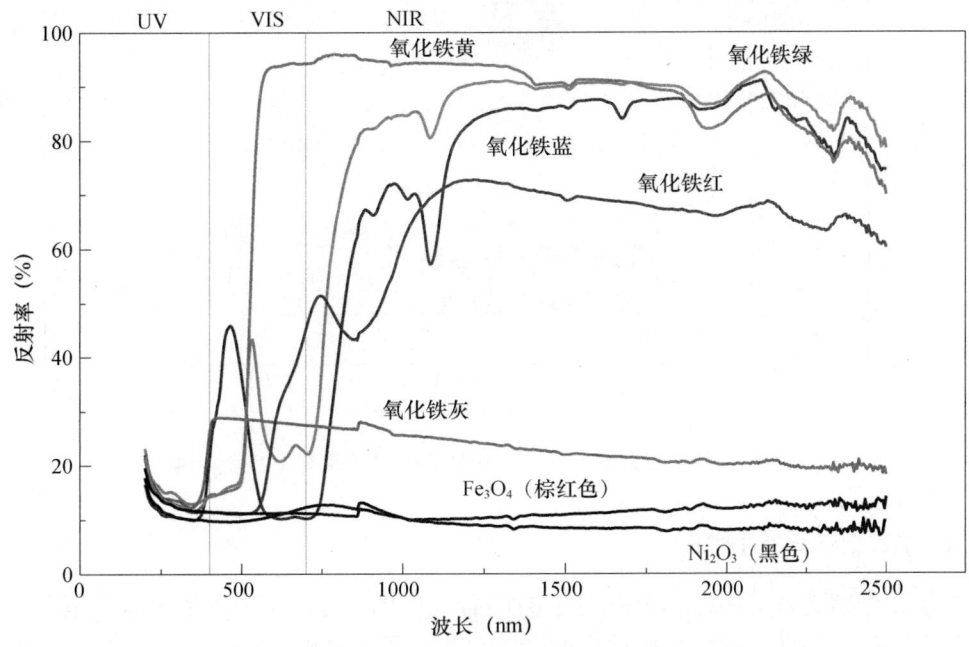

图 7.5 不同填料粉末的全频谱反射图（200~2500nm）

表 7.4 不同填料在不同太阳波段的加权反射率

填料类型	Rtotal（%）	Ruv（%）	Rvisi（%）	Rnir（%）
Fe_2O_3（蓝色）	37.59	10.69	23.09	51.86
Fe_2O_3（绿色）	43.53	14.75	20.33	65.35
Fe_2O_3（灰色）	24.87	13.72	25.15	25.66
Fe_2O_3（红色）	34.89	13.14	13.57	54.72
Fe_2O_3（黄色）	61.98	13.56	35.97	88.52
Fe_3O_4（棕色）	11.25	12.72	11.40	10.99
Ni_2O_3（黑色）	10.48	10.92	10.03	10.83
TiO_2（白色）	86.64	25.52	83.65	94.71

此外，中铬黄填料的着色力较高，耐热性、耐酸碱性较好，时常作为涂层材料的颜料。本研究分析了中铬黄填料的光学特性，如图 7.6 所示。中铬黄填料的总反射率（Rtotal）可以达到 64.41%，高于普通的氧化铁黄。同时，针对不同波段的反射率，中铬黄的可见光反射率（Rvisi）较低（33.06%），而近红外光反射率（Rnir）可达到 95%，甚至高于白色二氧化钛填料。从中铬黄的色度空间亮度指数（L^*）来看，中铬黄属于中亮度填料，而氧化铁黄属于高亮度填料。因此，中铬黄是一种低亮度高反射率填料，具有非常好的光学反射特性，可作为暗色高反射涂层的功能性填料。

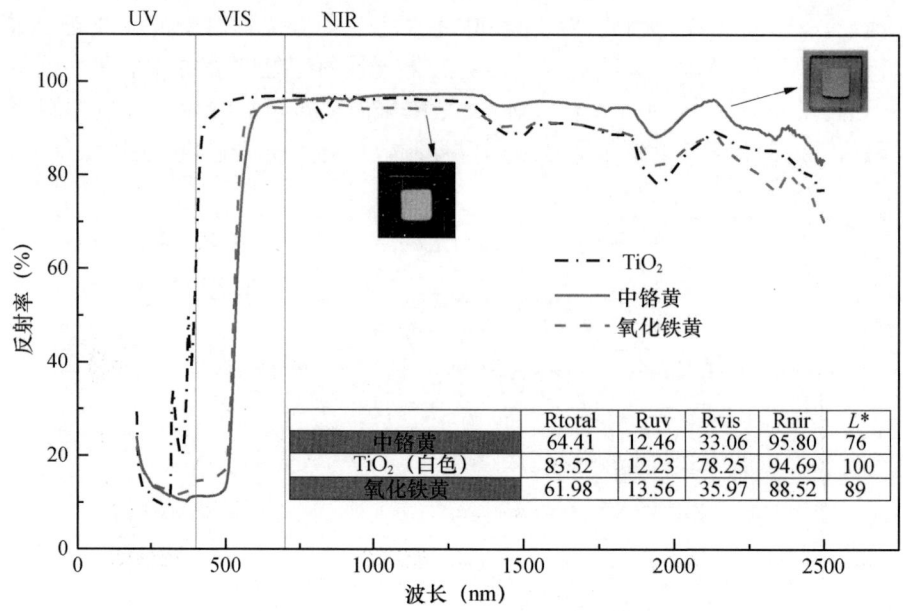

图 7.6 中铬黄、二氧化钛、氧化铁黄反射光谱图及加权反射率

7.3.2 涂层的光学特性

本研究分别制备了两种彩色反射涂层样品（黄色水性涂层和红色树脂类涂层），并测试其光学反射特性。红色树脂类涂层的反射光谱图和加权反射率如图7.7和表7.5所示，所有红色涂层反射率均为24.7%～40.4%，且具有较高的近红外光反射率，为39.8%～55.8%，二氧化钛和红色氧化铁的掺入均可以提高涂层反射率。仅含有二氧化钛的白色树脂类涂层总反射率可达到62.6%，近红外反射率可达到67.7%。红色涂层样品♯1到♯6均在700nm附近存在波峰，即"红边"。样品♯4的反射率与其余样品明显不同，尽管亮度指数（$L^*<40$）较低，可见光区域反射率较低，但近红外光反射率高于其他各类样品，原因在于：小粒径氧化铁作为功能性填料，质量分数相同时，其密度较低，体积更大，遮盖力更强。因此，小粒径氧化铁的掺入明显提高了涂层反射率，有助于实现"cool dark"涂层。对比样品♯3与♯5，尽管♯5的亮度指数比♯3高4%，可见光反射率高22%，但长波段（LW-NIR）近红外反射率却低8%。这说明，各波段反射率与亮度之间的关系有待进一步探讨，将在7.4中进一步讨论。

表 7.5 红色树脂类涂层加权反射率及色度空间值（$L^*/a^*/b^*$）

涂层样品	Rtotal（%）	Ruv（%）	Rvisi（%）	Rnir（%）	Rsw-nir（%）	Rlw-nir（%）	L^*	a^*	b^*
♯1和♯2	31.8	7.6	13.7	49.1	48.7	50.2	57	36	22
♯3	36.5	7.6	17.0	55.5	54.4	57.8	70	38	22
♯4	24.7	7.6	8.5	39.8	29.6	58.0	43	33	21
♯5	40.4	8.5	22.3	58.6	61.7	53.4	73	35	20
♯6	31.6	7.6	12.5	49.9	49.8	50.4	50	40	22
♯7	62.8	10.9	62.6	67.7	75.5	54.0	100	0	0

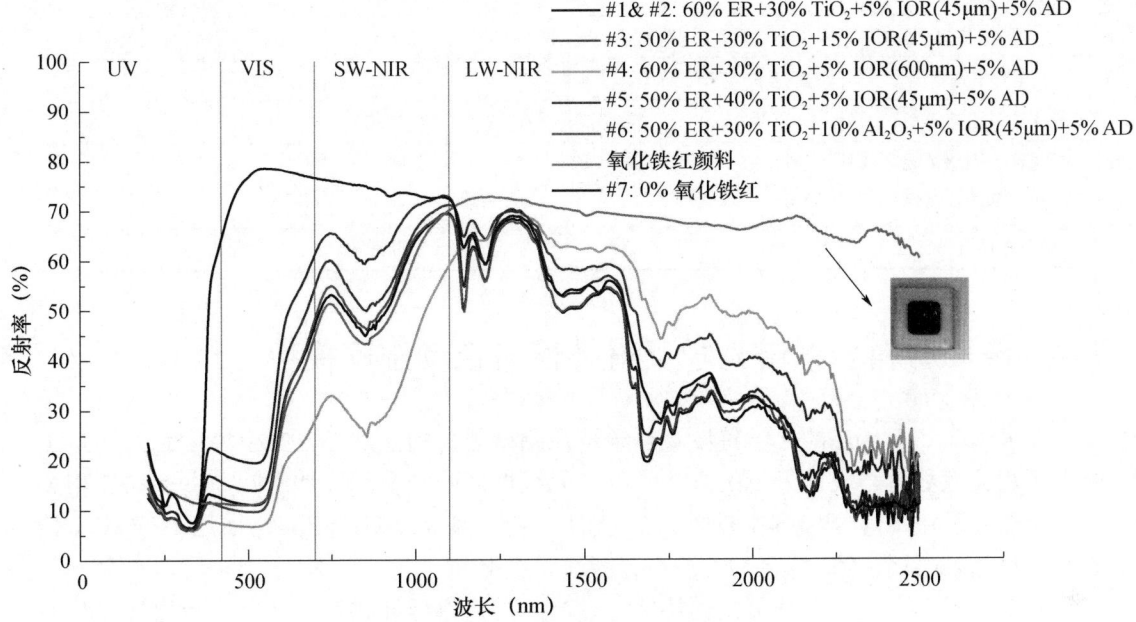

图 7.7　红色树脂类涂层反射波谱图

注：ER 为环氧树脂；IOR 为氧化铁红；AD 为助剂

黄色水性乳液涂层的反射波谱图及加权反射率如图 7.8 和表 7.6 所示，所有黄色涂层的总反射率可达到 60%，高于上述红色树脂类涂层。同时，紫外光反射率均低于 7%，可见光反射率在 40% 附近，而近红外光反射率超过 80%～90%。当中铬黄掺量从 16.7% 增加到 50% 时，总反射率（Rtotal）提高了 5%，紫外光反射率（Ruv）几乎没有变化，亮度指数（L^*）降低了 9%，可见光反射率减小了 12%，而近红外光反射率提高了 12%。这说明，铬的掺入是提高涂层反射率、降低涂层亮度的可行方法，尤其是近红外光反射率。

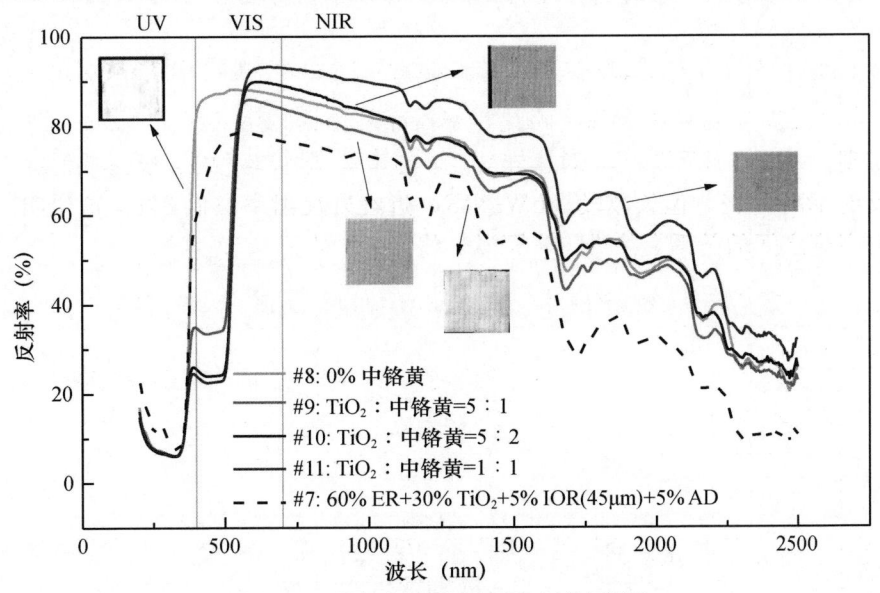

图 7.8　黄色水性乳液涂层反射波谱图

注：样品 7 用于对比

表 7.6　黄色水性乳液类涂层加权反射率及色度空间值（$L^*/a^*/b^*$）

涂层类型	Rtotal（%）	Ruv（%）	Rvisi（%）	Rnir（%）	L^*	a^*	b^*
0%中铬黄	72.9	7.0	73.0	78.8	100	0	0
二氧化钛∶中铬黄＝5∶1	59.4	6.6	46.3	75.5	89	6	40
二氧化钛∶中铬黄＝5∶2	59.6	6.7	41.2	80.2	85	11	57
二氧化钛∶中铬黄＝1∶1	62.5	6.9	40.8	86.2	81	13	54
白色水性乳液涂层	62.8	10.9	62.6	67.7	91	−4	−5

7.4　路面材料全频谱光学反射特性与色度空间模型

在采用 7.2.2 所述的光学特性及热学特性测试方法的基础上，在模型建立方面，主要采用相关性分析与统计分析的方法，以一元线性回归与多元线性回归为主，描述相关性。此部分采用 IBM SPSS24 软件进行统计分析，基于 IBM SPSS，采用 ANOVA 检验，t 检验及共线性检验等多种方法进行了统计学分析。

考虑到行车安全与驾驶员视觉特性，过高的反射率会导致眩光现象，增加强光状态下眼类疾病的风险。然而，当前很少研究着眼于反射率与亮度两个光学指标之间的关系，因此建立路面涂层材料光学反射特性与亮度指数之间的量化模型十分必要。本研究基于所制备的不同类型的涂层，进行可见光反射率与亮度指数之间的最优化拟合，拟合结果如图 7.9 所示。由图可知，可见光反射率与亮度指数之间呈线性关系后呈指数关系。经过临界值的判定，当路面涂层材料为中低亮度（$40<L^*<80$）时，随着亮度的增加，涂层可见光反射率线性增加；当路面涂层材料为高亮度（$L^*<80$）时，随着亮度增加，涂层的可见光反射率呈指数增大。因此，优化设计涂层时，最好将涂层可见光反射率控制在 50% 以下，以控制涂层亮度。

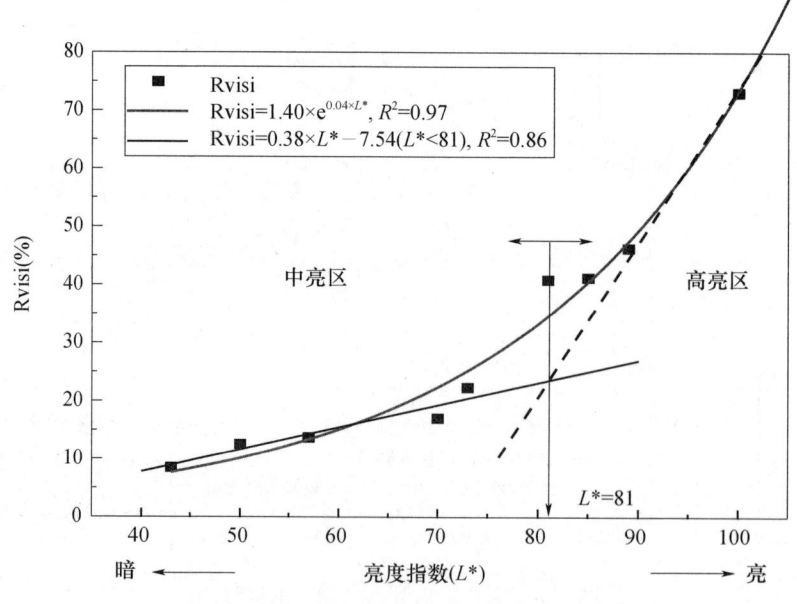

图 7.9　亮度指数与可见光反射率的关系模型

7.5 反射路面涂层材料全频谱光学反射特性与热学特性模型

7.5.1 涂层的热学特性

为建立涂层光学反射特性与热学特性的关系模型，采用热红外成像仪，对涂层的热学特性进行测试，具体测试方法见 7.2.2，采集的红外成像如图 7.10 所示。每个样品含有 400 帧信息，将每个样品每一帧的热学数据汇总并绘制箱形图如图 7.11 所示。其中，温度测试值的四分位数、中位数、平均值和四分位数范围（IQR）在箱形图中表示出来。可以看出，黄色水性涂层（♯9～♯11）温度明显低于红色树脂类涂层（♯1～♯6）。此外，与树脂类涂层相比，水性涂层的温度分布更集中，即填料在水性涂层中的分布更均匀。

 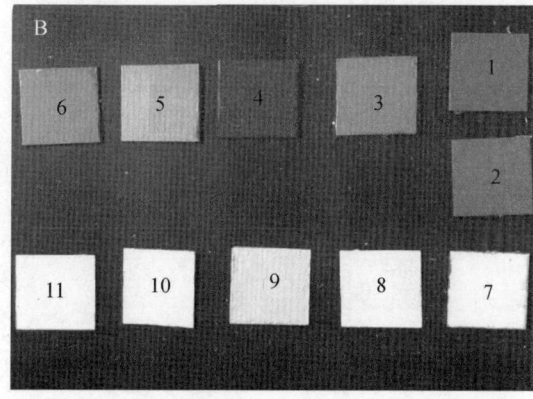

图 7.10 热红外成像仪成像（A）和涂层照片（B）

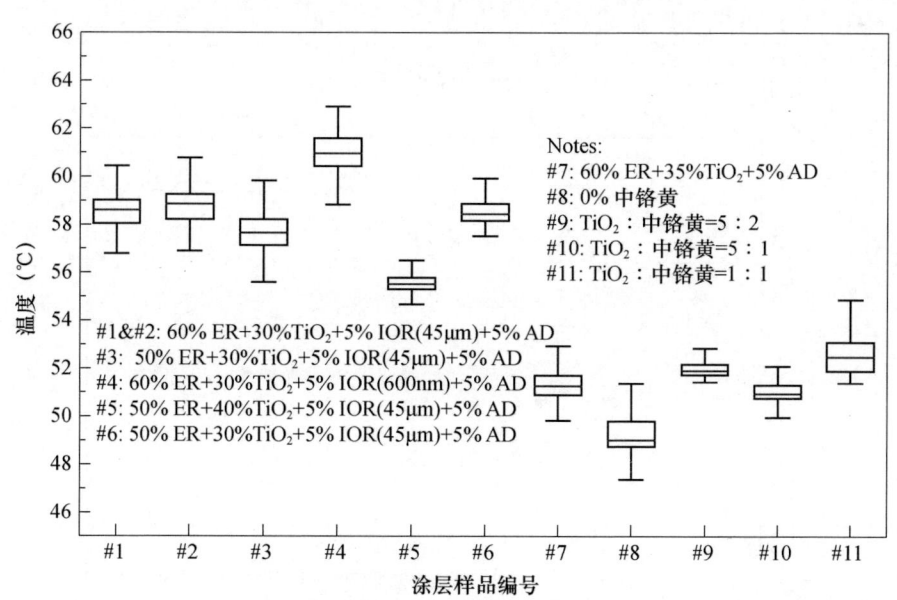

图 7.11 涂层样品温度分布箱形图

注：ER 为环氧树脂；IOR 为氧化铁红；AD 为助剂

7.5.2 反射路面涂层材料全频谱光学反射特性与热学特性模型

基于以上性能测试与规律研究，建立了路面涂层材料不同波段光学反射特性与热学特性之间的量化模型。其中，温度作为因变量，全频谱不同波段的反射率作为自变量：总反射率（Rtotal）、紫外光反射率（Ruv）、可见光反射率（Rvisi）、近红外光反射率（Rnir）。首先，建立概念模型，如式（7-3）所示。一元线性拟合及多元线性拟合结果及统计学检验如图 7.12 和表 7.7 所示。可以看出，除了紫外光反射率变化不大且无明显规律外，其余各部分反射率与温度的相关系数均大于 0.83 且 P 小于 0.05，试验散点值均分布在 95% 置信区间内，这说明几个波段范围内的反射率与热学特性均存在较高的线性相关关系，总反射率与温度的相关性最大，可决系数（R^2）可达到 0.93。当总反射率数值提高 10%（0.1）时，温度可下降 2.4℃。

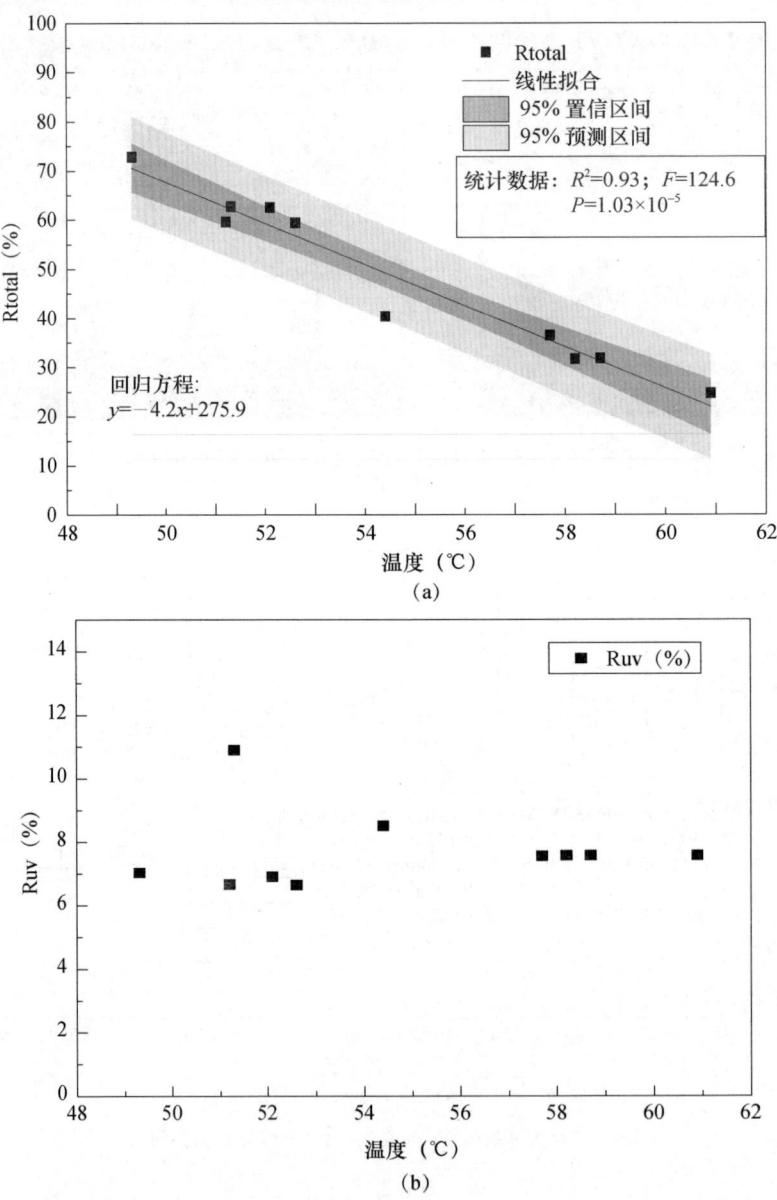

(a)

(b)

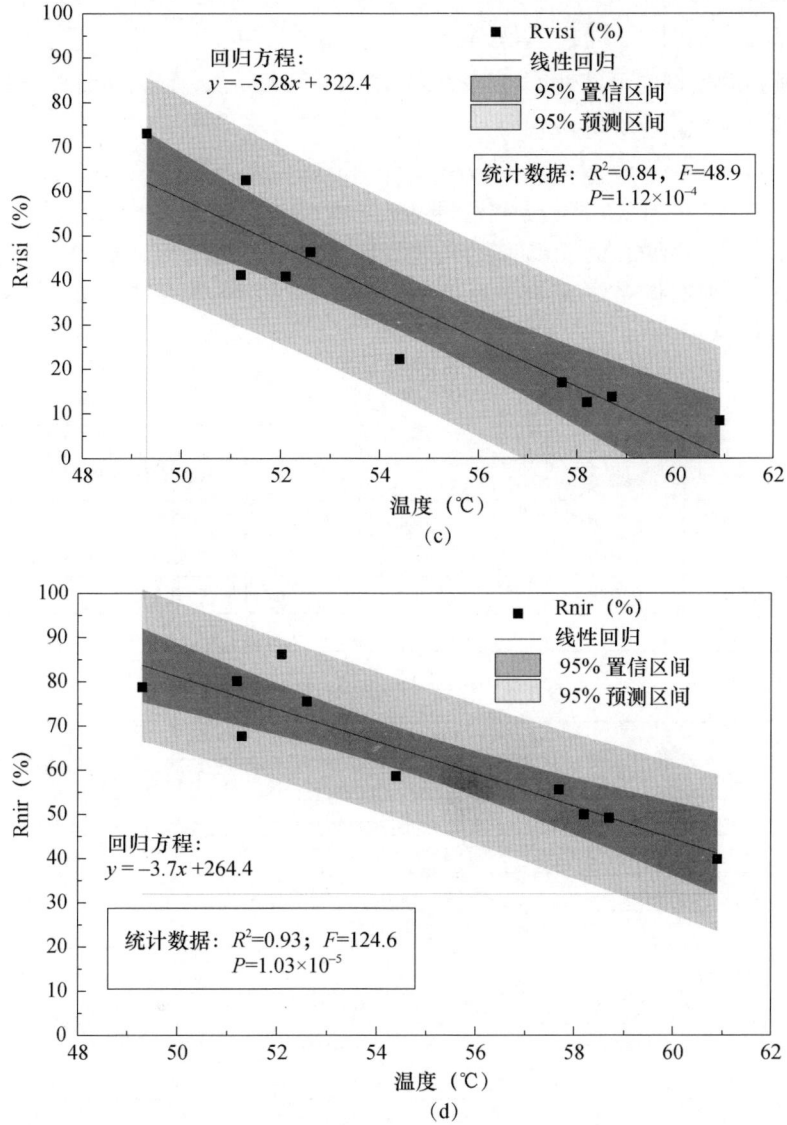

图 7.12　Rtotal、Ruv、Rvisi、Rnir 与温度参数之间的散点图及拟合结果

$$T=f(\text{Rtotal});$$
$$T=f(\text{Ruv});$$
$$T=f(\text{Rvisi});$$
$$T=f(\text{Rnir}) \tag{7-3}$$

为进一步明确全频谱波段范围内不同波段反射特性对温度的影响，进行了多元线性拟合回归。概念模型如式（7-4）所示，对模型进行 t 检验，以确定不同波段反射率的显著性，检验结果如表 7.7 所示。可以看出，长波近红外光反射率（Rlw-nir）为不显著因素（Sig>0.05），同时，由各因素共线性检验可知，各波段反射率不存在共线性现象，去除不显著因素 Rlw-nir 后，将模型简化为公式（7-5），得到多元回归模型如式（7-6）所示。根据表 7.8 所示的模型（6）检验结果，可见光反射率、短波近红外反射率可对 95.6% 温度

的变化做出解释。与图 7.12 中的单变量一元回归（总反射率）相比，多元回归可以达到更好的解释结果。另外，根据 ANOVA 检验，F 值大于 $F_a(k, n-k-1) = F_a(2, 7) = 4.73$，说明预测模型的可信性。根据 t 检验结果，可见光反射率、短波近红外反射率均为显著性影响因素且不存在共线现象。

$$T = f(\text{Rvisi}, \text{Rswnir}, \text{Rlwnir}) \tag{7-4}$$

$$T = f(\text{Rvisi}, \text{Rswnir}) \tag{7-5}$$

$$T = 64.6 - 0.082\text{Rvisi} - 0.107\text{Rswnir} \quad (R^2 = 0.96) \tag{7-6}$$

其中，Rvisi 为可见光反射率，Rsw-nir 为短波段近红外光反射率，Rlwnir 为长波段近红外光反射率。

表 7.7 线性拟合结果统计分析

模型	非标准化系数 B	标准差	标准化系数 β	T	显著性 Signifi Cance	共线性检验 容差	VIF
常数	62.780	2.093	—	30.000	0.000	—	—
Rvisi	−0.126	0.030	−0.663	−4.235	0.005	0.200	5.006
Rsw-nir	−0.077	0.022	−0.440	−3.557	0.012	0.319	3.136
Rlw-nir	0.048	0.048	0.104	0.983	0.364	0.436	2.292

表 7.8 模型（6）统计分析结果

方差分析 ANOVA 检验						
模型	R^2	调整 R^2	平方和	DF	均方和	F	显著性
回归方程			135.121	2	67.561	99.293	0.000007
残留误差	0.966	0.956	4.763	7	0.68	—	—
总计			139.884	9	—	—	—

t 检验							
模型	非标准化系数 B	标准差	标准化系数 β	T	显著性	共线性检验 容差	VIF
常数	64.55	1.063	—	60.748	0	—	—
Rvisi	−0.107	0.023	−0.565	−4.677	0.002	0.333	3.003
Rnir	−0.082	0.021	−0.466	−3.852	0.006	0.333	3.003

基于以上模型可以得出结论：路面反射涂层的温度变化主要由可见光反射率、短波近红外反射率决定，与长波近红外光反射率关系不大。因此，在优化设计路面反射涂层时，应主要考虑 400～1100nm 的波谱范围内反射率；为得到近红外反射涂层，应主要提高短波（700～1100nm）近红外光反射率。

7.6 路面材料全频谱光学反射特性优化评价方法

7.6.1 近红外型二氧化钛对涂层性质的影响规律

优化试验前，根据 7.2.2 所述的试验方法，分别对正交试验中不同配方组合的不同指标进行试验。近红外型二氧化钛（NIR-TiO$_2$）对涂层光学特性（全频谱反射特性、色度空间)、路用性能(抗滑性能)、耐久性(抗磨耗性)的影响规律进行探究。

(1) 涂层的光学特性

结果表明,随着近红外反射填料二氧化钛质量分数的增加,总反射率(Rtotal)/近红外反射率(Rnir)先升高后降低(稳定),可见光反射率(Rvisi)降低,紫外光反射率(Ruv)几乎没有变化。试验结果如图7.13和图7.14所示。色度空间方面,随着近红外反射填料二氧化钛质量分数的增加,亮度系数L^*降低,红绿通道指标a^*先增大后减小,表征遮盖力先减小后增大,即在10%时达到最暗/遮盖力最低。因此,以10%为中心点,将正交试验中近红外型二氧化钛的水平定为3%、5%和10%,建议在工程应用中近红外型二氧化钛用量不超过10%。图7.15为近红外型二氧化钛(NIR-TiO$_2$)掺量对涂层色度空间的影响。

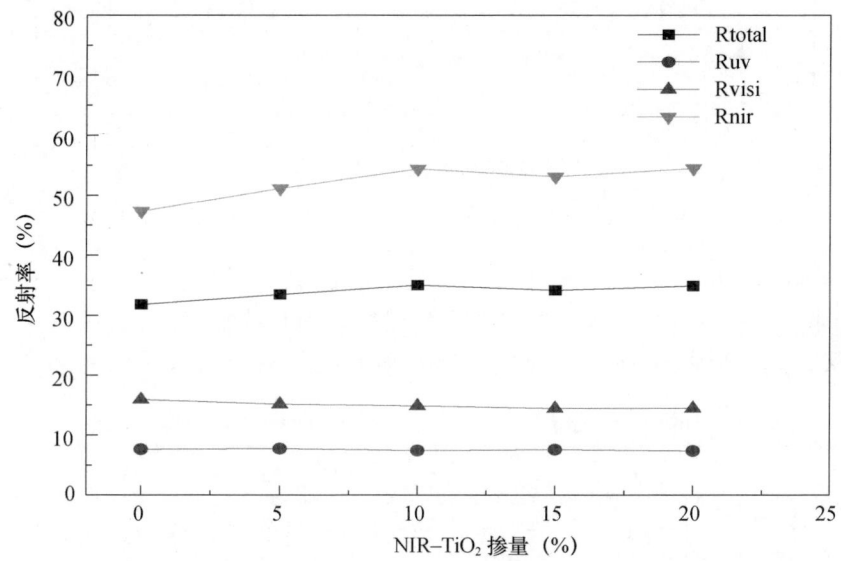

图7.13 近红外型二氧化钛(NIR-TiO$_2$)对涂层不同波段反射率的影响

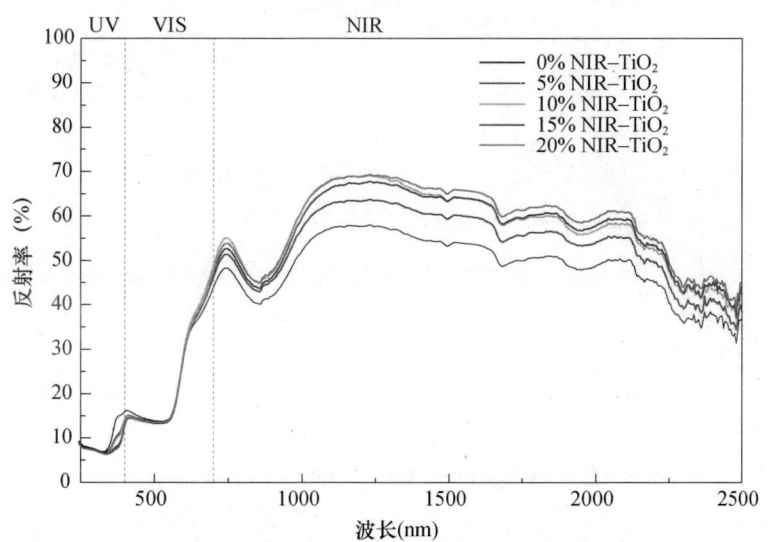

图7.14 不同掺量近红外型二氧化钛(NIR-TiO$_2$)涂层的反射波谱图

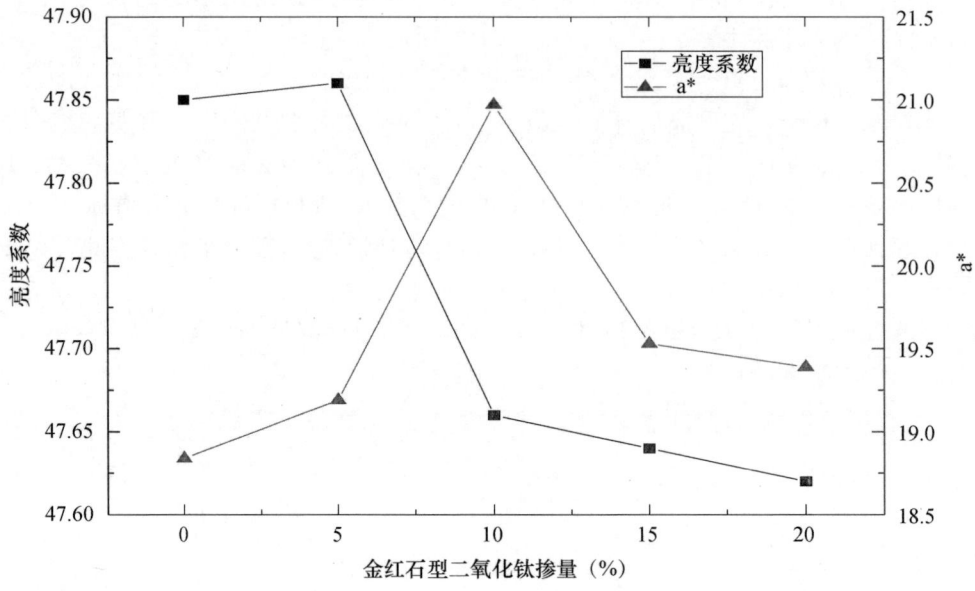

图 7.15　近红外型二氧化钛（NIR-TiO$_2$）掺量对涂层色度空间的影响

对九种不同配方的路用降温涂层进行反射率测试及反射波谱测试，试验结果如图 7.16 和表 7.9 所示，与标准新沥青混合料试样表面与横截面相比，涂有涂层的试样总反射率从 5% 提高到 30%～40%，近红外反射率从 3% 提高到 50%～60%。

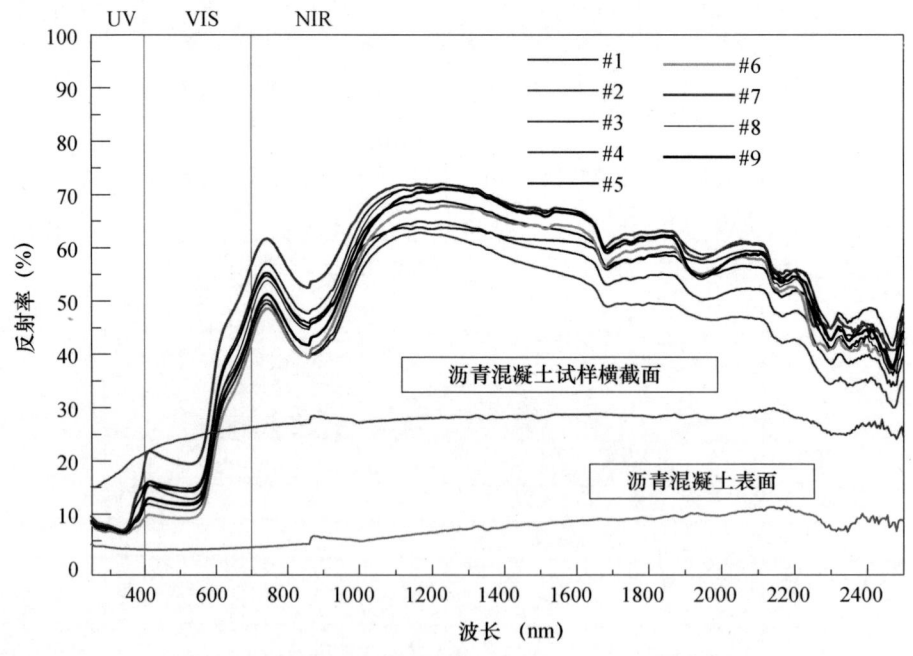

图 7.16　正交试验优化分析：试样全频谱反射波谱图

第7章 彩色透水路面反射涂层光学特性及耐久性研究

表 7.9 正交试验光学特性指标试验结果

编号	Rtotal（%）	Rvisi（%）	Rnir（%）	L*	a*	b*	Cab*
♯1	37.91	20.89	55.07	52.16	22.42	11.76	25.31
♯2	34.14	16.79	51.20	46.85	23.46	11.93	26.32
♯3	34.72	19.62	49.92	49.97	22.74	9.59	24.3
♯4	40.05	21.54	58.63	52.83	22.61	11.37	25.3
♯5	38.64	21.20	56.16	52.13	23.04	10.98	25.52
♯6	31.13	10.89	50.29	44.04	24.66	14.46	28.59
♯7	40.50	20.70	60.11	58.18	21.58	9.89	23.74
♯8	34.58	13.59	54.67	49.15	23.24	12.52	26.4
♯9	33.47	13.25	52.78	48.42	22.41	11.38	25.14
AC 横截面	27.37	22.70	32.68	56.93	2.74	10.7	11.04
沥青混凝土	4.49	3.84	3.37	21.59	0.44	0.72	0.85

（2）涂层的抗滑性能

在不同工况条件（洒水、未洒水）下，对九种不同配方的路用降温涂层的抗滑性能进行了测试分析。涂布量为 $0.6 kg/m^2$。摆值试验结果如图 7.17 和表 7.10 所示。与未涂布涂层的沥青混凝土试样相比，涂布涂层的试样抗滑值有一定程度的下降，这是由于在加入涂层功能性材料后，掩盖了路面原有的抗滑结构，但这种影响在可控范围内。未洒水条件下，摆值为 75 以上；洒水条件下，摆值为 50 以上，均满足《公路工程质量检验评定标准》（JTG F80/1—2012）的限值要求（高速公路及一级公路要求在标准温度 20℃ 条件下 BPN 值大于 45）。

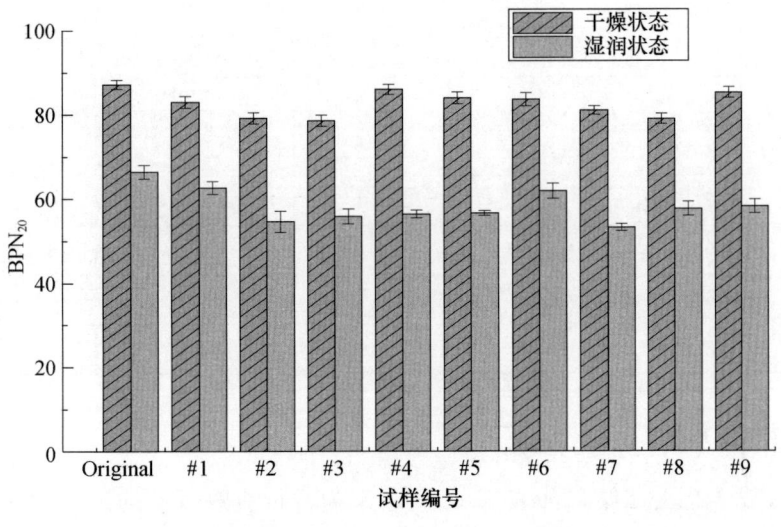

图 7.17 不同配方降温涂层在不同工况下的摆值（BPN_{20}）

表 7.10　正交试验抗滑指标测试值 BPN_{20} 均值及误差

类型	未洒水条件		洒水条件	
	BPN_{20}均值	误差	BPN_{20}均值	误差
未涂布涂层	87.2	1.10	66.4	1.7
#1	83	1.41	62.6	1.5
#2	79.2	1.30	54.6	2.5
#3	78.6	1.34	55.8	1.8
#4	86	1.22	56.4	0.9
#5	84	1.41	56.6	0.5
#6	83.6	1.52	61.8	1.8
#7	81	1.00	53.2	0.8
#8	79	1.22	57.6	1.7
#9	85.2	1.30	58.2	1.6

(3) 涂层的抗磨耗性能

对九种不同配方的路用降温涂层进行抗磨耗性能测试，涂布量为 $0.6 kg/m^2$，测试结果如表 7.11 所示，不同配方的涂层试样磨耗值不同，但损失量较小，可满足路用要求。

表 7.11　正交试验抗磨耗试验结果

试验号（i）	试验前质量（g）	试验后质量（g）	磨耗质量（g）	磨耗头面积（㎡）	单位面积磨耗值（g/㎡）
1	1043	1049.5	1.6	0.034	47.06
2	1044.9	1043.5	1.4	0.034	41.18
3	1032.7	1031.5	1.2	0.034	35.29
4	1033.5	1031.6	1.9	0.034	55.88
5	1084.2	1081.5	2.7	0.034	79.41
6	1055.1	1054	1.1	0.034	32.35
7	1050.9	1048.3	2.6	0.034	76.47
8	1025.8	1021	4.8	0.034	141.18
9	1075.1	1074	1.1	0.034	32.35

7.6.2　涂层配方优化评价

汇总正交试验因变量结果如表 7.12 所示。为进行有效可信的试验优化分析，寻求每个因变量指标最优化的配方组合，分别采用单指标综合平衡分析法与多指标综合分析法，分析正交试验的试验结果。

第7章 彩色透水路面反射涂层光学特性及耐久性研究

表 7.12 正交试验综合指标结果

编号	Rtotal（%）	Rvisi（%）	Rnir（%）	L^*	硬度（H）	BPN_{20}	单位磨耗值（g/㎡）
1	37.91	20.89	55.07	52.16	5	68.6	47.06
2	34.14	16.79	51.2	46.85	4	60.6	41.18
3	34.72	19.62	49.92	49.97	5	61.8	35.29
4	40.05	21.54	58.63	52.83	5	62.4	55.88
5	38.64	21.2	56.16	52.13	5	62.6	79.41
6	31.13	10.89	50.29	44.04	3	67.8	32.35
7	40.5	20.7	60.11	58.18	5	59.2	76.47
8	34.58	13.59	54.67	49.15	5	63.6	141.18
9	33.47	13.25	52.78	48.42	4	64.2	32.35

（1）综合分析法

为便于分析，将多指标问题转化为单指标问题，本研究首先引入无量纲数对试验结果，进行"极差化"处理，随后根据不同指标的不同权重，得出综合评分值。具体步骤如下所述。

分析指标：在符合规范及使用要求的前提下，反射率、涂膜硬度、抗滑摆值 BPN 均属于正向指标（值越大越好）；亮度指数 L^* 及涂层单位磨耗值属于负向指标。

无量纲化处理：引入"隶属度"无量纲数，以便将因变量指标极差化。对于正向指标和负向指标，极差化过程分别为：

$$隶属度 = \frac{指标值 - 指标最小值}{指标最大值 - 指标最小值}$$

$$隶属度 = \frac{指标值最大值 - 指标值}{指标最大值 - 指标最小值}$$

确定权重 w_i：根据不同指标的重要程度及对涂层应用的影响程度大小，确定各指标权重，如表 7.13 最后一行所示。

确定综合评分：以权重和无量纲隶属度指标为依据，将多指标分析转化为单指标分析，如表 7.13 所示。

最终，采用极差分析法分析试验结果及各个因素对结果影响的主次关系，如表 7.14 所示。

表 7.13 正交试验指标综合评分

试验编号	A	B	C	D	无量纲指标						综合评分
					Rtotal	Rnir	L^*	涂膜硬度	BPN_{20}	单位磨耗值	
1	1	1	1	1	0.72	0.51	0.43	1.00	1.00	0.86	0.70
2	1	2	2	2	0.32	0.13	0.80	0.50	0.15	0.92	0.43
3	1	3	3	3	0.38	0.00	0.58	1.00	0.28	0.97	0.46
4	2	1	2	3	0.95	0.85	0.38	1.00	0.34	0.78	0.76
5	2	2	3	1	0.80	0.61	0.43	1.00	0.36	0.57	0.64
6	2	3	1	2	0.00	0.04	1.00	0.00	0.91	1.00	0.40

续表

试验编号	A	B	C	D	无量纲指标						综合评分
					Rtotal	Rnir	L^*	涂膜硬度	BPN_{20}	单位磨耗值	
7	3	1	3	2	1.00	1.00	0.00	1.00	0.00	0.59	0.69
8	3	2	1	3	0.37	0.47	0.64	1.00	0.47	0.00	0.45
9	3	3	2	1	0.25	0.28	0.69	0.50	0.53	1.00	0.49
权重 w_i					0.25	0.25	0.15	0.10	0.10	0.15	—

表 7.14 正交试验结果最优化分析计算表-综合分析法

试验号 \ 因素	A （NIR-TiO$_2$）	B （氧化铁红）	C （R-TiO$_2$）
1	1	1	1
2	1	2	2
3	1	3	3
4	2	1	2
5	2	2	3
6	2	3	1
7	3	1	3
8	3	2	1
9	3	3	2
K1	0.530	0.717	0.517
K2	0.600	0.507	0.560
K3	0.543	0.450	0.597
R	0.070	0.267	0.080
因素主次		BCA	
理论最优方案		B1C3A2	
实际最优方案		B1C2A2	

如表 7.14 和图 7.18 所示，影响综合指标的各个因素的主次顺序为：B（氧化铁红）>C（R-TiO$_2$）>A（NIR-TiO$_2$），其中，B（氧化铁红）的最优水平为 1（3%），C（R-TiO$_2$）的最优水平为 3（15%），A（NIR-TiO$_2$）的最优水平为 2（5%），即理论最优水平组合为 B1C3A2，但这一组合并未出现在正交试验设计九组试验中，因此需要进一步分析优化组合与试验中的最优配方（♯4），二者的区别主要为 C（R-TiO$_2$）。为清晰地表示每个因素的影响，从而从试验结果中提取更完善的信息，分析过程如下所述。

（2）综合平衡法

针对每个指标对因变量的影响，绘制效应曲线图，如图 7.19 所示，采用极差分析法及方差分析法，结果如表 7.15 和表 7.16 所示。可以看出，对于不同的指标，因子的主次顺序不同，方差分析表中 F 值与极差分析表中极差确定的结果是一致的，此外，方差分析表体现了各个因素的显著性。

第7章 彩色透水路面反射涂层光学特性及耐久性研究

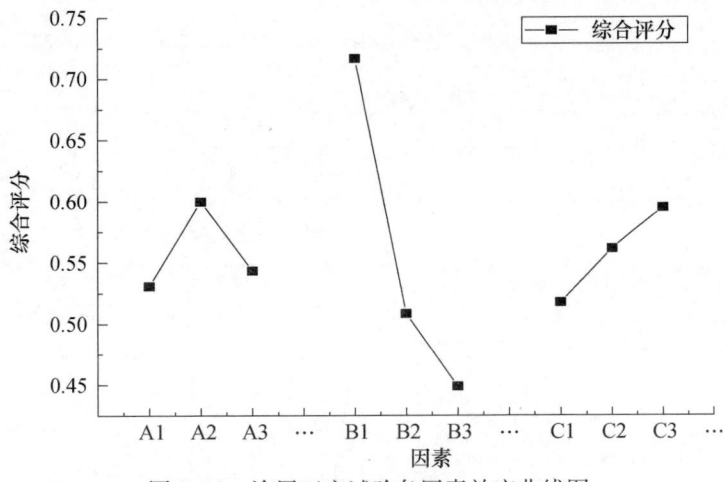

图 7.18 涂层正交试验各因素效应曲线图

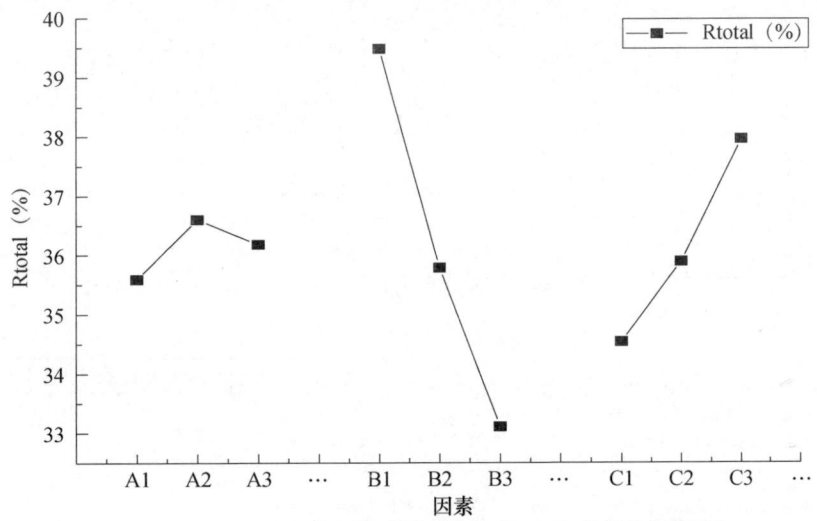

(a) 各因素对总反射率（Rtotal）的效应曲线图

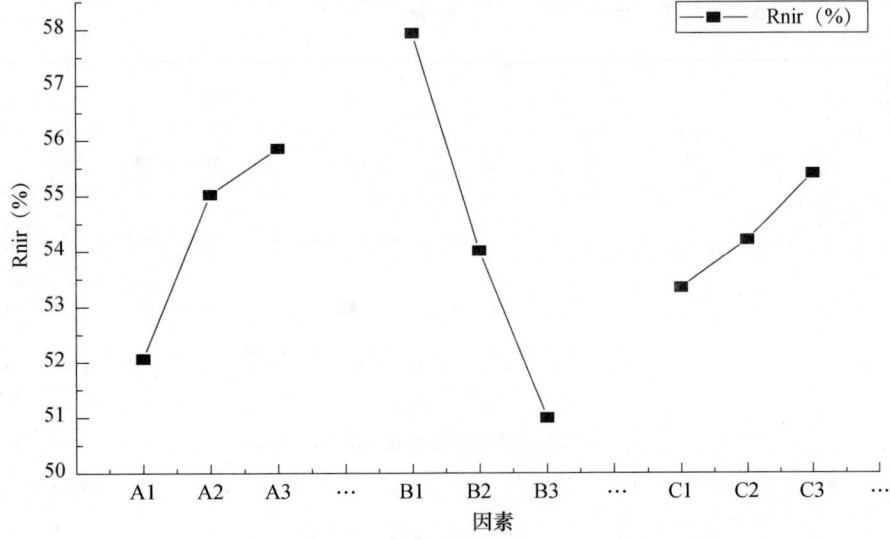

(b) 各因素对近红外反射率（Rnir）的效应曲线图

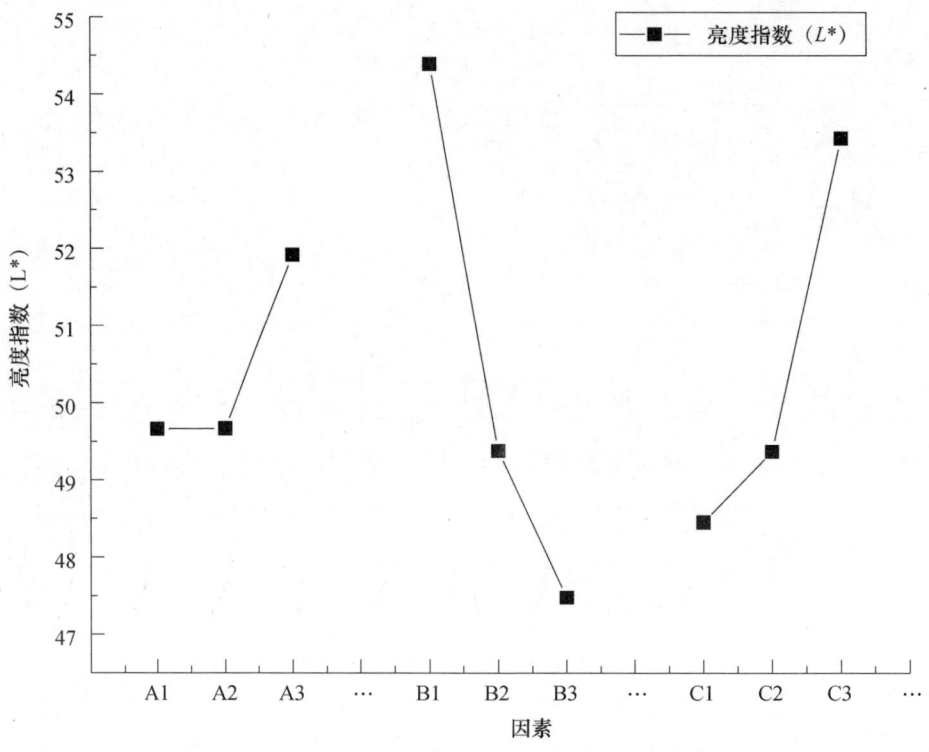

(c) 各因素对亮度指数（Lightness idnex）的效应曲线图

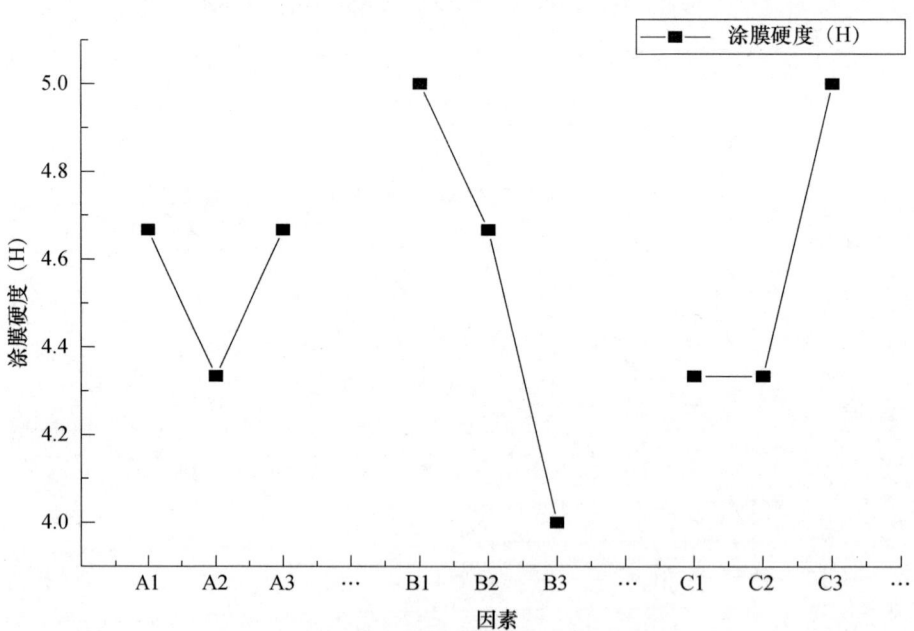

(d) 各因素对涂膜硬度的效应曲线图

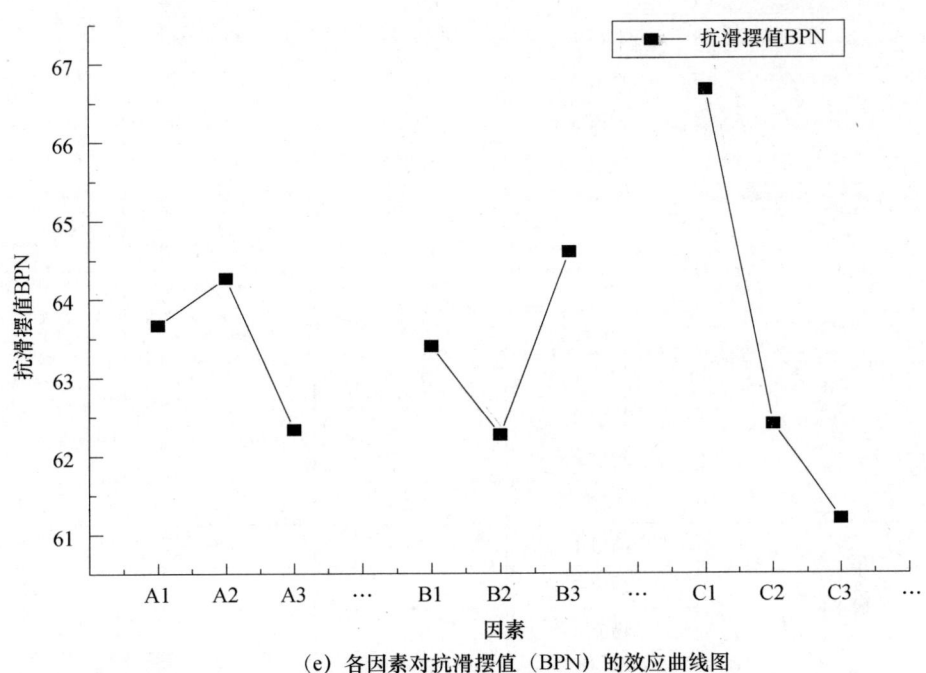

(e) 各因素对抗滑摆值（BPN）的效应曲线图

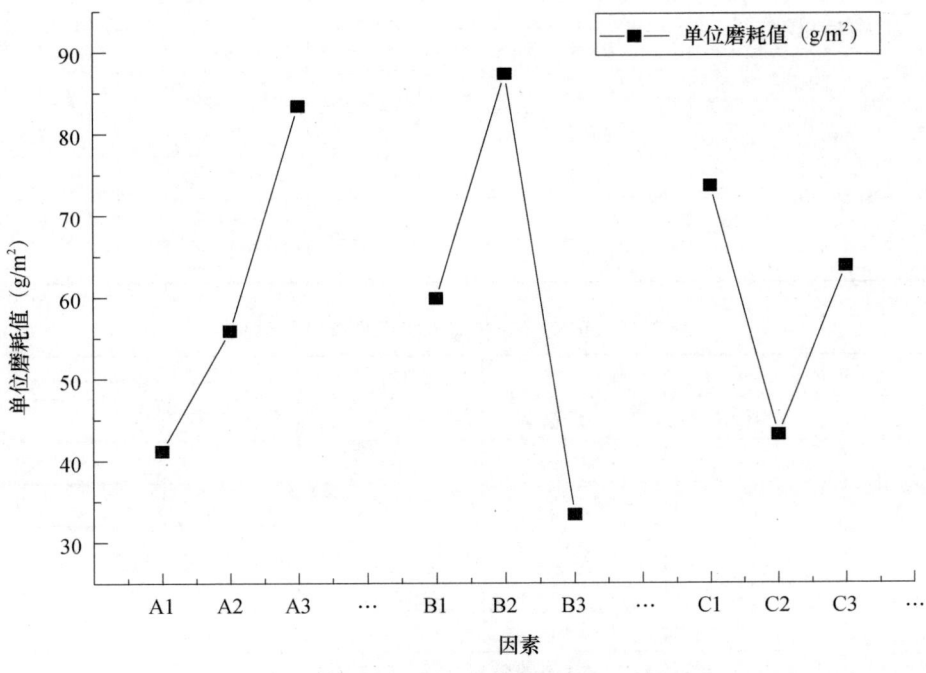

(f) 各因素对单位磨耗值的效应曲线图

图 7.19　各单因素对不同指标的效应曲线图

表 7.15 正交试验方案单指标极差分析结果

		A	B	C
Rtotal	均值1	35.59	39.49	34.54
	均值2	36.61	35.79	35.89
	均值3	36.18	33.11	37.95
	极差	1.017	6.38	3.41
Rnir	均值1	52.06	57.94	53.34
	均值2	55.03	54.01	54.20
	均值3	55.85	51.00	55.40
	极差	3.79	6.94	2.05
L^*	均值1	49.66	54.39	48.45
	均值2	49.67	49.38	49.37
	均值3	51.92	47.48	53.43
	极差	2.26	6.91	4.98
涂膜硬度	均值1	4.67	5.00	4.33
	均值2	4.33	4.67	4.33
	均值3	4.67	4.00	5.00
	极差	0.33	1	0.667
抗滑摆值 BPN	均值1	63.67	63.40	66.67
	均值2	64.27	62.27	62.40
	均值3	62.33	64.6	61.20
	极差	1.93	2.333	5.47
单位磨耗值	均值1	41.18	59.803	73.53
	均值2	55.88	87.257	43.14
	均值3	83.33	33.33	63.72
	极差	42.16	53.927	30.393

表 7.16 正交试验方案单指标方差分析结果

	项目	偏差平方和	自由度	F	$F_{0.1}$
Rtotal	A	1.57	2	0.45	9
	B	61.58	2	17.69	9
	C	17.74	2	5.10	9
	误差	3.48	2		
Rnir	A	23.83	2	23.69	9
	B	72.66	2	72.23	9
	C	6.38	2	6.34	9
	误差	1.01	2		

续表

项目		偏差平方和	自由度	F	$F_{0.1}$
L^*	A	10.16	2	4.13	9
	B	76.54	2	31.14	9
	C	42.09	2	17.12	9
	误差	2.46	2		
涂膜硬度	A	0.22	2	0.14	9
	B	1.56	2	1.00	9
	C	0.89	2	0.57	9
	误差	1.56	2		
抗滑摆值BPN	A	5.88	2	0.45	9
	B	8.17	2	0.62	9
	C	49.53	2	3.76	9
	误差	13.18	2		
单位磨耗值	A	2747.06	2	2.02	9
	B	4362.61	2	3.20	9
	C	1443.74	2	1.06	9
	误差	1362.89	2		

对于总反射率（Rtotal），因子的主次顺序为B（氧化铁红）＞C（R-TiO$_2$）＞A（NIR-TiO$_2$），选定优化组合为B1C3A2，其中氧化铁红为显著影响因素。这是因为，氧化铁红的遮盖力较高，并且掺入亮度指数较大/可见光反射率较大的金红石型二氧化钛，提高了可见光部分反射率，从而提高了总反射率，因此，应该严格控制氧化铁红用量。

对于近红外反射率（Rnir），因子的主次顺序为B（氧化铁红）＞A（NIR-TiO$_2$）＞C（R-TiO$_2$），选定优化组合为B1C3A3，其中氧化铁红与近红外型二氧化钛为显著影响因素。这是由于在近红外反射波段，填料颜色与近红外光反射率相关性不大，因此，反射填料的掺入可以提高近红外反射率，但仍需控制遮盖力强的颜料用量。

对于亮度指数（L^*），因子的主次顺序为B（氧化铁红）＞C（R-TiO$_2$）＞A（NIR-TiO$_2$），选定优化组合为B1C3A3，其中氧化铁红为显著影响因素，这与总反射率变化趋势相同。

对于涂膜硬度，因子的主次顺序为B（氧化铁红）＞C（R-TiO$_2$）＞A（NIR-TiO$_2$），选定优化组合为B1C3A3或B1C3A1，但各个因素均对结果影响不显著。

对于抗滑摆值BPN，因子的主次顺序为C（R-TiO$_2$）＞B（氧化铁红）＞A（NIR-TiO$_2$），选定优化组合为C1B3A2，但各个因素均对结果影响不显著。

对于单位磨耗值，因子的主次顺序为B（氧化铁红）＞A（NIR-TiO$_2$）＞C（R-TiO$_2$），选定优化组合为B2C1A3，但各个因素均对结果影响不显著。

综合考虑多指标综合分析法与单指标综合平衡法，优化涂层配方组合为B1C3A2，即B（氧化铁红）：C（R-TiO$_2$）：A（NIR-TiO$_2$）＝3：15：5，使其具备多指标综合评价最优的特性。

该部分建立了评价路面降温涂层光学性能、路用性能的综合性能体系，采用正交试验与统计学分析的方法，优化了反射率较高、避免眩光等现象、路用性能突出的路面涂层材料配方体系，为工程应用奠定了理论基础。

7.7 本章小结

（1）纳米填料材料对提高路用反射涂层的反射率，尤其是近红外光部分的反射率具有重要意义。

（2）路面反射涂层的温度变化主要由可见光反射率、短波近红外反射率决定，与长波近红外光反射率关系不大。因此，在优化设计路面反射涂层时，应主要考虑400～1100nm的波谱范围内反射率；为得到近红外反射涂层，应当主要提高短波（700～1100nm）近红外光反射率。

（3）本研究建立了路用反射涂层材料的反射光学特性与热学特性的关系模型。

（4）本研究优化了反射率较高、避免眩光等现象、路用性能突出的路面涂层材料配方体系，其中，氧化铁红，R型二氧化钛与近红外型二氧化钛的比例为3∶15∶5。

第8章 路面寿命周期经济成本与环境影响综合评价

根据 ISO 14040 的定义,寿命周期是指产品系统各连续且相互关联的阶段,通常始于设计或获取原材料,止于最终处理、回收,如图 8.1 所示。这里的产品不仅仅指有形的物品,还包括无形的版权、服务、思想,或它们的组合。寿命周期的内涵是指,自产品开始阶段或设计阶段考虑产品规划、设计、生产、经销、运行、使用、维修保养直到回收再利用或处置的所有环节,将所有因素在开始或设计阶段进行综合规划和优化的设计思想或方法。这一方法既可以节约整体成本,也有助于降低整体环境影响,实现可持续发展。现有的寿命周期方法包括寿命周期环境评价(LCA)和寿命周期成本分析(LCCA),前者针对产品的经济成本,后者针对环境影响。

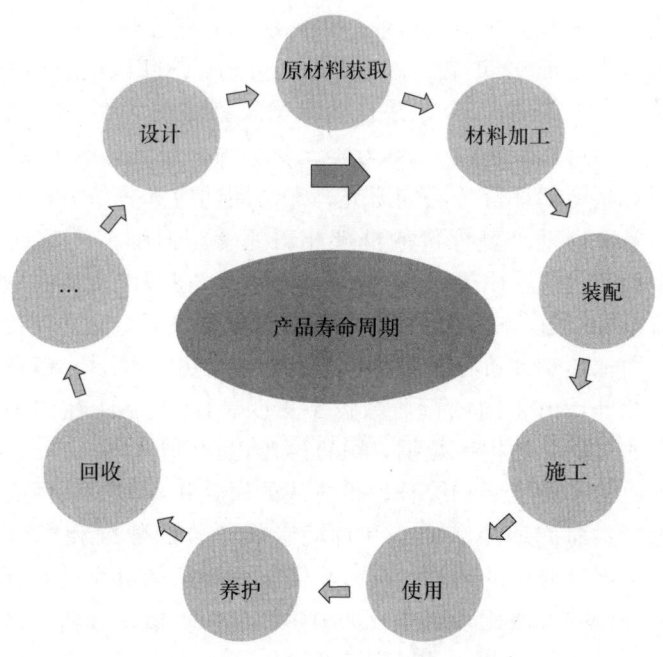

图 8.1 典型的产品寿命周期阶段

20 世纪 70 年代的石油危机引发全球对能源的普遍关注,随后世界各国兴起了建筑能耗研究的热潮。建筑物能耗调查最先兴起于美国和英国,主要针对已有的建筑物进行能耗调查,挖掘节能潜力并进行节能改造,称作"建筑能源审计"(energy auditing)[224]。起初,国外的节能研究主要集中在民用建筑方面,后来逐渐延伸至基础建设的各个方面,有关道路能耗的研究出现得比较早,取得了不少研究成果,并在实践中得以应用。目前的研究对不同类型路面的能耗进行了比较,比如,芬兰对比了普通混凝土路面和沥青玛琋脂路面的能耗,如果计入原料能,沥青路面消耗的能源是水泥混凝土路面的两倍,否则两者能耗相当;在二氧化碳的排放指标方面,普通混凝土路面比沥青路面高 40%～60%,差别因养护维修方案而异[225]。美国对比了不同类型路面的能耗在材料生产阶段,沥青混凝土路面的能耗比连续配筋混凝土路面高 40%左右,但是沥青混凝土路面大部分的环境指标优于连续配筋混凝土路面[226]。沥青混凝土路面的能值高于水泥混凝土路面近一倍,约为 90.8%。在材料生产和路面使用维修阶段,沥青混凝土材料的能值转换指代材料的能耗,是一个专业术语,在该语境下,指沥青混凝土材料在生产和使用维修阶段,其能耗是水泥混凝土的两倍。能值转换是在对比的过程中,将能耗统一转换为一个可以比较的数值或量约为水泥混凝土的两倍,而沥青路面的频繁维修会添加更多的新料,导致路面对材料有更大的需求。

国内研究多集中于某个方面如原材料的生产固化或施工工艺技术等对道路的能耗,而对路面结构全寿命期间的能耗研究比较少。方福森(1984)从经济和能耗的角度,取 30 年的寿命期,对水泥路面与沥青路面的经济性和能耗进行比较分析[227]。此外,国内还从施工条件[228]、原材料价格和养护[229]、拌和方法[230]、碳排放[231]等角度对路面的寿命周期环境评价进行了研究。

寿命周期成本分析(LCCA)的概念在 20 世纪 60 年代由美国军方提出,并应用于军用器械采购领域,后来被引入道路行业,以解决当时路面性能退化、维修和养护费用增加的问题。1986 年版、1993 年版、2002 年版的《AASHTO 路面设计指南》均要求利用 LCCA 进行方案的比较和选择,并且美国国家公路网 1995 年编写的《设计规范》明确规定,政府投资项目如果超过 2500 万美元就必须提交完整的 LCCA 报告[232]。

综观目前路面寿命周期评价方法的研究,寿命周期成本分析方法相对成熟,但缺乏评价所需的数据。寿命周期环境评价的框架相对完整,但细节模型还有大量不完善之处,数据收集处于起步阶段。由于路面系统比较复杂,在系统边界和边界条件的假设上存在许多差异;清单分析过程中,很多研究考虑的阶段并不全面,在使用阶段往往缺少影响模型的综合使用;影响评价存在多种模型和方法,并未统一;解释阶段的数据分析没有一致的标准。此外,由于国内行业数据不透明,LCA 方法在国内应用时,清单数据多直接采用国外的文献、数据库数据,可靠性难以保证。

寿命周期经济成本和环境影响综合评价方法的研究相对较少,两者的综合分析缺少一致的方法和结论。寿命周期经济成本和环境影响评价的数据和模型质量分析相对缺乏。在进行寿命周期评价分析的同时,需分析数据和模型的可靠性,评估模型、参数和结果的不确定性。分析的方法比较多样,如敏感性分析,概率分析,区间分析等。现有研究少部分未进行不确定性分析,很多研究选择上述一种方法进行验证,准确率难以保证。

8.1 路面寿命周期经济成本和环境影响综合计算方法

8.1.1 寿命周期成本分析

寿命周期评价方法可依据 ISO 标准划分为四个步骤:确定目标与范围、清单分析、影响评价和解释，如图 8.2 所示。这四个步骤之间是相互联系、相互作用的，例如，解释阶段发现的问题可以回到影响评价、清单分析甚至目标和范围的确定步骤进行修正[233]。

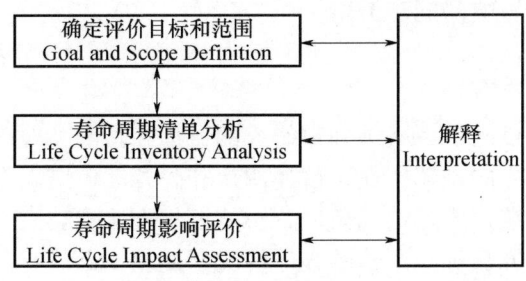

图 8.2 过程寿命周期评价方法的步骤

路面寿命周期成本分析（LCCA）的计算过程将全部成本根据承担者分为两大类：业主成本和用户成本，再对这两类成本进一步细分和计算；路面寿命周期的清单分析（LCI）过程则按照时间和空间的顺序，依次计算路面的整个寿命中产生的环境影响。因此，在方法方面，两者存在巨大差异；但进一步讨论其各部分，会发现两者评价的对象有大量相似之处，如图 8.3 所示。

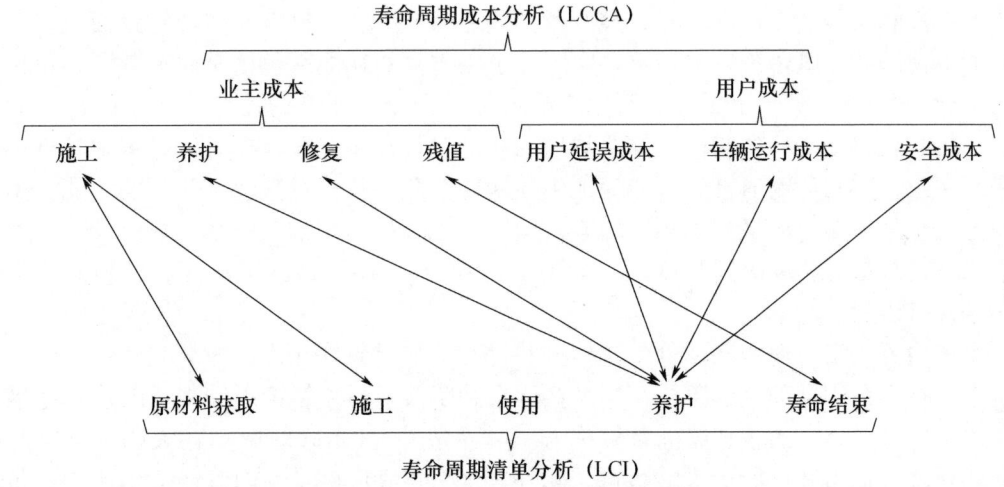

图 8.3 寿命周期成本分析（LCCA）和寿命周期的清单分析（LCI）的异同

LCI 中的"原材料获取""施工"阶段和 LCCA 中的"施工"部分，均对路面材料和施工过程进行评价。LCI 中的"养护"阶段，既包含 LCCA 中"养护""修复"两个过程，指路面投入使用后，业主为维持结构和功能而做的维护工作，也包含用户成本的评价对象，即维护工作中用户所付出的额外成本和影响。此外，"残值"和"寿命结束"阶段评价的对象都是路面寿命到达终点时对路面进行循环利用或者废弃填埋的过程。因此，LCI 和 LCCA 在评价流程上非常相似，这是因为两者都以路面为评价对象；两者在方法上也存在重叠，很多计算采用概预算法完成；两者均可用于多方案的比选，突出多方案的区别，淡化或者忽视多方案的相同点。两者的最大差异在于评价目标不同：LCCA 的目标为经济成本，而 LCI 的目标为环境影响。

因为 LCCA 和 LCI 在流程和框架上非常相似，所以可同时进行 LCCA 和 LCI 就成为可能。相较于 LCCA 以承担主体为依据的分类方法，LCI 的时空顺序更易于理解和操作，LCA 的框架也更加庞大且符合逻辑，因此可以将 LCCA 的评价目标融入 LCI 流程，实现对经济成本和环境影响的同步分析。

8.1.2 确定目标和范围

在进行寿命周期评价之前，必须确定研究的目标和范围。应确定的研究目标包括进行研究的起因、研究结果的预期用途、预期用户和公开性；应确定的研究范围包括研究对象及其功能单位、系统边界、边界条件、影响评价方法和类别、解释方法、假设和限制等各种研究要素。研究目标随评价的集体情况而变化，而研究范围如功能单位、系统边界等有共性。

功能单位要求确定所研究的系统应该具有的功能。功能单位旨在使投入和产出的物质和能量以标准化，因此功能单位应当被清晰的定义和测量。例如，针对可乐的塑料包装瓶和易拉罐包装，将包装的可乐体积作为功能单位，分别评价包装单位体积可乐的塑料瓶和易拉罐的环境影响，也可以以利润作为功能单位，分别评价获得单位利润的塑料瓶和易拉罐的环境影响。

然而，当研究的目标转向路面系统时，功能单位的确定尚无法完全统一。由于路面系统的特性和功能的多样性，在比较两种不同类型、工艺、材料或结构的路面时，实现其功能单位的统一既困难，也不符合实际。道路本身的功能既包括交通承载力，也包括结构承载力和抗变形能力，此外还有道路的使用寿命、环境韧性等，对于采用不同类型、工艺、材料或结构的路面，这些特性的功能单位存在差异，在对比过程中基本不可能完全一致。现有研究通常尽可能保证主要功能彼此一致，对其他不一致的功能做出说明。定义包括道路交通量，以年平均累日交通量或等效标准轴载作用次数以及交通增长率表示，也包括分析的时间长度，一般为 10~50 年，还有道路可能面临的特殊气候和地质条件等因素。

系统边界确定寿命周期评价应包括哪些过程。如果条件允许，一个完整的寿命周期评价应包括寿命周期的全部阶段；当某些因素和阶段对最终结论影响很小时，这些因素和阶段可以被忽略，而被忽略的条件称为"边界条件"。当某些影响较大的因素被忽略时，必须陈述理由和可能造成的影响。此外，这一步骤应确定的内容还包括影响评价的类别和方法、数据来源、数据质量等。

8.1.3 清单分析

清单分析是对路面寿命周期中各个阶段的环境影响做出统计和计算，包括数据的收集和利用数据计算两部分。

由于路面系统的复杂性和长期性，这一过程通常会分成几个阶段，常见的划分方法是将路面的全寿命分为以下五个阶段：原材料获取阶段、施工阶段、使用阶段、养护阶段和寿命终止阶段，如图 8.4 所示。

1. 原材料获取阶段

原材料获取阶段的清单分析主要计算路面修筑之前所有路面材料生产过程的环境影

响。这一过程不仅包括沥青、水泥、集料等材料生产过程的环境影响，还包括这些材料的运输、拌和加工过程。这一阶段的环境影响计算方法类似于概预算法，根据材料和设备的用量和单位用量环境影响的乘积，计算总体的环境影响；单位用量的环境影响，通过单位用量的能源用量和单位能源燃烧的环境影响的乘积来计算。以碳排放为例，若共有 n 种能源且消耗第 i 种能源的材料或设备有 $m(i)$ 种，总碳排放量的计算如式 8-1 或式（8-2）所示：

$$总碳排放量 = \sum_{i=1}^{n} 第 i 种能源的消耗量 \times 第 i 种能源的单位碳排放量 \qquad (8\text{-}1)$$

$$第 i 种能源的消耗量 = \sum_{j=1}^{m(i)} 第 j 种材料或设备的用量 \times 第 j 种材料或$$
$$设备的单位用量 i 种能源消耗量 \qquad (8\text{-}2)$$

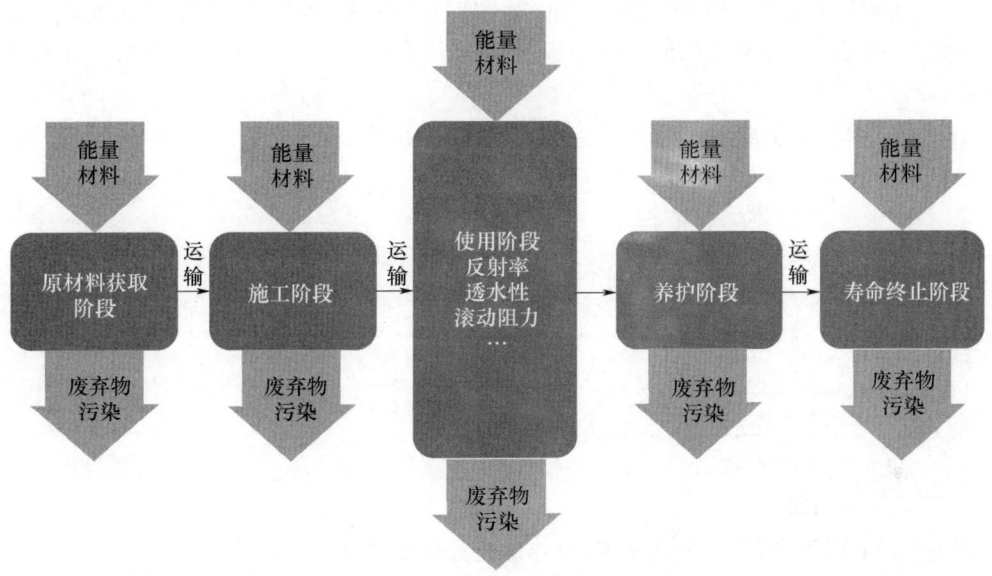

图 8.4　常用的路面寿命周期阶段划分

当影响并非碳排放而是其他类别时，可采用类似方法进行计算。

2. 施工阶段

这一阶段主要计算路面整平、摊铺、碾压等过程的环境影响。此外，原材料从产地到拌合场的运输、混合料从拌合场到工地的运输都是与这一阶段有关的运输过程，也可以归入这一阶段。这一阶段的环境影响计算方法，类似于原材料获取阶段，根据材料和设备的用量和单位用量环境影响的乘积，计算总体的环境影响。具体数据可根据施工规范的台班定额和台班消耗计算能源消耗，也可以根据类似项目的实际状况进行类比。

3. 使用阶段

这一阶段主要计算路面使用过程中与车辆、环境等交互造成的环境影响，在路面寿命周期中最复杂，但最不完善。路面系统作为整个交通系统的一部分，各方面的性能和行为都对车辆、环境的环境负担产生影响。关于这些影响，许多研究从多个角度进行分析，其中路面滚动阻力和反射率的研究尤为众多。下面主要从滚动阻力和反射率两个方面，介绍路面的环境影响模型。

(1) 滚动阻力的影响模型

路面的滚动阻力是影响人车交互过程中车辆耗损的主要因素。路面的滚动阻力不同，车辆行进过程中受到的阻力不同，油耗也不同。路面对车辆的阻碍作用可分为三个因素：平整度、表面纹理和弯沉，以国际平整度指数（IRI）、平均构造深度（MPD）和弯沉值分别评价。为了计算滚动阻力对车辆油耗的影响，需要三部分模型：道路性能和路面滚动阻力的关系模型，道路性能的衰变模型，滚动阻力与油耗的关系模型。目前，有许多模型用于评估滚动阻力对车辆油耗的影响，根据是否考虑滚动阻力变化和车速变化可分为四类。考虑的因素越多，模型对真实状况的仿真度越高，相对模型就越复杂。常用模型包括世界银行发布的考虑滚动阻力变化而车速不变的HDM-4模型，美国环保署发布的滚动阻力和车速均变化的MOVES模型等。

美国加州大学路面研究中心的Wang T.在2012年提出了一种综合性的滚动阻力环境影响评估方法，先采用HDM-4模型建立道路性能和路面滚动阻力的关系，如式(8-3)所示：

$$F_{\text{rolling}} = CR_2 \times FCLIM \times [b_{11} \times N_w + CR_1 \times (b_{12} \times M + b_{13} \times v^2)] \tag{8-3}$$

式中　F_{rolling}——滚动阻力，N；

CR_1——轮胎类型参数；

CR_2——路面表面特征参数，与国际平整度指数（IRI）、平均构造深度（MPD）和弯沉值有关；

$FCLIM$——气候因子；

N_w——总轮胎数；

b_{11}、b_{12}和b_{13}——关于轮胎类型和技术的参数；

M——车辆质量；

v——车辆速度，m/s。

再利用MOVES模型计算滚动阻力与油耗之间的关系[234]：

$$\begin{aligned} VSP &= \text{Rolling resistance} + \text{Air resistance} + \text{Inertial and Gradient resistance} \\ &= F_{\text{rolling}} \times \frac{v}{M} + F_{\text{Aerodynamic}} \times \frac{v}{M} + F_{\text{Inertial and Gradient}} \times \frac{v}{M} \\ &= C_R xg \times v + \frac{1}{2} \frac{\rho_a C_D A_{\text{front}}}{M} (v+v_w)^2 \times v + [a(1+\varepsilon_i) + g \times \text{grade}] \times v \\ &= \frac{A}{M} \times v + \frac{B}{M} \times v^2 + \frac{C}{M} \times v^3 + [a(1+\varepsilon_i) + g \times \text{grade}] \times v \end{aligned} \tag{8-4}$$

式中　VSP——机动车比功率，指机动车单位质量的发动机功率（W/kg）；

$F_{\text{Aerodynamic}}$——空气阻力，N；

$F_{\text{Inertial and Gradient}}$——惯性或梯度阻力，N；

C_R——滚动阻力系数；

ρ_a——环境空气密度（1.207kg/m³，20℃）；

v——车辆运行速度，m/s；

v_w——车辆顶风风速，m/s；

A_{front}——车辆的向风面积，m²；

C_D——空气阻力系数；

ε_i——质量因子，其值等于传动系统中转动组分（车轮、齿轮、轴等）的等效平移质量；

$grade$——梯度，其值为垂直上升量除以斜坡长度；

g——重力加速度，m^2/s；

M——车辆质量，kg；

a——车辆加速度，m^2/s；

A——MOVES 中的滚动阻力系数；

B——MOVES 中的高次滚动阻力和转动损失系数；

C——MOVES 中的空气阻力系数。

机动车的比功率可以用于衡量不同状态下车辆运行所需的动力，并与车辆速度共同决定车辆引擎的状态和油耗。MOVES 模型通过计算每一秒车辆运行的比功率和速度，模拟每辆车在一定时间范围内的运行状态，继而根据不同车辆的状态和油耗对时间和车辆数一起求和，可得出一定时间和空间范围内的车辆总体油耗。

MOVES 模型采用模拟的方法来计算大量车辆的油耗，计算方法准确细致，但本地应用存在不少问题。首先，由于环境影响参数非常多，值的确定和本土化存在不少困难；其次，滚动阻力的计算需要一段时间内连续的路面性能参数，准确值需通过完善的路面观测获得。因此，可采用一种简化的滚动阻力油耗影响计算方法，如下所述。

首先，根据 Wang T.[235]的研究，得出车辆油耗和国际平整度指数（IRI）的线性关系：

$$汽油车的额外油耗 = (IRI - 初始 IRI) \times 0.0313 \times 路面长度 \times$$
$$汽油车的标准油耗 \times 交通量 \times 路面长度 \quad (8-5)$$

$$柴油车的额外油耗 = (IRI - 初始 IRI) \times 0.00739 \times 路面长度 \times$$
$$柴油车的标准油耗 \times 交通量 \times 路面长度 \quad (8-6)$$

之后，可以根据 IRI 的衰变公式和养护公式，得出一段时间内连续的路面参数：

$$\sqrt{IRI} = -0.174 + 9.66 \times 10^{-5} \times \sqrt{CumulativeESAL} + 1.15 \times \sqrt{InitialIRI} \quad (8-7)$$

$$IRI 改变量 = -0.6839 + 0.6197 \times 养护前 IRI \quad (8-8)$$

式中　　　　IRI——任意时间道路的国际平整度指数，m/km；

CumulativeESAL——道路养护后的累计轴载作用次数；

InitialIRI——道路养护后初始的国际平整度指数。

（2）反射率的影响模型

路面的反射率指路面对于太阳辐射的反射比例，路面的反射率以多种方式影响周边环境，进而产生经济成本和环境影响。

美国劳伦斯实验室于 2017 年发布了反射率模型，以城市建筑能耗为评价对象，从城市的角度评价了反射率的环境影响[236]。提高路面的反射率使路面吸收的热量减少，反射至环境周围建筑的热量增加。前者降低城市平均气温，缓解城市热岛效应；后者升高附近建筑的温度，提高制冷费用而降低制暖费用。总体而言，前者的效用大于后者，因此高反射率的路面可以有效地缓解城市热岛效应。这种计算模型依托"天气研究与预测"（Weather Research and Forecasting，WRF）气候模型来模拟当地环境随时间变化的趋势，依托 Energy Plus（Energy Plus 2003）建筑能耗模型来模拟在不同的反射率和环境条件下建筑的能耗。这种方法提供了10种不同的建筑类型，根据不同的热阻、热传导率、太阳能利用率、透光率、制冷效率、制暖效率、暖通时间表来区分和评估其在不同反射率下的表现。

此外，很多研究从更宏观的角度评估道路反射率对环境的影响，即考虑反射率对辐射强迫的影响。辐射强迫是对某个因子改变地球-大气系统射入和逸出能量平衡影响程度的一种度量，也是一种指数，反映该因子在潜在气候变化机制中的重要性。辐射强迫的计算方法有多种，其中最简单的用式（8-9）计算[237]：

$$\Delta m_{CO_2} = 100 \times C_{CO_2} \times A_p \times \Delta\alpha \tag{8-9}$$

式中 Δm_{CO_2} 是指 CO_2 排放的改变量，C_{CO_2} 是 CO_2 的排放常数，参考值为 $255 kg/m^2$，A_p 为路面面积，$\Delta\alpha$ 是指路面反射率的变化量。这一模型只考虑了反射率变化对 CO_2 排放的影响，并且也不考虑时间和环境的影响因素，是最简化的模型。

此外，还有一种考虑时间变化的辐射强迫计算方法，如式（8-10）所示：

$$+0.01\alpha = \frac{1.087 \times RF \times t}{0.217 \times t - 44.78\, e^{-t/172.9} - 6.26\, e^{-t/18.51} - 0.22\, e^{-t/1.186} + 51.26} \left[kg\, CO_2\right] \tag{8-10}$$

这一公式左侧表示单位面积的路面反射率变化 0.01，右侧表示因反射率变化，在时间 t 年内引起的 CO_2 排放。RF 是指由于表面反射率变化引起的辐射强迫变化，参考值为 $1.12 \sim 2.14 W/m^2$。这一方法相对简便，无须考虑多种参数的本地化，被不少研究采用，间接证明其比较可靠，因此案例分析将采用这一方法。

（3）其他因素的影响

除了上述因素，水泥和沥青等胶结料在环境影响下也会发生变化，从而对环境产生影响。在水泥烧制过程中，石灰石释放大量 CO_2。随着水泥路面的长期使用，路面中存在的石灰石重新吸收空气中的 CO_2。这一过程逐渐降低空气中的 CO_2 浓度，形成负的碳排放值。但由于吸收 CO_2 的速度难以确定，这一过程可能消耗数年、数十年甚至数百年。在沥青路面的长期使用过程中，密集配路面存在地表径流，透水路面存在渗透水，从而将沥青混合料中的沥青析出液带入水源。但很多研究表明，沥青路面析出液中污染物达到危险浓度的可能性很小。

4. 养护阶段

这一阶段主要计算路面的长期使用过程中各种养护策略造成的环境影响。养护阶段在时间上和使用阶段重合，评价方法与材料准备和修筑两个阶段部分类似。

这一阶段的主要环境影响分为直接影响和间接影响。直接影响包括养护行为所需要的材料生产和养护施工造成的环境影响，这两部分与材料生产阶段和施工阶段类似。间接影响是指养护行为造成交通延误，由此产生额外的环境负担。路面的养护必须在一段时间内部分或全部封锁交通，由此导致车辆降速或绕行，会增加车辆油耗。

此外，养护行为导致路面性能发生变化，从而对路面造成负面影响。但由于路面性能变化的原因是多方面的，养护行为、气候条件和车辆运行都会导致路面性能的变化。因此，路面性能变化产生的环境影响归入使用阶段加以讨论。

5. 寿命终止阶段

这一阶段主要计算当路面使用寿命结束时不同的处理方法造成的环境影响。主要的处置方法分为两类：掩埋和循环再生利用。

掩埋的处置方法是将路面材料破碎后进行掩埋。这一过程的环境影响分为三部分，即破碎、运输和掩埋过程的消耗。关于材料掩埋后的环境负担，文献较少，还需进一步研究。

循环再生利用是将路面材料破碎后作为集料，按一定比例掺入新的路面材料。在实际工程中，再生利用的方法多种多样，可依据再生温度分为热再生、冷再生，也可依据再生场所分为就地再生和厂拌再生等。由于循环再生的材料来自旧的路面系统而用于新的路面系统，由循环带来的环境效益如何在两个系统之间分配，是一个值得研究的问题。目前存在的分配方法包括：界限法（cut-off）、质量损失法（loss of quality）、闭环法（closed loop）、均分法（50/50）和替换法（substitution）[237]，但仍未有方法得到一致认可。由于缺少数据，均分法最常用，它虽然忽略了循环利用材料的数量和重要性，但在实践中便于操作。

6. 寿命周期成本分析与清单分析的差异和独立算法

（1）劳动力成本和直接货币投入

道路建设、养护、回收等过程需投入大量劳动力。与此同时，一些作为间接费的直接货币投入也不可避免。这些投入的经济成本易于计算，但环境成本难以直接度量，因此这些投入的经济成本作为独立的经济成本进行计算，而不考虑同步的环境成本。在实际计算过程中，这些成本直接并入相应阶段的总经济成本。

（2）养护阶段的用户成本

用户成本是指路面的使用者所付出的经济成本，包括但不限于车辆运营过程中产生的车辆损耗、人身财产损失等成本。作为直接货币投入的一种，其计算方法不如间接费用那样明了，因此单独列出。在一般情况下，用户成本可认为是在整个寿命周期内路面使用者的成本。但是，寿命周期成本分析旨在评价寿命周期内由于不同路面结构、材料、施工或养护方案导致的成本差异，这些成本中与使用者相关的部分集中于道路施工和养护对交通的影响。因此，计算用户成本只考虑施工作业区对车辆影响带来的成本。在综合考虑这些影响的情况下，用户成本可以分为三部分：车辆运行成本、延误成本和安全成本。

车辆运行成本是指养护作业区附近车辆运行的成本，受到车辆类型、车龄、养护作业区状况等因素的影响。由于作业区占据部分车道，车辆经过作业区时必然经历减速再加速的过程，因此运行成本高于正常行驶时的成本。养护区车辆延误成本的计算公式如式（8-11）所示，其中车辆运行成本［美元/（km·vehicle）］是一个随地区和时间变化的值：

$$车辆延误成本 = 作业区长度 \times 年平均累日交通量 \times 作业区持续时间 \times 车辆运行成本 \tag{8-11}$$

延误成本指养护作业区导致的时间延误成本，主体是车辆内的人，因此不仅受到施工作业区性质的影响，还与人的时间成本密切相关。延误成本计算公式如式（8-12）～

式(8-15)所示，时间价值是由平均收入水平和工作时间决定的值：

$$减速延误时间 = （作业区长度/作业区速度）-（作业区长度/游行车速度） \quad (8\text{-}12)$$

$$排队时间 = 排队长度/排队速度 \quad (8\text{-}13)$$

$$总延误时间 = 减速延误时间 + 排队时间 \quad (8\text{-}14)$$

$$延误成本 = 总延误时间 \times 年平均累日交通量 \times 工作区作业天数 \times 时间价值 \quad (8\text{-}15)$$

安全成本指由于养护作业区的存在，导致的额外事故产生的成本，计算公式如式(8-16)～(8-19)所示，参数参考表8.1中的值：

$$车辆行驶里程 = 每日行车数 \times 天数 \times 里程 \quad (8\text{-}16)$$

$$事故数 = 每千米的事故数 \times 车辆行驶里程 \quad (8\text{-}17)$$

$$作业区引起的事故数 = 事故数 \times 作业区事故率百分比差值 \quad (8\text{-}18)$$

$$安全成本 = 作业区引起的事故数 \times 单位事故成本 \quad (8\text{-}19)$$

表 8.1 安全成本计算方法及参数取值

	作业区事故率百分比差值	每亿英里里程的事故数	单位事故成本（美元）
死亡	45%	0.9	2275229
伤残		57.2	15151

(3) 经济成本的折现率

关于未来成本，需将未来的预期成本和收益转化为现值，即所谓的净现值（net present value，NPV）。由于未来具有不确定因素，未来的收益和成本转化为现值会表现出贬值的趋势，且贬值的程度取决于经济和社会环境，以折现率这一参数表示。由于道路的寿命周期成本分析只考虑成本支出，净现值的计算公式如式（8-20）所示[239-240]：

$$成本净现值 = 初始建设成本 + \sum_{k=1}^{N} 第\,k\,项未来预期成本\left[\frac{1}{(1+折现率)^{未来预期成本产生的年数}}\right] \quad (8\text{-}20)$$

可以看到，相对远期的和本身较低的成本，现值相对较低。在计算过程中，道路的日常性养护由于差异性较小，在不同的道路设计方案中大多趋于一致，且相对均匀地分布在时间线上，因此现值对最终结果的影响很小；道路的回收利用收益由于经济成本相对较低，并且作为相对长期的负成本，对最终结果的影响也很小。这两类成本在无特殊情况时可以忽略。

8.1.4 影响评价

清单分析的结果往往包含单一的环境影响数据，难以直接理解和评价。为便于决策，必须对清单分析的结果进行整理与比较，说明各环境影响类别的等效值和重要性。

这一评价过程可以分为四个步骤：分类、分配、特征化和量化。这四个步骤中的参数和算法也是目标和范围中应确定的影响评价方法。现有的影响评价模型和方法多种多样，但基础步骤是相似的，不同之处集中于影响评价的类别、特征化的参数和影响因子。

(1) 分类

分类是将清单分析的结果归入不同的环境影响类别。这一阶段要求选择适当的分类方法和模型，以区分不同的影响类别。目前常用的分类是将环境影响分为资源消耗、自然环境、人类健康三大类，不可再生资源消耗（abiotic resource use）、酸化（acidification）、气候变化（climate change）、生态毒性（eco-toxicity）、富营养化（eutrophication）、人体毒性（human toxicity）、土地消耗（land use）、颗粒物（particulate matter formation）、光化学烟雾（photochemical ozone formation）、平流层臭氧损耗（stratospheric ozone depletion）、水损耗（water use）等诸多小类[241]。相对而言，碳排放导致的温室效应和气候变化是国内外共同关注的重点，也是许多 LCA 评价的目标；能源消耗在当前资源短缺的背景下也是重点评价的对象；在综合评价方法中，还需关注一个额外的经济成本类别。

（2）分配

分配是将清单分析的结果分配到各个类别中，确定每种输出物质的影响类别。很多污染物可以归入同一类别，例如，氮氧化物（NO_x）、硫氧化物（SO_x）都可以归入酸化类，二氧化碳（CO_2）、甲烷（CH_4）可归入气候变化类，如图 8.5 所示。

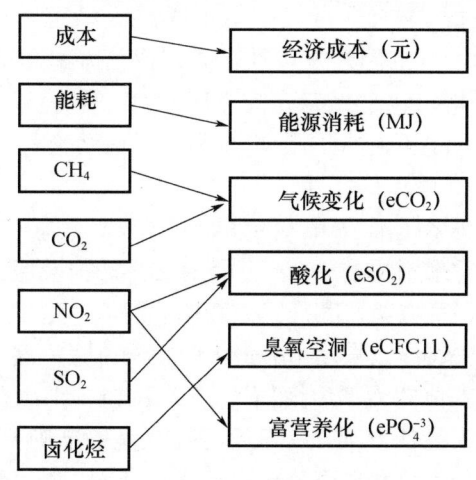

图 8.5　分类、分配和特征化

（3）特征化

特征化是将同一类别中的不同污染物归入同一个指标。例如，气候变化这一类别，包含二氧化碳（CO_2）、甲烷（CH_4），以及氢氟碳化合物（HFC_s）、全氟碳化合物（PFC_s）、六氟化硫（SF_6）等。通过自然科学研究得出结果，将各种温室气体在一定时间内（一般为 100 年）的全球变暖能力与二氧化碳做比较，将其转化为一定量的等效二氧化碳并求和，最终以等效的二氧化碳排放量（eCO_2）评价全球变暖潜力值[242]。转化的方式是将温室气体排放量乘以一个表征全球变暖能力的参数，得到等效的二氧化碳排放量，而这个参数被称为影响因子（Impact Factors，IF）。其他环境影响类别也有相应的评价指标和影响因子。

图 8.4 中给出了部分影响类别的常用特征化单位，如以等效二氧化硫排放量评价酸化潜势，以等效氟利昂排放量评价臭氧空洞潜势等。值得注意的是，特征化单位并不是唯一的，某些模型通过等效二氧化氮排放量来评价酸化威胁，并且采用了不同于评价等效二氧化硫排放量的污染物影响因子。这既准确又可行，并且是不同 LCA 影响评价模型的最大区别。

(4) 量化

量化是将各个类别的等效指标进行数据处理。有两种常见的方法：归一化方法和标准化方法。这两种方法在本质上都是一种线性变换，将数据变换为更易于理解的数值，提高评价结果的表现力。两者的区别在于归一化将评价结果归入 [0, 1] 的区间，而标准化的结果与数据的整体分布有关。这一阶段在影响评价中属于可选阶段，评价的方法和结果也因评价者和评价方法的不同而变化。

此外，有的研究将所有评价结果等效到同一个参数中，而这一参数通常为经济成本等。这种做法并无牢固可靠的科学依据，所得结果仅供参考，但其易于比较，故经常被采用。本研究采用归一化和等效评价共同进行的量化方法，使方案之间的对比更加明确。

8.1.5 解释

(1) 数据不确定性分析

当各种事前无法控制的外部因素发生变化时，评估方案和结论可能受到影响，这一评估方式称为不确定性分析，它是决策分析中常用的一种方法。通过该分析，可以明确和尽量降低不确定性因素对评价结果的影响，预测评估结论对某些不可预见风险的抵抗能力，从而验证方案的可靠性和稳定性。

进行不确定性分析，需要依靠决策人的知识、经验、信息和对未来发展的判断能力，采用科学的分析方法。通常采用的方法有：①计算方案的损益值，计算各因素引起的不同收益，收益最大的方案为最优方案；②计算方案的后悔值，这里所谓的"后悔"指的是由于对于不肯定因素的判断失误导致采用了非最大收益的方案，这个非最大收益的方案与最大收益的方案之间的收益差值即为"后悔值"；③运用概率求出期望值，即方案比较的标准值，期望值最好的方案为最佳方案；④综合考虑决策的准则要求，不偏离规则[243]。概括地说，不确定性分析可分为盈亏平衡分析、敏感性分析、概率分析和准则分析。

本研究先采用敏感性分析的方法，评价部分不确定因素的变化对最终结果的影响，以评估评价结果的可靠性，再采用概率区间分析的方法，给出结果的变化范围，以提高评价结果的可靠性。

(2) 结论、建议与不足

当数据检验的结果达到要求时，可根据重要事项给出结论，同时提出建议，表明研究的局限性。结论通常包括方案比选的结果，对结果影响较大的因素，数据检验的结果等。再利用评价的数据结论，给出符合逻辑的推论，向决策者提出建议。最后，根据数据、方法等可能存在的不足，陈述结论的不足和局限性。

8.2 透水路面透水性影响的计算模型

透水路面作为海绵城市的重要组成部分，环境影响巨大，评价方法应得到重视。但由于透水路面比较复杂，环境影响非常复杂且涉及多个方面。透水路面使雨水迅速渗入地表，因此在降雨集中时能够减少对排水设施的需求，防止城市内涝泛滥，保证城市交通和财产安全，同时促进雨水下渗，使地下水资源得到及时补充，保持土壤湿度，改善城市地表植物的生存条件；透水路面具有多孔隙结构，起到降低噪声、吸收扬尘的作用，并且在降雨过程中吸附和分解雨水中的污染物，使雨水进入地下之前得到过滤，起到净化水质的作用。

本章从透水路面的透水性能影响出发，从缓解内涝、水循环、水净化三个方面尽可能量化评价透水路面透水性可能带来的环境影响，为透水路面的环保性能评价提供参考，也为后续的研究提供思路。

8.2.1 缓解内涝

城市内涝可能带来大面积的交通阻塞，同时造成财产损失甚至人员伤亡。由于人身和财产损失的程度更多地受到路面之外因素的影响，例如，道路附近的地形、建筑密度和人口密度等，并且这些因素的影响方式尚不明确，因此以交通阻塞来评价透水性能在缓解城市内涝方面的环境影响。

城市内涝带来的交通阻塞对单一车辆而言可以分为两种情况：涉水行驶和绕行。这两种情况都会造成油耗和车辆损耗，从而对环境造成负面影响。本研究以这些参数来评估透水性能在缓解城市内涝方面的作用。

绕行的概率受到许多因素的影响，但与洪水的深度、当地的环境等因素直接有关。为了解绕行概率和各因素的相关性，在安徽省芜湖县进行了一次问卷调查。

调查共有 40 人参加，有效数据 24 份。数据统计的结果表明，100%的受访者认为积水深度是决定是否绕行的主要因素，87.0%的受访者认为绕行距离是决定是否绕行的次要因素。对于积水深度的估算，根据绿化、轮高估算或目测。如图 8.6 所示，受访者选择绕行的临界积水深度各不相同，分散在 0~60cm 的范围内。当面对不同的积水深度时，以左侧对应积水深度下选择绕行司机的比例模拟实际上的绕行比例，进行线性拟合。可以发现，因为存在一个异常值，所以得到的拟合公式拟合度较差。

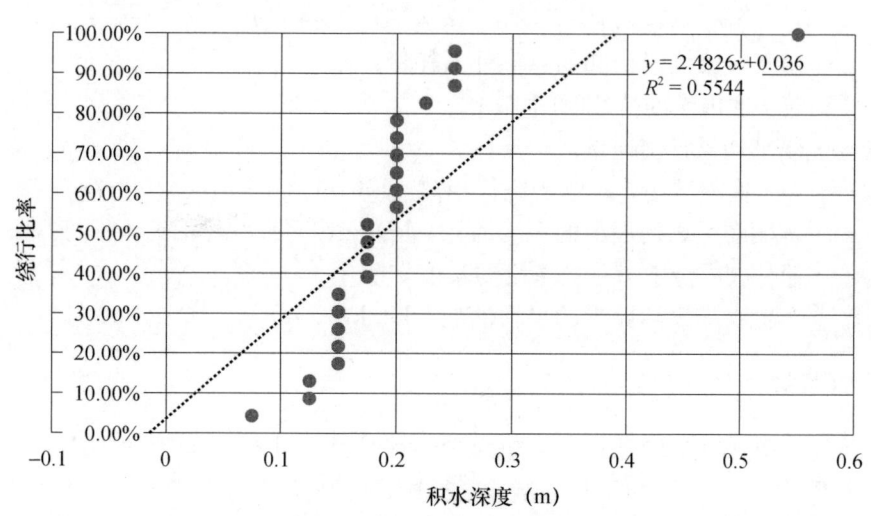

图 8.6　积水深度和绕行比率的关系

去除异常值之后，得到一个新的拟合公式，如图 8.7 所示，相较于之前，拟合度大大提升。由图可知，当水深为 10cm 时，有的司机选择绕行；当水深达到 26cm 时，所有司机选择绕行，并且绕行比率与积水深度大体上呈线性关系。因此，绕行比率与积水深度的相互关系如式（8-21）所示：

$$\beta = 6.23h - 0.62 \tag{8-21}$$

式中　β——车辆的绕行比率；
　　　h——内涝的积水深度。

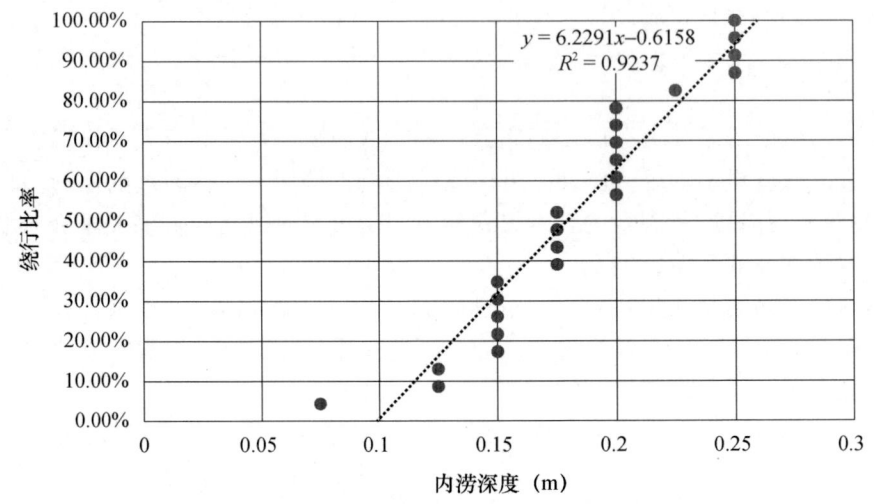

图 8.7　去除异常值后积水深度和绕行比率的关系

根据绕行比率公式以及绕行和涉水行驶时的车辆、道路状况，通过式（8-22）可以得到不同道路路面由于城市内涝造成的额外油耗值，根据需要对不同的路面类型做对比。再根据式（8-1），计算额外燃料消耗带来的额外经济成本和环境影响。当远期情况复杂且难以预测时，可以采用预测的平均值进行计算，这也是大多数情况下的做法。

$$C_f = \sum n_i \times AADT \times [\beta \times d_{1,i} \times \gamma_1 + (1-\beta) \times d_{2,i} \times (\gamma_2 - \gamma_1)] \tag{8-22}$$

式中　C_f——由于城市内涝引起的总额外油耗量；
　　　n_i——第 i 次内涝的持续时间，d；
　　　$AADT$——年平均累日交通量；
　　　$d_{1,i}$——第 i 次内涝中，车辆的绕行距离，km；
　　　γ_1——车辆在干燥地面上的平均油耗，kg/km；
　　　$d_{2,i}$——第 i 次内涝中道路被淹没的长度，km；
　　　γ_2——车辆在淹没道路上的平均油耗，kg/km。

8.2.2　水循环

透水路面的水循环功能是指雨水通过透水路面渗入土壤，起到补充地下水的作用。补充的地下水既可以作为工业用水、农业灌溉用水和居民日常用水，也可以缓解由于地下水超采引起的城市地表下沉。但城市地表下沉的原因是多方面的，如地质活动和城市规划不合理等。以上海为例，自 20 世纪 90 年代以来，尽管回灌量一直大于开采量，但大量的城市高层建筑的存在和普遍的软土地基，使得上海地面依然存在加速下沉的现象。因此，本研究更多地关注透水路面的水循环和供给功能，而将其对地表下沉的影响排除在外。

与密级配的路面相比,透水路面可以显著地减少径流量,但很难完全消除地表径流。并且,透水路面的水循环利用量与当地的降雨量有关,因此透水路面的年平均水循环利用量可以用式(8-23)表示:

$$V = P \times (1-\varphi) \times A_p \times \sigma \tag{8-23}$$

式中 V——透水路面水循环利用量,m³;

P——当地的年降雨量,mm;

φ——路面的径流系数;

A_p——路面面积,m²;

σ——单位协调参数,这里的值为 0.001。

路面的径流系数是指任意时段内径流深度 R 与同时段内降水深度 P 之比,即径流量和降雨量的比值。因为降雨时间内的蒸发并不明显,道路表面通常不存在植物吸取水分的情况,因此对透水路面而言,除去地表径流的部分,其他水分通过路面进入土壤。由于透水路面在材料、结构等方面存在差异,因此径流系数通常为 0.1~0.6。密级配路面的径流系数一般为 0.9 左右,但由于密级配路面不透水,雨水流失的部分通过排水口排入附近水系,并不能起到补充地下水的作用,因此在这一公式的计算中密级配路面的径流系数通常取 1,即水循环利用量为 0。

在这种情况下,密级配补充地下水的能力为 0,而透水路面补充大量地下水,但是这种结果的影响难以评估。工业用水和民用自来水而言,获取地表水和抽取地下水均带来一定的成本支出,而且抽取地下水的成本较高;对农业和绿化灌溉用水而言,浅层的地下水直接被植物吸收,不会对人类活动及相应的经济环境产生影响;地表水用于灌溉,难以避免运输产生的影响。因此,仅从缓解城市绿地灌溉水需求的角度评估透水路面的水循环功能。

首先,计算透水路面的水循环功能,降低灌溉水需求量。这一需求量与植被灌溉的总需求量和透水路面的水循环量有关。实际上,当透水路面的水循环量小于植被灌溉的总需求量时,所有循环水被利用,那么降低的灌溉水需求量等于透水路面的水循环量;当透水路面的水循环量大于植被灌溉的总需求量时,透水路面的水循环量满足植被灌溉的需求,那么降低的灌溉水需求量等于植被灌溉的总需求量。因此,降低的灌溉水需求量等于植被灌溉的总需求量和透水路面的水循环量二者中的较小值。

其次,前文介绍了透水路面的水循环量计算方法,需计算植被灌溉的总需求量。植被灌溉用水的年平均需求量,可以通过参考植物腾发量来计算,如式(8-24)所示:

$$W = (ET_0 \times K - \gamma P) \times S \times \beta \tag{8-24}$$

式中 W——植被灌溉年平均需水量,m³;

ET_0——参考植物腾发量,mm/年;

K——灌溉需水量调整系数,受到植被种类、密度等因素影响,取值范围为 0.5~1.0;

γ——雨水的灌溉有效系数,根据植被和土壤的种类等因素,在 0.45~0.75 之间变化;

P——当地的年降雨量,mm;

S——植被的面积，m^2；

β——单位协调参数，这里的值为 0.001。

植物参考腾发量的值，国内难以直接查询，可以通过当地的气候状况进行预估，预估方法如表 8.2 所示。

表 8.2 气候状况与参考植物腾发量的相互关系

气候	具体气候条件*		参考植物腾发量 ET_0（mm/d）
	气温	相对湿度	
凉爽湿润	低于 21℃	高于 50%	2.54～3.81
凉爽干燥	低于 21℃	低于 50%	3.81～5.08
温暖湿润	21℃ 到 32℃	高于 50%	3.81～5.08
温暖干燥	21℃ 到 32℃	低于 50%	5.08～6.35
炎热湿润	高于 32℃	高于 50%	5.08～7.62
炎热干燥	高于 32℃	低于 50%	7.62～11.43

* 这里的气候条件是指盛夏正午时的气温和湿度

最后，得到植被灌溉的总需求量和透水路面的水循环量的计算方式，计算出透水路面降低的灌溉水需求量，节约的运输能源通过式（8-25）计算，再根据式（8-21）计算额外能源消耗带来的额外经济成本和环境影响。

$$E = n \times d \times \alpha \times \min\{P \times (1-\varphi) \times A_p \times \sigma, (ET_0 \times K - \gamma P) \times S \times \beta\} \quad (8\text{-}25)$$

式中 E——透水路面节约的能源消耗，kW；

n——评价的时间范围，年；

d——灌溉水的运输距离，与城市规划、地理状况等相关，km；

α——灌溉水的运输效率，$kWh/t \cdot km$（由于通常采用管道运输，所以消耗的能源大多为电力。由于技术水平和管道种类的不同，取值为 0.025～0.1 $kWh/t \cdot km$）。

8.2.3 水净化

在降雨之后，雨水流过透水路面的过程中，多孔的物理结构以及多种化学成分和内部的微生物群落都对雨水产生净化作用。雨水中的污染物种类十分复杂，综合考虑污染物的环境、人类危害性以及影响评价的方便性，选取具有严重人体毒性的重金属物质和对环境影响较大的富营养化物质，作为典型的雨水污染物。在重金属中，通常以铅（Pb）和锌（Zn）的浓度作为评价的指标；在富营养化物质中，通常以总磷（TP）和总氮（TN）的浓度作为评价指标。雨水对这些污染物的净化功能强弱，通常以各种污染物的移除率来表示，这一移除比率与透水路面结构、材料和厚度均有一定的关系。透水路面的经济和环境影响，以污染物的移除量进行评价，与污染物移除比例的关系通过式（8-26）计算，其中 $i=1,2,3,4$ 分别代表 Pb，Zn，TP，TN 的有关参数。

$$\Delta M_i = \gamma_i \times \beta_i \times P \times A_p \times n \quad (8\text{-}26)$$

式中 ΔM_i——透水路面带来的 i 种污染物移除量，kg；

γ_i——i 种污染物的基础浓度，kg/L；

β_i——i 种污染物的移除率；

P——当地的年平均降雨量，mm；

A_p——路面面积，m^2；

n——评价的时间范围，年。

在这些参数中，污染物基础浓度和移除率数据的直接测试方法如下：当 24h 内的降雨强度超过 13mm 且降雨前 24h 内无降雨时，将若干 2L 玻璃瓶置于不透水路面的排水口处，收集路面地表径流的雨水，同时在透水路面的碎石路基底部放置溢流管，收集透水路面渗滤后的雨水。滤去这些雨水样本中的大颗粒后置于低温下保存，直到进行污染物浓度测试。地表径流污染物浓度测试的结果可作为污染物的背景浓度，而污染物的移除率可以通过式（8-27）计算：

$$\beta_i = (\gamma_i - \gamma_{i,p})/\gamma_i \tag{8-27}$$

式中 $\gamma_{i,p}$——透水路面渗滤后的雨水污染物浓度，kg/L。

实地测试的结果比较准确，但如在路面设计过程中或者气候相对干燥的情况下，实地测试难以进行。在这种情况下，雨水中污染物的基础浓度，可以通过相近条件下的路面类比获得。透水路面的污染物移除率，也可以采用数据拟合的方式进行模拟预测。国内外许多研究对透水路面污染物去除率进行了研究和数据拟合，可直接采用相对可靠的研究成果。

透水路面对雨水中引起富营养物质（TP/TN）的去除率与透水路面级配碎石层的厚度线性相关，并且与级配碎石层的最大粒径有关，如式（8-28）至式（8-33）所示[244]。其中 h_{63}，h_{40} 和 h_{12} 是级配碎石层的厚度（mm），R^2 是关系式的回归系数。

TP 的移除率：

63mm 最大粒径：$R_{TP\_63} = 0.110 h_{63} + 19.75$　　$R^2 = 0.996$　　(8-28)

40mm 最大粒径：$R_{TP\_40} = 0.085 h_{40} + 26.16$　　$R^2 = 0.964$　　(8-29)

12mm 最大粒径：$R_{TP\_12} = 0.120 h_{12} + 23.73$　　$R^2 = 0.973$　　(8-30)

TN 的移除率：

63mm 最大粒径：$R_{TN\_63} = 0.005 h_{63} + 1.577$　　$R^2 = 0.936$　　(8-31)

40mm 最大粒径：$R_{TN\_40} = 0.004 h_{40} + 1.202$　　$R^2 = 0.981$　　(8-32)

12mm 最大粒径：$R_{TN\_12} = 0.007 h_{12} + 0.599$　　$R^2 = 0.926$　　(8-33)

透水路面对雨水中重金属（Pb/Zn）的去除率与透水路面的孔隙率线性相关，如式（8-34）和（式 8-35）所示[245]，其中 γ 是透水路面的孔隙率。

Pb 的移除率：$R_{Pb} = 0.630\gamma + 28.485$　　$R^2 = 0.858$　　(8-34)

Zn 的移除率：$R_{Zn} = 0.738\gamma + 23.224$　　$R^2 = 0.992$　　(8-35)

由此一个看似不合理的结论，即重金属的去除率随孔隙率的增加而增加。值得注意的是，重金属移除率与空隙率的关系仅适用于孔隙率在 10%～30% 的范围内，超出这一范围时公式存在很大的误差。那么，在这一范围内，当透水路面的孔隙率增大时，相当于筛孔的空隙变大，物理过滤作用减弱；但由于空隙整体的增加，其与道路材料之间的接触更加充分，因此化学和生物净化作用进一步增强。因此，孔隙率增大有可能导致重金属移除作用的增强，即以上公式是合理的。

8.3 寿命周期经济成本与环境影响评价工具开发及应用

8.3.1 评价工具介绍

评价工具的名称为路面寿命周期综合评价系统，基于 Java 语言开发，采用 MySQL 数据库。该工具现已开放网络注册和使用，网址为 http://lca.gowisdom.org。这一工具系统分为三个模块：用户模块、数据库模块和评价模块。

8.3.2 用户模块

本系统包含用户模块，新用户通过注册来使用系统功能与服务，老用户可直接登录。系统注册和登录页面如图 8.8 所示。注册用户填写用户名、姓名以及密码，用户名不能与系统已有用户名重复。新注册用户默认为普通权限，管理员可以修改用户权限，将普通权限改为管理员权限，即将普通用户提升为管理员。

(a) 注册　　　　　　　　　　　　(b) 登录

图 8.8　评价工具：注册和登录界面

管理员用户登录后界面如图 8.9 和图 8.10 所示。顶端导航栏右侧第一个按钮显示当前系统语言，单击后切换语言，第二个按钮显示当前登录用户的姓名，单击后查看详细个人信息或者注销用户。左边菜单栏包含首页、LCA 工具、清单分析数据库。其中 LCA 工具可进行数据处理和分析，清单分析数据库包括材料清单、运输清单、机械清单、燃料清单，均为 LCA 计算所需数据，用户可以自行添加或修改数据，从而提供 LCA 计算所需的数据支撑。

第8章 路面寿命周期经济成本与环境影响综合评价

图 8.9　评价工具：用户界面

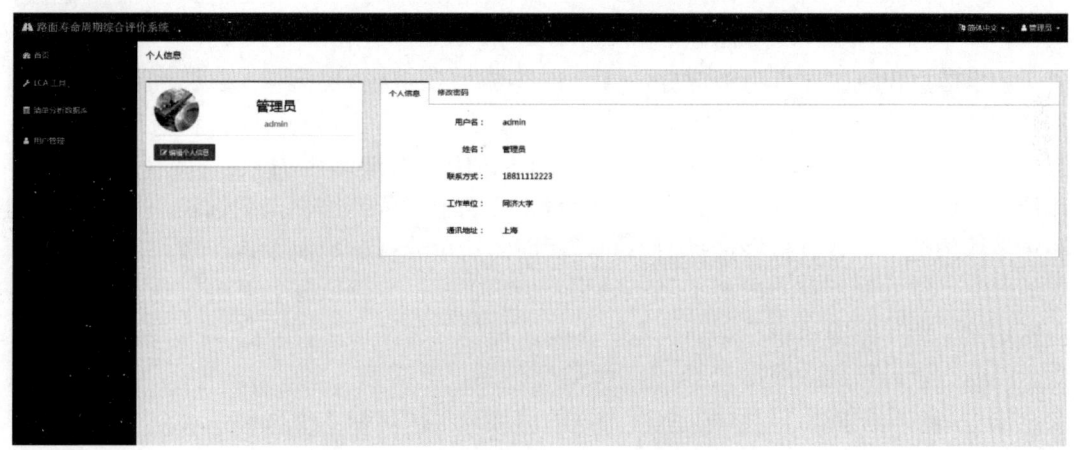

图 8.10　评价工具：用户信息界面

8.3.3　数据库模块

清单分析数据库主要包含 LCA 工具计算过程中所需的各种数据记录，用户可在清单分析数据库中自行添加或修改计算所需数据，并将数据用于自己的 LCA 计算。清单分析数据库包含四个清单数据库，分别为材料清单、运输清单、机械清单、燃料清单。每个清单数据库界面包含查询条件和清单列表面板，用户可通过查询条件进行搜索，也可以添加、修改或删除清单数据，如图 8.11 所示。请注意，普通用户只能修改和删除自己添加的记录，无权修改、删除其他用户添加的记录，不过可以在 LCA 工具中使用所有的清单记录，管理员用户不受限制地修改、删除所有清单记录。

8.3.4　评价模块

评价工具为用户提供路面寿命周期经济成本与环境影响评价功能，而这一功能是通过评价模块实现的。评价过程主要分为四个功能步骤，也把评价模块分为基本信息、清单分析、影响评价、结果输出四个部分。

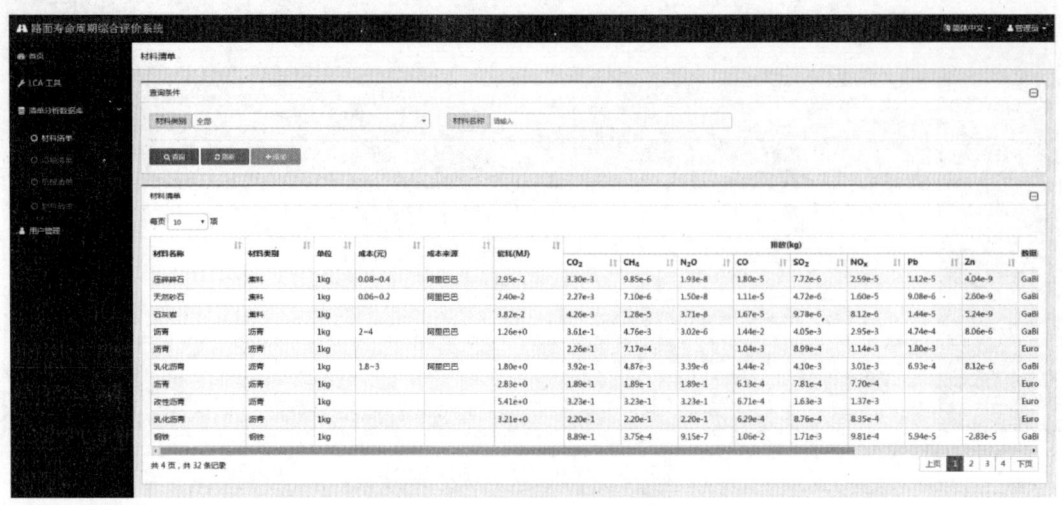

图 8.11　评价工具：数据库界面

基本信息模块主要分为两部分：目标和范围选择、结构层信息。目标和范围选择如图 8.12 所示，其中包括阶段范围和评价范围选择。阶段范围包括原材料获取、运输与施工、养护、使用（反射率）、使用（透水率）、使用（滚动阻力）、回收等七个阶段，评价范围包括能耗、碳排放、酸化、富营养化等四个评价。用户至少选择一个阶段范围和一个评价范围，并且根据选择的不同，后面的清单分析、影响评价、结果输出进行相应的调整。结构层信息如图 8.13 所示，包含路面基本信息和每个面层信息。基本信息包括路面类型、路面长度、路面宽度。本系统提供三种路面类型，分别为沥青路面、混凝土路面、铺砖路面，根据选择的路面类型不同，所需输入的各个结构层信息随之改变。每个结构层中的下拉选择框根据不同的选择要求用户输入不同的信息。每个输入框中有相应的提示文字，输入框末尾有相应的数据单位。

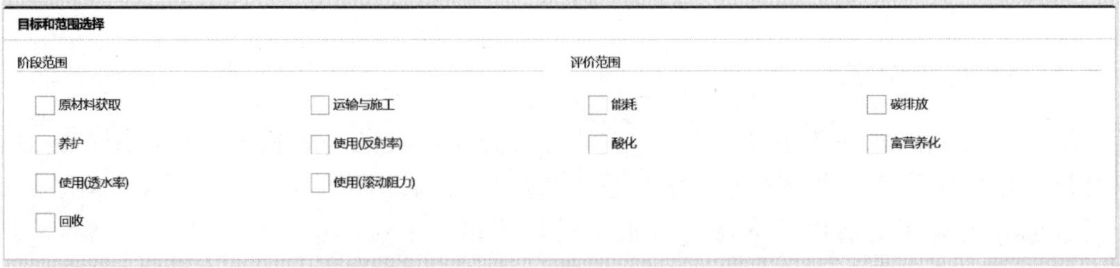

图 8.12　评价工具：评价范围选择

用户完成基本信息输入后，单击页尾的清单分析按钮，进入清单分析步骤。清单分析包括七个阶段部分，图 8.14 是原材料获取阶段，用户可在对应面板完成每项清单分析。

完成清单分析后，进入影响评价环节，包括能耗评价、温室效应评价、酸化评价、富营养化评价以及总的经济环境成本计算。用户选择具体使用的数据集，然后进行相应的评价计算，最后输入成本参数计算环境经济成本。

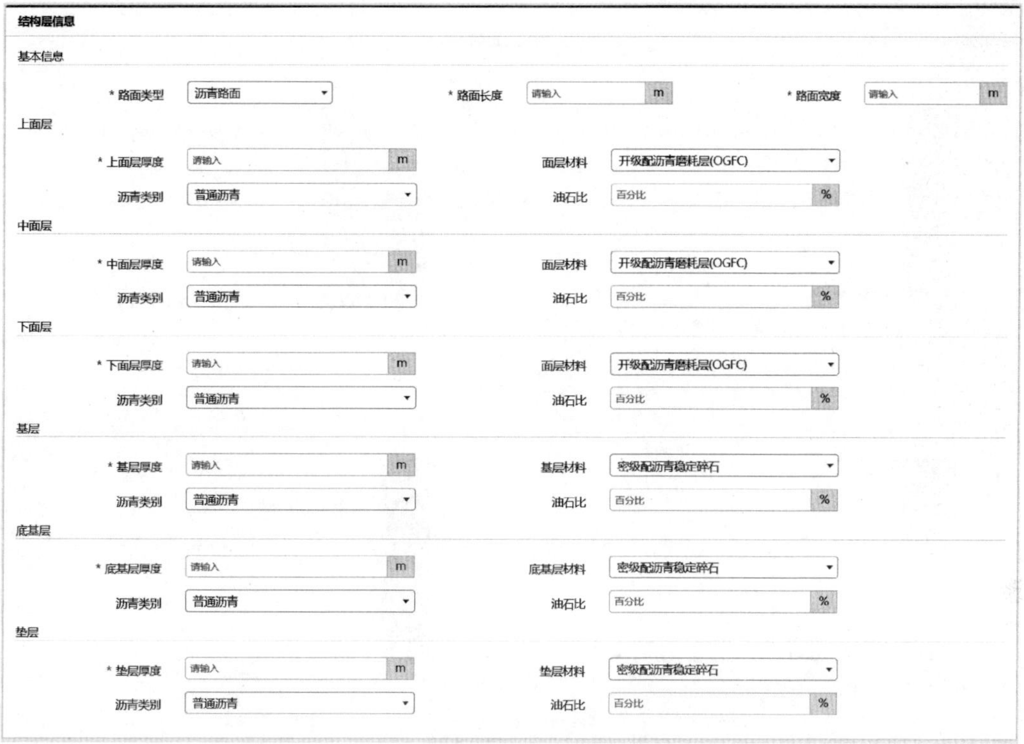

图 8.13　评价工具：路面结构层信息

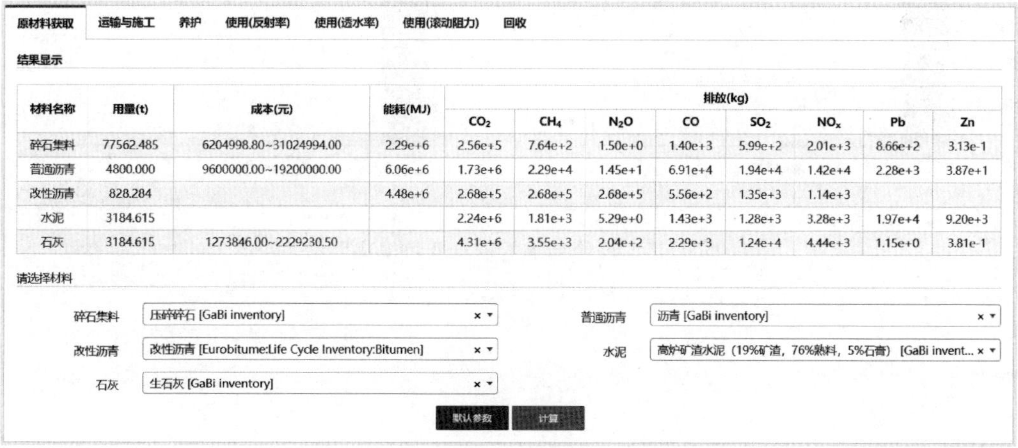

材料名称	用量(t)	成本(元)	能耗(MJ)	排放(kg)							
				CO_2	CH_4	N_2O	CO	SO_2	NO_x	Pb	Zn
碎石集料	77562.485	6204998.80~31024994.00	2.29e+6	2.56e+5	7.64e+2	1.50e+0	1.40e+3	5.99e+2	2.01e+3	8.66e+2	3.13e-1
普通沥青	4800.000	9600000.00~19200000.00	6.06e+6	1.73e+6	2.29e+4	1.45e+1	6.91e+4	1.94e+4	1.42e+4	2.28e+3	3.87e+1
改性沥青	828.284		4.48e+6	2.68e+5	2.68e+5	2.68e+5	5.56e+2	1.35e+3	1.14e+3		
水泥	3184.615			2.24e+6	1.81e+3	5.29e+0	1.43e+3	1.28e+3	3.28e+3	1.97e+4	9.20e+3
石灰	3184.615	1273846.00~2229230.50		4.31e+6	3.55e+3	2.04e+2	2.29e+3	1.24e+4	4.44e+3	1.15e+0	3.81e-1

图 8.14　原材料获取阶段的清单分析

完成清单分析和影响评价后，进入结果输出界面，系统将本次计算结果以图表形式进行可视化展现。结果输出包括清单分析结果、影响评价结果、数据分析结果，如图 8.15 所示。

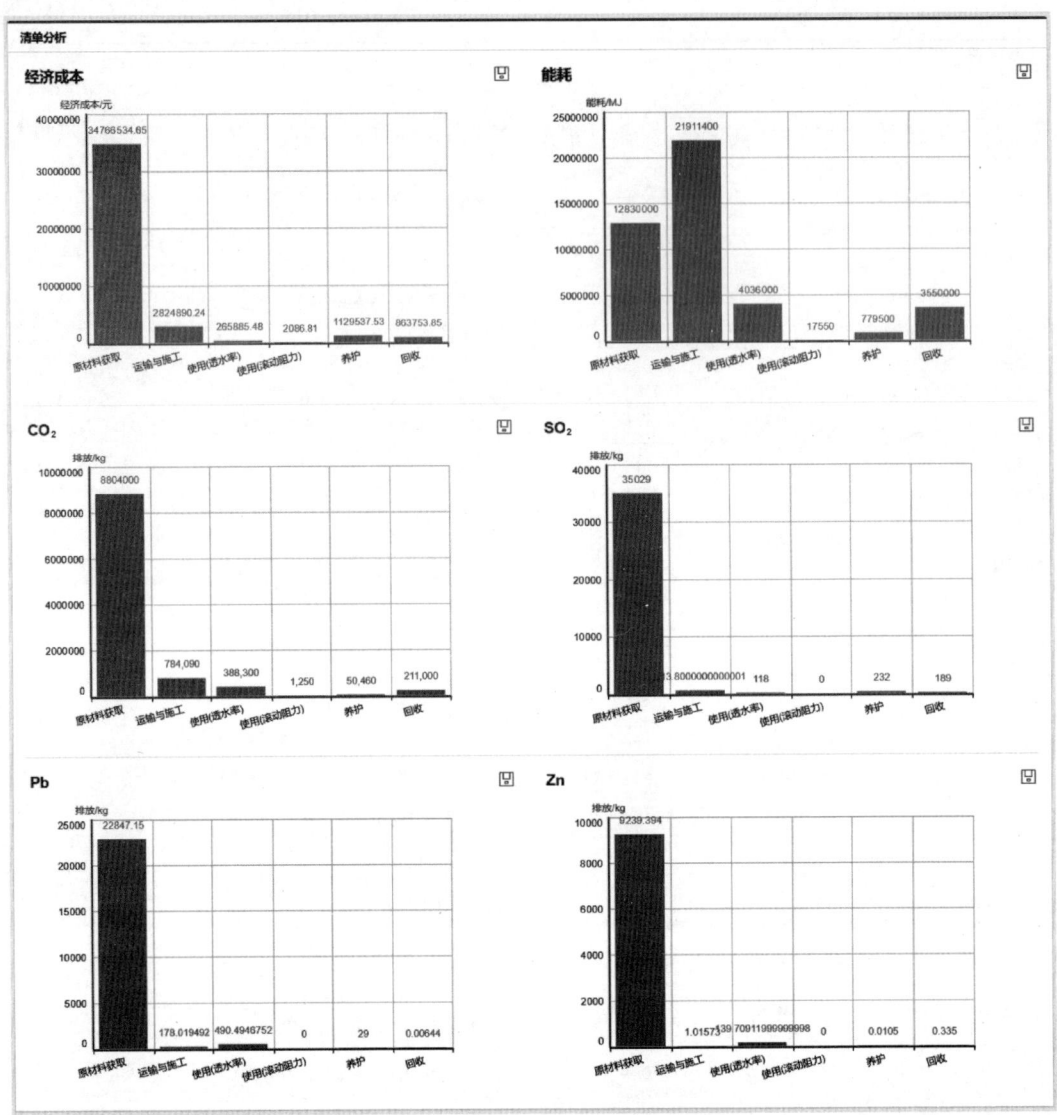

图 8.15　评价结果的输出及可视化展示

第 9 章 工程应用案例

本章主要介绍透水路面的工程应用,以河北省曲港高速公路安国服务区(南区)、郑州荥阳市京襄城遗址生态园休闲步道工程、上海茸吉路车行道工程为例,展示透水铺装的工程应用案例。

9.1 河北省曲港高速公路安国服务区(南区)

9.1.1 工程简介

传统的高速公路的服务区因采用高吸热、不透水的工程材料造成服务区局部温度过高、产生地表径流、增大雨洪风险及水污染等问题,从而对环境造成负面影响。在高速公路服务区建设过程中引入低影响开发的理念,使用全新的低吸热、凉爽、透水透气材料,在建设开发的同时保存或恢复原有的生态环境与功能,降低开发对环境的影响,构建绿色环保、低碳节能、用户友好、环境友好的低热岛效应绿色生态服务区,促进公路服务区的可持续发展。河北省曲港高速公路安国服务区(南区)位于河北曲港高速曲阳至肃宁段,是我国首个高速公路生态海绵服务区。该项目总占地 4.4 公顷,透水铺装分别用于服务区广场、小车停车场、客车停车场(全透水路面结构)以及部分货(重)车停车场(排水路面结构),透水铺装建设面积约为 $2\times10^4 \text{m}^2$。并拟对透水铺装区域进行长达三年的性能检测,对环境影响进行长期的性能评价。其规划平面图如图 9.1 所示。

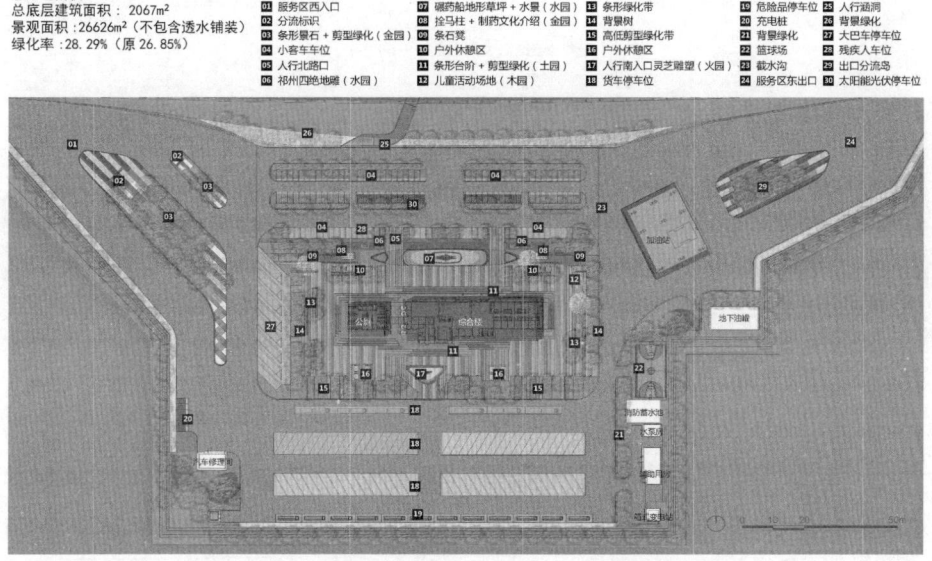

图 9.1 安国服务区(南区)规划平面图

服务区小汽车停车区、中巴车停车区、广场和篮球场全部为全透水铺装，重车区部分为排水路面，服务区绿地均为下沉式绿地，透水铺装结构设计如图9.2所示。透水铺装面层均采用透水水泥混凝土，根据不同的车辆类型，采用不同的强度等级，透水基层采用细石调平层和大粒径级配碎石组合结构，为了防止因基层强度弱而导致面层过早产生变形，在客车停车区采用土工格室加强设计。施工完成后，现场如图9.3所示。

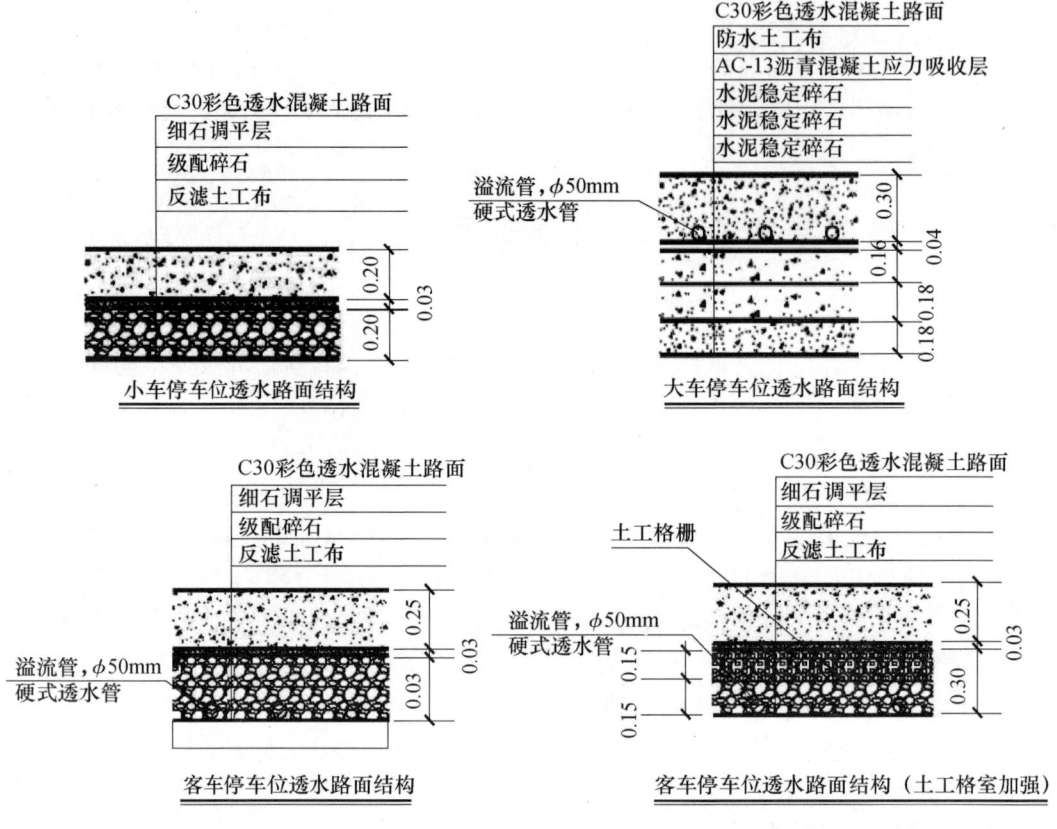

图9.2 透水路面结构

图9.3 服务区现场

9.1.2 工程现场测试

安国服务区（南区）作为国内首例采用全透水铺装的低影响开发示范区，工程竣工前后，对路面的各项性能进行现场测试，包括透水系数、抗滑性能、弯沉等。

现场施工完成后,对小车停车区和广场路面的透水系数进行现场测试,如图9.4所示。小汽车停车区面层厚度比广场区域大10cm,在喷涂保护剂前后,透水系数变化不大,而广场区域透水系数在喷涂保护剂前后差异较大,这是由于小车区域考虑到汽车的磨耗,保护剂种类不同,而且涂布量更大。现场路面的摩擦系数测试结果如图9.4、图9.5和图9.6所示。不同的区域在喷涂保护剂前后,BPN值都有一定程度的下降,根据《公路沥青路面养护技术规范》(JTJ 073.2)的要求,雨天沥青路面的BPN值不能小于45,现场试验结果基本符合规范的要求。

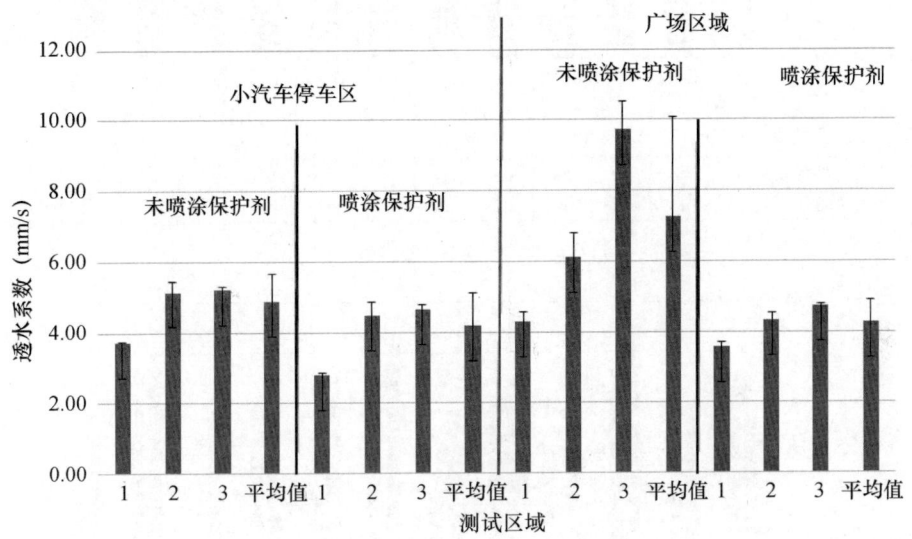

图9.4 不同区域喷涂保护剂前后透水系数

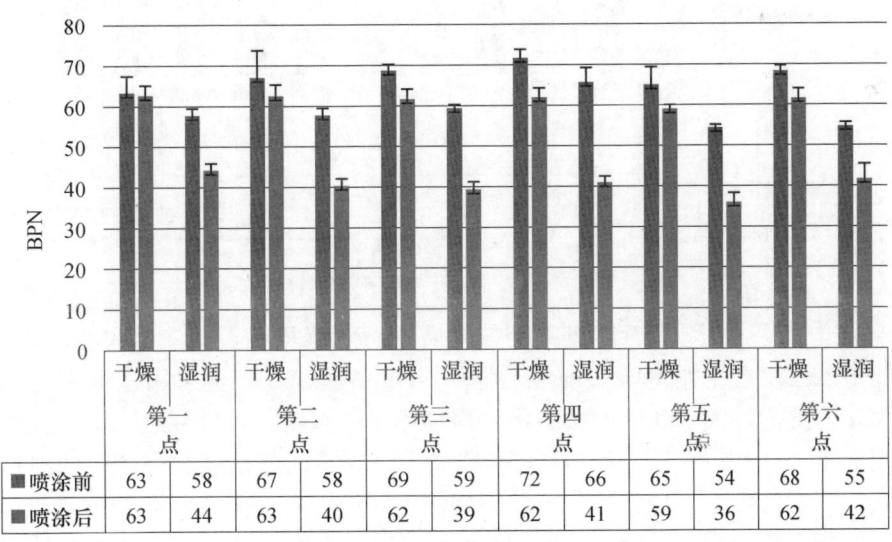

	第一点		第二点		第三点		第四点		第五点		第六点	
	干燥	湿润	干燥	湿润	干燥	湿润	干燥	湿润	干燥	湿润	干燥	湿润
■喷涂前	63	58	67	58	69	59	72	66	65	54	68	55
■喷涂后	63	44	63	40	62	39	62	41	59	36	62	42

图9.5 小汽车区域BPN值

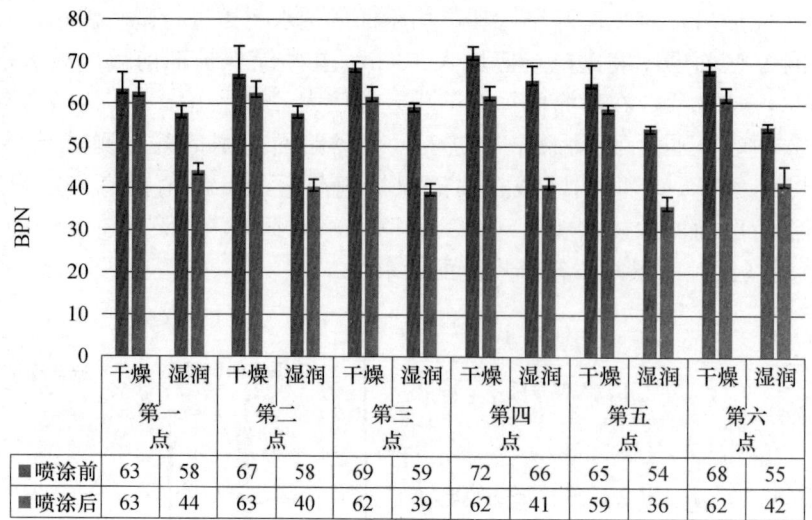

图 9.6 广场区域 BPN 值

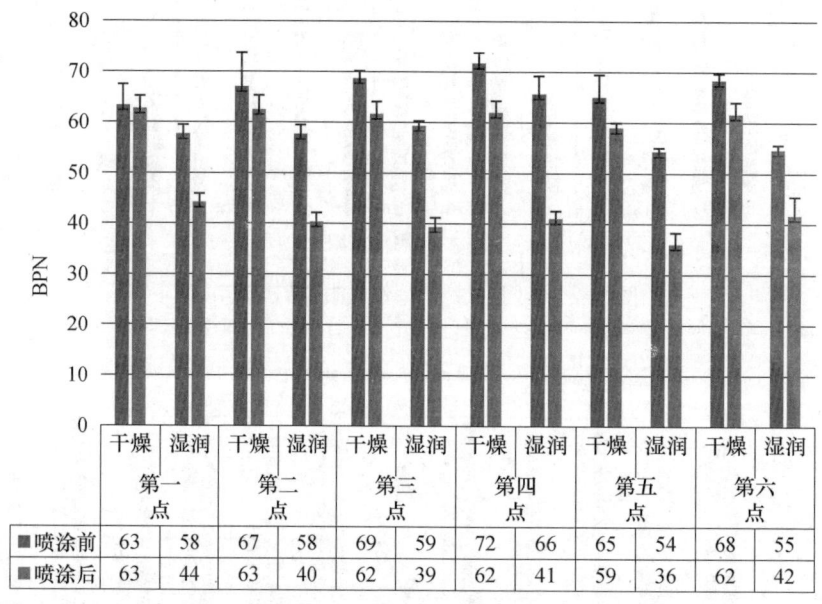

图 9.7 大巴车区域 BPN 值

采用标准 FWD 检测车辆对服务区各区域进行弯沉检测，检测结果如图 9.8 所示。服务区的出入口位置采用 AC-13 沥青面层，弯沉值最小。其他采用透水水泥混凝土面层的结构，弯沉值均大于沥青面层结构。现场弯沉检测时，各区域透水水泥混凝土面层养护时间不足 28d，广场面层处于中心区域最先完工，而其他区域完工时间滞后，导致不同区域的面层弯沉产生较大的差异。虽然养护时间不足，但是后期养护对于透水混凝土强度的增长影响较小。FWD 检测结果表明，与密集配沥青结构相比，全透水水泥混凝土结构相对较弱，全透水铺装的重载应用还需进一步研究。

第 9 章 工程应用案例

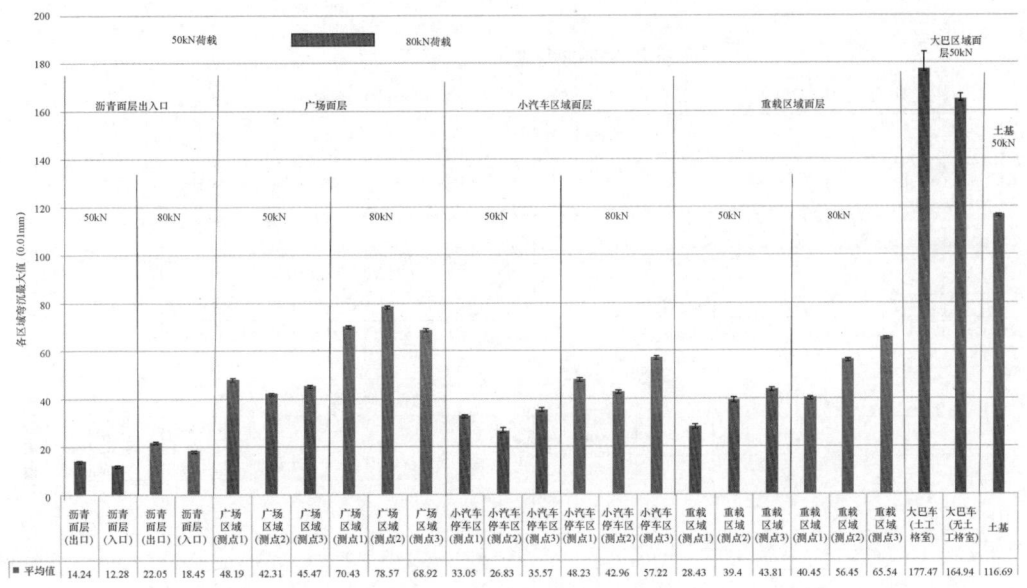

图 9.8　各区域 FWD 测试结果

9.1.3　透水铺装温度与水位监控系统

采用透水铺装可有效减少路面积水,从而减少行车水雾,保障驾驶安全。此外,透水路面还能起到净化水质、减少扬尘、降低热岛效应、补充地下水的作用。安国服务区（南区）低影响开发示范区为国内首例采用全透水铺装的工程案例,为获取第一手的现场工程数据,通过在路面结构内部埋设传感器实时监控透水铺装结构内部水位和温度变化情况,如图 9.9 所示。采用美国先进的数据采集器,采集小汽车、广场、中巴车、沥青路面不同层位（4cm、10cm、33cm、83cm）的温度和土基顶部水位数据,这些数据为透水铺装的后续研究提供数据支持,并且为服务区路面提供长期性能检测和养护决策支持,如图 9.10 所示。

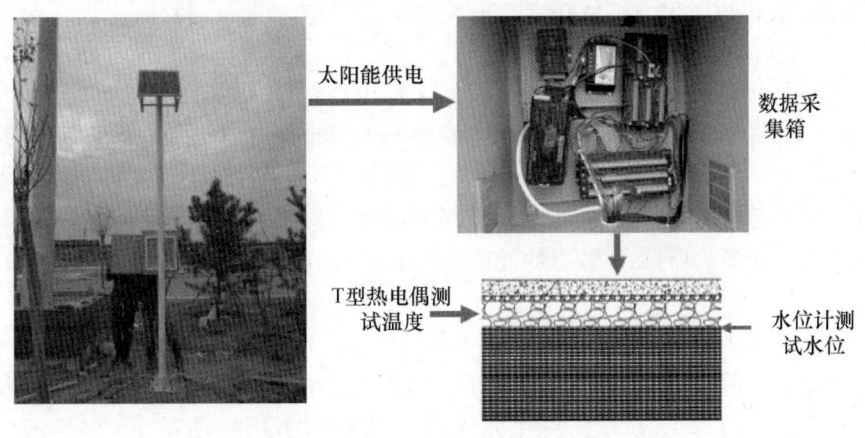

图 9.9　数据采集系统

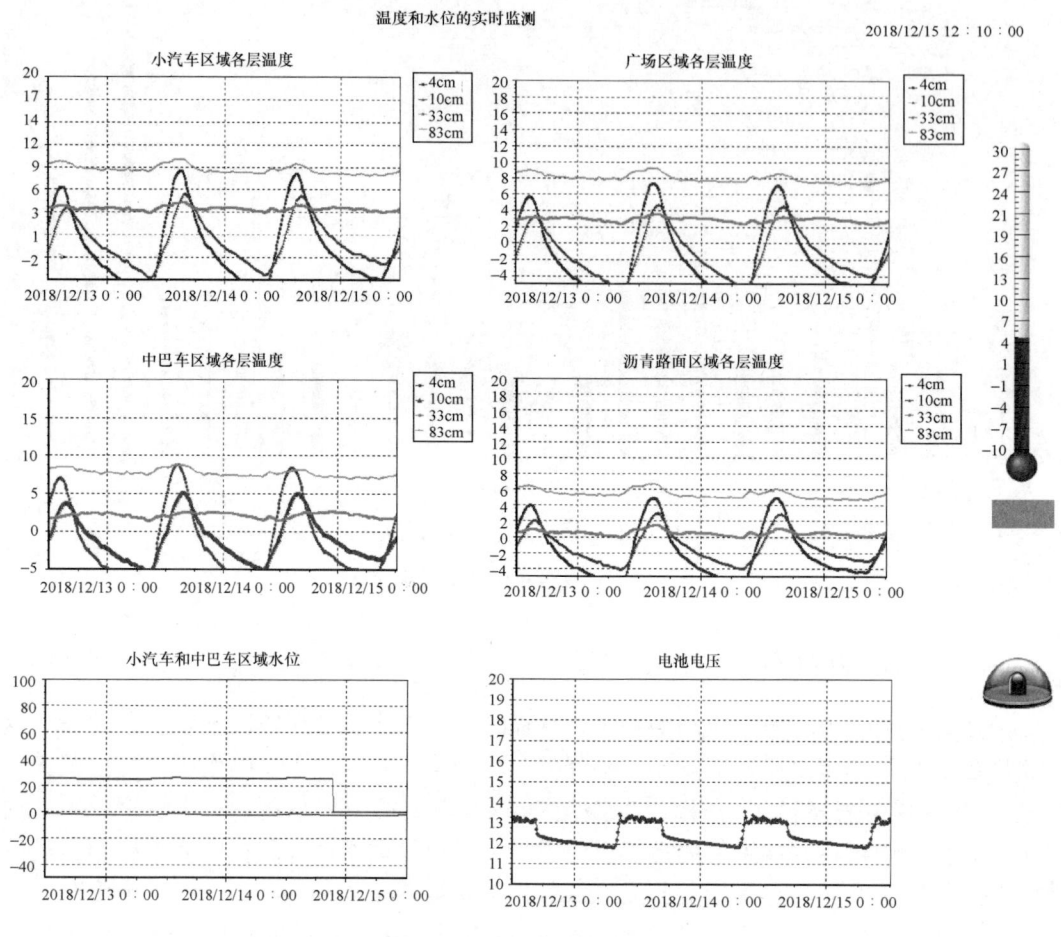

图 9.10 远程实时控制界面

9.2 郑州荥阳市京襄城遗址生态园休闲步道工程

郑州荥阳市京襄城遗址生态园休闲步道工程项目，位于河南省郑州市荥阳市京襄城遗址生态园，坐落于荥阳市东南 10km 的京襄城村周围，是荥阳市委、市政府 2009 年的重点工程之一，总占地面积约 49.3 公顷。建设的休闲步道采用彩色透水混凝土结构，该种路面结构具有透水功能，可迅速排出路面雨水，降低出现雨水径流的风险，并具有水净化、透气、降温、降噪等生态功能。大面积的使用可降低城市雨洪风险和缓解城市热岛效应。

休闲步道透水试验路全长 500m，宽 3m，从上至下依次为 3cm C20 彩色透水混凝土上面层，5cm C20 透水混凝土下面层，2cm 粗砂调平层，20cm 级配碎石层，反滤土工布和压实土基，如图 9.11 所示。施工完成后，现场如图 9.12 所示。

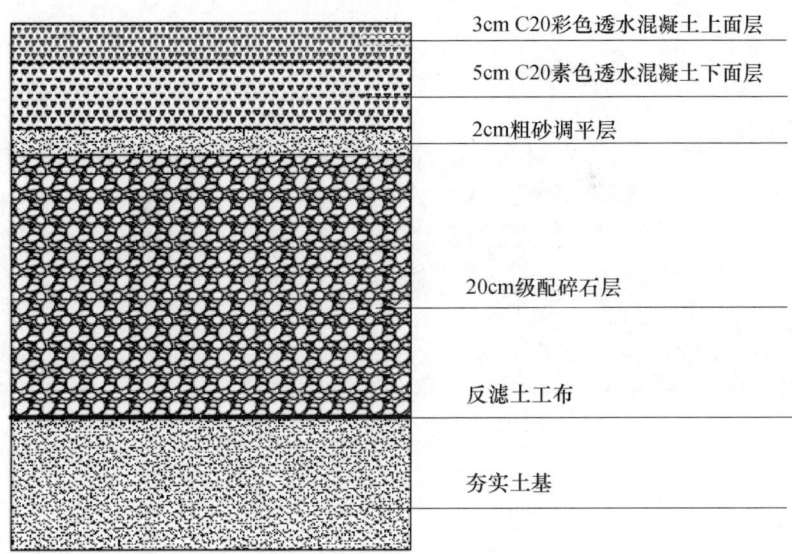

图 9.11　休闲步道彩色透水路面结构横断面示意图

图 9.12　现场彩色透水铺装路面展示

9.3　上海茸吉路路面工程

上海茸吉路位于松江区茸宁路-茸凯路路段，该路段长 148.5m，宽 16m，该车行道采用排水结构，面层采用透水水泥混凝土材料，设计强度等级 C35，抗压强度 36MPa，抗弯拉强度 4.5MPa。在 2017 年 9 月初建成并通过三方验收，是中国第一条通过正式验收的透水混凝土市政重载机动车道，如图 9.13 所示。

图 9.13　上海茸吉路透水水泥排水路面

9.4　本章小结

本章分别展示了高速公路服务区、步行道和车行道三类透水铺装工程应用案例，其中高速公路服务区和步行道工程均采用了全透水铺装，而上海茸吉路路面工程采用的是排水铺装。我国虽然早在 20 世纪末就引进了透水铺装，但在近 30 年间，透水铺装在我国的应用案例仍然相对较少，并且应用范围主要以轻载交通道路、人行道和广场等为主，本文提到的曲港高速生态服务区则是我国第一例全透水铺装示范工程，透水铺装在我国的推广仍然相对较少。制约透水铺装推广的主要原因在于其较低的承载力和耐久性，缺乏合适的材料与结构一体化的设计方法。虽然透水铺装的缺陷非常明显，但其优异的生态功能不容忽视。与传统密集配不透水铺装相比，透水铺装具有透水、降温、降噪、抗滑、水净化等多重生态功能，这顺应绿色、可持续交通的发展需求，符合国家建设海绵城市的发展战略。

参 考 文 献

[1] 李兰,李锋."海绵城市"建设的关键科学问题与思考[J].生态学报,2018,38(07):2599-2606.

[2] CLAR M. Pembroke Woods: Lessons Learned in the Design and Construction of an LID Subdivision: Proceedings of the Watershed Management Conference, 2005 [C].

[3] 住房城乡建设部.海绵城市建设技术指南——低影响开发雨水系统构建(试行)[M].北京:建筑工业出版社,2015.

[4] CONLIN J W P F K. Flooding Issues Advisory Commitee Avoidance Sub-committee [J]. 1997.

[5] WONG T. An Overview of Water Sensitive Urban Design Practices in Australia [J]. Water Practice & Technology, 2005.

[6] 王晓锋,刘红,袁兴中,等.基于水敏性城市设计的城市水环境污染控制体系研究[J].生态学报,2016,36(01):30-43.

[7] C. MUHLFELD C. A Fine-scale Assessment of Using Barriers to Conserve Native Stream almonids: A Case Study in Akokala Creek, Glacier National Park, USA [J]. The Open Fish Science Journal, 2012, 5 (1): 9-20.

[8] 王俊岭,王雪明,张安,等.基于"海绵城市"理念的透水铺装系统的研究进展[J].环境工程,2015,33(12):1-4.

[9] KUMAR K K J H L. In-situ infiltration performance of different permeable pavements in a employee used parking lot-A four-year study [J]. Journal of environmental management, 2016 (167): 8-14.

[10] GUTHRIE W S, CARSON B D, DENNIS L E. Effects of soil clogging and water saturation on freeze-thaw durability of pervious concrete [J]. Transportation Research Board, 2010.

[11] 许淼.水泥土无侧限抗压强度影响因素研究[D].西安:西北农林科技大学,2015.

[12] 范凌燕.水泥土无侧限抗压强度影响因素的灰色关联度分析[J].铁道科学与工程学报,2016,13(3):476-479.

[13] 王海龙,申向东.水泥掺量对固化土早期结构形成的影响[J].硅酸盐通报,2011,30(2):469-473.

[14] 粉喷桩复合地基理论与工程应用[M].北京:中国建筑工业出版社,2006.

[15] 王珊珊,卢成原,孟凡丽.水泥土抗剪强度试验研究[J].浙江工业大学学报,2008(4):456-459.

[16] 阮波,彭学先,邓林飞.水泥土抗剪强度参数试验研究[J].铁道科学与工程学报,2016,13(4):662-668.

[17] 杨廷玉,张国忠,张同伟,等.水泥固化土的室内三轴试验研究[J].黑龙江工程学院学报,2015,29(6):26-29.

[18] 韩华强,陈生水,傅华,等.水泥胶凝砂土动力特性研究[J].岩土工程学报,2016,38(S2):54-60.

[19] 宋新江,徐海波,周文渊,等.水泥土应力-应变特性真三轴试验研究[J].岩土力学,2016,37

(9): 2489-2495.

[20] 杨俊杰, 袁伟, 许绍帅, 等. 水泥土渗透性的室内试验研究 [J]. 广东公路交通, 2012 (2): 13-16.

[21] 张精禹, 陈四利, 李艳宇, 等. 水泥土渗透系数的试验研究 [J]. 施工技术, 2015, 44 (S1): 608-610.

[22] 庞文台, 申向东. 复合水泥土抗渗性能的试验研究 [J]. 硅酸盐通报, 2012, 31 (6): 1617-1620, 1625.

[23] 袁荣宏, 白杰, 吴桂芬. 水泥土渗透系数随围压变化的试验研究 [J]. 水利水运工程学报, 2012 (5): 13-17.

[24] 傅小姝, 王江营, 张贵金, 等. 不同pH值下水泥土力学与渗透特性试验研究 [J]. 铁道科学与工程学报, 2017, 14 (8): 1639-1646.

[25] 倪春雷. 腐蚀-应力-温度耦合作用下水泥土渗透特性的试验研究 [D]. 沈阳: 沈阳工业大学, 2016.

[26] 陶高梁, 吴小康, 杨秀华, 等. 水泥土的孔隙分布及其对渗透性的影响 [J]. 工程地质学报, 2018, 26 (5): 1243-1249.

[27] 鲍俊安, 杨平, 彭玉龙. 水泥土渗透性及强度与冻胀性关系研究 [J]. 铁道建筑, 2013 (2): 60-62.

[28] BOQUET E, BORONAT A, RAMOS-CORMENZANA A. Production of calcite (calcium carbonate) crystals by soil bacteria is a general phenomenon [J]. Nature, 1973, 246 (5434): 527-529.

[29] WHIFFIN V S. Microbial $CaCO_3$ precipitation for the production of biocement [D]. Perth: Murdoch University, 2004.

[30] CIURLI S, BENINI S, RYPNIEWSKI W R, et al. Structural properties of the nickel ions in urease: Novel insights into the catalytic and inhibition mechanisms [J]. Coordination Chemistry Reviews, 1999, 190-192 (1): 331-355.

[31] HAMDAN N, JR. E K, RITTMANN B E, et al. Carbonate mineral precipitation for soil improvement through microbial denitrification [J]. Geomicrobiology Journal, 2013, 34 (2): 139-146.

[32] WARTHMANN R, LITH Y V, VASCONCELOS C, et al. Bacterially induced dolomite precipitation in anoxic culture experiments [J]. Geology, 2000, 28 (2000): 1091.

[33] WEAVER T J, BURBANK M, LEWIS R, et al. Bio-induced calcite, iron, and manganese precipitation for geotechnical engineering applications [C] // Geo-frontiers Conference Paper Acse Geotechnical Special Publication 211 pp, 2011.

[34] DASH S K, BORA M C. Improved performance of soft clay foundations using stone columns and geocell-sand mattress [J]. Geotextiles and Geomembranes, 2013, 41: 26-35.

[35] AL-THAWADI S. Ureolytic bacteria and calcium carbonate formation as a mechanism of strength enhancement of sand [M]. 1. 2011: 98-114.

[36] CHENG L, CORD-RUWISCH R. Selective enrichment and production of highly urease active bacteria by non-sterile (open) chemostat culture [J]. Journal of Industrial Microbiology & Biotechnology, 2013, 40 (10): 1095-1104.

[37] 麻强. 微生物注浆加固砂土地基的抗液化能力研究 [D]. 北京: 清华大学, 2013.

[38] 赵茜. 微生物诱导碳酸钙沉淀 (MICP) 固化土壤试验研究 [D]. 北京: 中国地质大学 (北京), 2014.

[39] KIM G, KIM J, YOUN H. Effect of temperature, pH, and reaction duration on microbially induced calcite precipitation [M]. 8. 2018: 1277.

[40] MORTENSEN B M, DEJONG J T. Strength and stiffness of MICP treated sand subjected to various stress paths [J]. Geotechnical Special Publication, 2011 (211): 4012-4020.

[41] QABANY A A, SOGA K, SANTAMARINA C. Factors affecting efficiency of microbially induced calcite precipitation [J]. Journal of Geotechnical & Geoenvironmental Engineering, 2012, 138 (8): 992-1001.

[42] NEMATI M, VOORDOUW G. Modification of porous media permeability, using calcium carbonate produced enzymatically in situ [J]. Enzyme & Microbial Technology, 2003, 33 (5): 635-642.

[43] DEJONG J T, FRITZGES M B, NüSSLEIN K. Microbially induced cementation to control sand response to undrained shear [J]. Journal of Geotechnical and Geoenvironmental Engineering, 2006, 132 (11): 1381-1392.

[44] WHIFFIN V S, VAN PAASSEN L A, HARKES M P. Microbial carbonate precipitation as a soil improvement technique [J]. Geomicrobiology Journal, 2007, 24 (5): 417-423.

[45] HARKES M P, BOOSTER J, VAN PAASSEN L, et al. Microbial induced carbonate precipitation as ground improvement method-Bacterial fixation and empirical correlation $CaCO_3$ vs strength [M]. 2008: 37-41.

[46] VAN PAASSEN L A. Biogrout, ground improvement by microbial induced carbonate precipitation [D]. Netherlands: Delft University of Technology, 2009.

[47] VAN PAASSEN L A, VAN LOOSDRECHT M C M, PIERON M, et al. Strength and deformation of biologically cemented sandstone [J]. 2009.

[48] DURAISAMY Y, AIREY D. Strength and stiffness of bio-cemented liquefiable sand soil [C] // International Conference on Ground Improvement & Ground Control, 2012.

[49] CHOU C W, SEAGREN E A, AYDILEK A H, et al. Biocalcification of sand through ureolysis [J]. J Geotech Geoenviron Eng, 2011, 137 (12): 1179-1189.

[50] MONTOYA B M, DEJONG J T. Stress-strain behavior of sands cemented by microbially induced calcite precipitation [J]. J Geotech Geoenviron Eng, 2015, 141 (6): 04015019.

[51] VAN PAASSEN L A. Biogrout, ground improvement by microbial induced carbonate precipitation [D]. Netherlands: Delft University of Technology, 2009.

[52] IVANOV V, CHU J, STABNIKOV V. et al. Iron-based bio-grout for soil improvement and land reclamation [C] // Proceedings of the 2nd International Conference on Sustainable Construction Materials and Technologies, 2010.

[53] AL QABANY A, SOGA K. Effect of chemical treatment used in micp on engineering properties of cemented soils [J]. Géotechnique, 2013, 63 (4): 331.

[54] AL QABANY A, SOGA K, SANTAMARINA C. Factors affecting efficiency of microbially induced calcite precipitation [J]. J Geotech Geoenviron Eng, 2012, 138 (8): 992.

[55] YASUHARA H, HAYASHI K, OKAMURA M. Evolution in mechanical and hydraulic properties of calcite-cemented sand mediated by biocatalyst [C] // Geo-frontiers Congress, 2011.

[56] PRATT C, NEWMAN A, BOND P. Mineral oil biodegradation within a permeable pavement: long-term observations [J]. Water Science and Technology 1999, 39 (2): 109.

[57] DIERKES C, GOBLE P, BENZE W, WELLS J. Next generation water sensitive storm water management techniques. In: Melbourne Water, editor. Proceedings of the second national conference on water sensitive urban design, Brisbane, Australia, 2002 [C].

[58] SCHOLZ M, GRABOWIECKI P. Review of permeable pavement systems [J]. Building and Environment, 2007, 42 (11): 3830-3836.

[59] ANDERSEN C, FOSTER I, PRATT C. The role of urban surfaces (permeable pavements) in regulating drainage and evaporation: development of a laboratory simulation experiment. Hydrological Processes, 1999, 13 (4): 597-609.

[60] CHARLES W, SCHWARTZ, KEVIN D, HALL. Development of structural design guidelines for porous asphalt pavement: Transportation Research Board Annual Meeting, Washington, the United States, 2018 [C].

[61] 周小冬, 黄斌, 张大斌. 大粒径级配碎石在路网工程中的应用 [J]. 西部交通科技, 2017 (10): 27-30.

[62] 王志军. 多雨潮湿地区级配碎石应用研究 [D]. 北京: 北京交通大学, 2009.

[63] 李君. 高等级公路柔性基层（级配碎石）的研究 [D]. 大连: 大连理工大学, 2004.

[64] 涂帅. 基于颗粒间相互作用的高性能级配碎石基层结构与性能研究 [D]. 西安: 长安大学, 2013.

[65] 龚璐. 级配碎石基层级配设计及应用研究 [D]. 长沙: 长沙理工大学, 2008.

[66] 鲁华征. 级配碎石设计方法研究 [D]. 西安: 长安大学, 2006.

[67] 林有贵, 罗竞. 级配碎石基层的回弹模量及沥青路面设计弯沉的研究 [J]. 中南公路工程, 2001 (4): 9-11.

[68] LI H, JONES R, WU R, HARVEY J. Development and HVS Validation of Design Tables for Permeable Interlocking Concrete Pavement: Final Report. California [R]. UCPRC-RR-2014-04.

[69] 余丽. 城市道路透水性沥青路面结构研究 [D]. 长沙: 湖南大学, 2013.

[70] 赵亮. 城市透水铺装材料与结构设计研究 [D]. 西安: 长安大学, 2010.

[71] 鲁华征, 陈飞. 变k法间断级配碎石体积设计方法研究 [J]. 公路交通科技 (应用技术版), 2010, 6 (12): 190-192.

[72] 袁峻, 黄晓明. 级配碎石回弹变形特性 [J]. 长安大学学报 (自然科学版), 2007, 27 (6): 29-33.

[73] 刘星. 级配碎石的级配与模量研究 [D]. 西安: 长安大学, 2007.

[74] THOMPSON M, GOMEZ F, BEJARANO M. Illi-Pave Based Flexible Pavement Design Concepts for Multiple Wheel Heavy Gear Load Aircraft. Proceedings 9th International Conference on Asphalt Pavements. Copenhagen, Denmark. International Society of Asphalt Pavements, 2002 [C].

[75] VASSILIKOU F, et al. Application of Pervious Concrete for Sustainable Pavements: A Micro-Mechanical Investigation [C]. 2011.

[76] LI H. Pavement Materials for Heat Island Mitigation: Design and Management Strategies [M]. 2016.

[77] American Concrete Institute, Farmington Hills [S]. 2010.

[78] TANG S, et al. Experimental Study on Compressive Strength of Pervious Concrete [J]. Value Engineering, 2015.

[79] HUANG B, WU H, SHU X, et al. Laboratory evaluation of permeability and strength of polymer-modified pervious concrete [J]. Construction and Building Materials, 2010, 24 (5): 818-823.

[80] GHAFOORI N, DUTTA S. Development of No-Fines Concrete Pavement Applications [J]. Journal of Transportation Engineering, 1995, 121 (3): 283-288.

[81] HATANAKA S, MISHIMA N, Maegawa A, et al. Fundamental Study on Properties of Small Particle Size Porous Concrete [J]. Journal of Advanced Concrete Technology, 2014, 12 (1): 24-33.

[82] NEPTUNE A I, PUTMAN B J. Effect of aggregate size and gradation on pervious concrete mix-

tures [J]. Aci Materials Journal, 2010, 107 (6): 625-631.

[83] JIAN Z W, SUN Z P, WANG P M. Effects of Some Factors on Properties of Porous Pervious Concrete [J]. Journal of Building Materials, 2005.

[84] KEVERN J T. Pervious Concrete [M] // Climate Change, Energy, Sustainability and Pavements. Springer Berlin Heidelberg, 2014.

[85] ZHENG M L, et al. Analysis on the Influence Factors of Strength and Porosity Based on Orthogonal Experiment for Porous Concrete [J]. Highway, 2015.

[86] RAKI L, BEAUDOIN J, ALIZADEH R, et al. Cement and Concrete Nanoscience and Nanotechnology [J]. Materials, 2010, 3 (2): 918-942.

[87] SANCHEZ F, SOBOLEV K. Nanotechnology in concrete——a review. (Abstract) [J]. Construction & Building Materials, 2010, 24 (11): 2060-2071.

[88] MANN D A. The effects of utilizing silica fume in Portland cement pervious concrete [J]. Dissertations & Theses-Gradworks, 2014.

[89] YUE H, BIRD R N, Heidrich O. A review of the use of recycled solid waste materials in asphalt pavements [J]. Resources Conservation & Recycling, 2008, 52 (1): 58-73.

[90] CAI Z, BAGER D H, Christensen T H. Leaching from solid waste incineration ashes used in cement-treated base layers for pavements. [J]. Waste Management, 2004, 24 (6): 603-612.

[91] VIZCARRA G C, CASAGRANDE M D T, DA MOTTA L M G. Applicability of Municipal Solid Waste Incineration Ash on Base Layers of Pavements [J]. Journal of Materials in Civil Engineering, 2014, 26 (6): 06014005.

[92] AHMARUZZAMAN M. A review on the utilization of fly ash [J]. Progress in Energy and Combustion Science, 2010, 36 (3): 327-363.

[93] LIU G Y. Discussion on the Present Situation and Development Perspective of Comprehensive Utilization of Fly Ash [J]. Sci-Tech Information Development & Economy, 2010.

[94] 韩浩田, 刘霖艾, 袁鹏, 等. 纤维混凝土的应用与分类浅析 [J]. 四川建材, 2018, 44 (12): 18-20.

[95] 乔敏, 冉千平. 浅谈减水剂的市场前景与发展趋势 [J]. 新型建筑材料, 2018, 45 (03): 84-86.

[96] 何桥敏, 周丽. 不同钢纤维掺量及黏结剂对混凝土性能的影响 [J]. 中外公路, 2018, 38 (05): 267-270.

[97] ZAETANG Y, et al. Influence of mineral additives on the properties of pervious concrete [J]. Indian Journal of Engineering & Materials Sciences, 2017.

[98] MUHLFELD C C. A Fine-scale Assessment of Using Barriers to Conserve Native Stream Salmonids: A Case Study in Akokala Creek, Glacier National Park, USA [J]. The Open Fish Science Journal, 2012, 5 (1): 9-20.

[99] Energy utilization in Vermont agriculture. Part Ⅱ Final report [M]. 2019.

[100] Clar M. Pembroke Woods: Lessons Learned in the Design and Construction of an LID Subdivision: proceedings of the Watershed Management Conference [C]. 2005.

[101] Hursh C R. The Eastern Forester and His Watersheds [J]. Journal of Forestry Washington, 1946.

[102] KHIN M M L, SHAKER A, JOKSIMOVIC D, et al. The use of WorldView-2 satellite imagery to model urban drainage system with low impact development (LID) Techniques [J]. Geocarto International, 2016, 31 (1): 92-108.

[103] ICE G. History of Innovative Best Management Practice Development and its Role in Addressing Water Quality Limited Waterbodies [J]. Journal of Environmental Engineering, 2004, 130 (6): 684-689.

[104] KAYHANIAN M, GIVENS B, JONES D, et al. Hydraulic Performance of Fully Permeable Highway Shoulder for Storm Water Runoff Management [J]. Journal of Environmental Engineering, 2012, 138 (7): 711-722.

[105] BRATTEBO B O, BOOTH D B. Long-term stormwater quantity and quality performance of permeable pavement systems [J]. Water Research, 2003, 37 (18): 4369-4376.

[106] 车伍, 闫攀, 赵杨, 等. 国际现代雨洪管理体系的发展及剖析 [J]. 中国给水排水, 2014, 30 (18): 45-51.

[107] Environmental Protection Agency. Results of the National Urban Runoff Program Volume I—Final Report 84-185552 [M]. 1983.

[108] 张千千, 李向全, 王效科, 等. 城市路面降雨径流污染特征及源解析的研究进展 [J]. 生态环境学报, 2014, 23 (02): 352-358.

[109] MCINTYRE J K, et al. Confirmation of Stormwater Bioretention Treatment Effectiveness Using Molecular Indicators of Cardivoscular Toxicity in Developing Fish [J]. Environmental Science & Technology, 2016.

[110] MCINTYRE J K, EDMUNDS R C, ANULACION B F, et al. Severe Coal Tar Sealcoat Runoff Toxicity to Fish is Prevented by Bioretention Filtration [J]. Environ Sci Technol, 2016, 50 (3): 1570-1578.

[111] STENMARK C. An alternative road construction for stormwater management in cold climates [J]. Water Science & Technology, 1995.

[112] LEGRET M, COLANDINI V, LEMARC C. Effects of a porous pavement with reservoir structure on runoff water: water quality and fate of heavy metals [J]. Water Science and Technology, 1999.

[113] DEMPAEY B A, SWISHER D M. Evaluation of porous pavement and infiltration in Centre County, PA [J]. Journal of Biological Chemistry, 2014.

[114] BUTCHER JB. Build up, wash off, and event mean concentration [J]. Jawra Journal of the American Water Resources, 2010.

[115] DROSTE, RONALD L. First flush pollution load of urban stormwater runoff [J]. Journal of Environmental Engineering & Science, 2004.

[116] LEE J H, BANG K W, KETCHUM L H, et al. First flush analysis of urban storm runoff [J]. Sci Total Environ, 2002, 293 (1-3): 163-175.

[117] SHINYA M, TSURUHO K, KONISHI T, et al. Evaluation of factors influencing diffusion of pollutant loads in urban highway runoff [J]. Water science and technology : a journal of the International Association on Water Pollution Research, 2003, 47 (7-8): 227-232.

[118] GAN H, ZHUO M, LI D, et al. Quality characterization and impact assessment of highway runoff in urban and rural area of Guangzhou, China [J]. Environmental Monitoring and Assessment, 2008, 140 (1): 147-159.

[119] KAYHANIAN M, SUVERKROPP C, RUBY A, et al. Characterization and prediction of highway runoff constituent event mean concentration [J]. Journal of Environmental Management, 2007, 85 (2): 279-295.

[120] YUFEN R, XIAOKE W, ZHIYUN O, et al. Stormwater Runoff Quality from Different Sur-

faces in an Urban Catchment in Beijing, China [J]. Water Environment Research, 2008, 80 (8): 719-724.

[121] CRABTREE B, et al. Monitoring pollutants in highway runoff [J]. Water & Environment Journal, 2010.

[122] 陈莹, 赵剑强, 胡博. 西安市城市主干道路面径流污染特征研究 [J]. 中国环境科学, 2011, 31 (05): 781-788.

[123] 李贺, 张雪, 高海鹰, 等. 高速公路路面雨水径流污染特征分析 [J]. 中国环境科学, 2008 (11): 1037-1041.

[124] KIM L H, KAYHANIAN M, ZOH K D, et al. Modeling of highway stormwater runoff [J]. Sci Total Environ, 2005, 348 (1-3): 1-18.

[125] KARAMALEGOS A M, et al. Particle size distribution of highway runoff and modification through stormwater treatment [J]. Center for Research in Water Resources University of Texas at Austin, 2010.

[126] BUCHBERGER S G, SANSALONE J J. Partitioning and First Flush of Metals in Urban Roadway Storm Water [J]. Journal of Environmental Engineering, 1997, 123 (2): 134-143.

[127] BRATTEBO B O, BOOTH D B. Long-term stormwater quantity and quality performance of permeable pavement systems [J]. Water Res, 2003, 37 (18): 4369-4376.

[128] ALAN BIDELSPACH D, ZACHARY BEAN E, FREDERICK HUNT W. Evaluation of Four Permeable Pavement Sites in Eastern North Carolina for Runoff Reduction and Water Quality Impacts [J]. Journal of Irrigation and Drainage Engineering, 2007, 133 (6): 583-592.

[129] REVITT D M, SCHOLES L, ELLIS J B. A pollutant removal prediction tool for stormwater derived diffuse pollution [J]. Water science and technology: a journal of the International Association on Water Pollution Research, 2008, 57 (8): 1257-1264.

[130] NIU Z G, LV Z W, ZHANG Y, et al. Stormwater infiltration and surface runoff pollution reduction performance of permeable pavement layers [J]. Environ Sci Pollut Res Int, 2016, 23 (3): 2576-2587.

[131] PARK S B, et al. A study on the seawater purification characteristics of water-permcanle concrete using recycled aggregate [J]. Conservation and Recycling, 2010.

[132] 冯萃敏, 米楠, 王晓彤, 等. 基于雨型的南方城市道路雨水径流污染物分析 [J]. 生态环境学报, 2015, 24 (03): 418-426.

[133] 张琼华, 王倩, 王晓昌, 等. 典型城市道路雨水径流污染解析和利用标准探讨 [J]. 环境工程学报, 2016, 10 (07): 3451-3456.

[134] 许国东, 高建明, 吕锡武. 多孔混凝土水质净化性能 [J]. 东南大学学报（自然科学版）, 2007 (03): 504-507.

[135] 汪鸿山. 透水性路面净化层去污效果评价 [D]. 哈尔滨: 哈尔滨工业大学, 2010.

[136] 崔珍珍. 透水路面结构层雨水入渗与水质净化性能及机理研究 [D]. 天津: 天津大学, 2014.

[137] 刘聘. 具有水质净化功能的多孔质生态混凝土试验研究 [D]. 镇江: 江苏大学, 2015.

[138] CHEN M, LIU Y. NO_x removal from vehicle emissions by functionality surface of asphalt road [J]. Journal of hazardous materials, 2010, 174 (1-3): 375-379.

[139] STRINI A, CASSESE S, SCHIAVI L. Measurement of benzene, toluene, ethylbenzene and o-xylene gas phase photodegradation by titanium dioxide dispersed in cementitious materials using a mixed flow reactor [J]. Applied Catalysis B, Environmental, 2005, 61 (1): 90-97.

[140] CHO I, KIM Y, YANG J, et al. Solar-chemical treatment of groundwater contaminated with

petroleum at gas station sites: ex situ remediation using solar/TiO (2) photocatalysis and Solar Photo-Fenton [J]. Journal of environmental science and health. Part A, Toxic/hazardous substances & environmental engineering, 2006, 41 (3): 457.

[141] 陈爱平, 卢冠忠, 杨阳, 等. TiO_2/膨胀珍珠岩漂浮光催化剂的成膜和浮油降解机理 [J]. 华东理工大学学报, 2004 (01): 57-60.

[142] 吴育飞, 胡瑞省. 纳米二氧化钛粉体的制备及光催化活性的研究 [J]. 河北化工, 2002 (06): 37-39.

[143] BOLT J R, ZHUGE Y, BULLEN F. The impact of photocatalytic on degradation of poly aromatic hydrocarbons through permeable concrete [J]. Advanced Materials Research, 2014.

[144] DEL MONTE M, AUSSET P, FORTI P, et al. Air pollution records on selenite in the urban environment [J]. Atmospheric Environment, 2001, 35 (22): 3885-3896.

[145] LIN W, PARK D, RYU S W, et al. Development of permeability test method for porous concrete block pavement materials considering clogging [J]. Construction and Building Materials, 2016, 118: 20-26.

[146] 张娜. 透水混凝土堵塞机理试验研究 [D]. 济南: 山东大学, 2014.

[147] GRUBEŠA I N, BARIŠIĆ I, DUCMAN V, et al. Draining capability of single-sized pervious concrete [J]. Construction and Building Materials, 2018, 169: 252-260.

[148] 赵晓亮, 杨雅萍. 海绵城市思维下透水路面空隙特性研究 [J]. 公路交通科技（应用技术版）, 2016.

[149] LI H, HARVEY J, JONES D. Cooling effect of permeable asphalt pavement under dry and wet conditions [J]. Transportation Research Record, 2013 (2372): 97-107.

[150] LI H, HARVEY J T, HOLLAND T J, et al. The use of reflective and permeable pavements as a potential practice for heat island mitigation and stormwater management [J]. Environmental Research Letters, 2013, 8 (1): 15023.

[151] JEFFREY J. STEMPIHAR T P K E, POURSHAMSMANZOURI T, KALOUSH K E, et al. Porous asphalt pavement temperature effects for urban heat island analysis [M]. 2012.

[152] LI H, HARVEY J, KENDALL A. Field measurement of albedo for different land cover materials and effects on thermal performance [J]. Building & Environment, 2013, 59 (Supplement S3): 536-546.

[153] MALLICK R B, MOGAWER W S, POULIKAKOS L D, et al. NCHRP Report 640: Construction and maintenance practices for permeable friction courses [J]. Worcester Polytechnic Institute, 2009.

[154] KEAFOTT P, BARRETT M, MALINA J. Stormwater quality documentation of roadside shoulders borrow ditches [R]. Univ. Texas Austin Online Rep., 2005.

[155] 基于低碳视角的透水慢行系统结构生态效果评价 [J]. 公路交通科技, 2015, 32 (4): 40-44.

[156] MASAD E, JANDHYALA V K, DASGUPTA N, et al. Characterization of air void distribution in asphalt mixes using X-ray computed tomography [J]. Journal of Materials in Civil Engineering, 2002, 14 (2): 122-129.

[157] MITCHELL D, MASAD E, CASTELBLANCO A, et al. Effects of air void size distribution, pore pressure, and bond energy on moisture damage [J]. Journal of Testing & Evaluation, 2005, 34 (1): 15-23.

[158] MASAD E, BUTTON J. Implications of experimental measurements and analyses of the internal structure of hot-mix asphalt [J]. Transportation Research Record, 2004, 1891 (1): 212-220.

[159] CONG P, CHEN S, CHEN H. Effects of diatomite on the properties of asphalt binder [J]. Con-

struction & Building Materials, 2012, 30 (none): 495-499.

[160] FAHEEM A F, WEN H, STEPHENSON L, et al. Effect of mineral filler on damage resistance characteristics of asphalt binders (with discussion) [J]. Journal of the Association of Asphalt Paving Technologists, 2008, 77.

[161] ZHANG H, LI H, ZHANG Y, et al. Performance enhancement of porous asphalt pavement using red mud as alternative filler [J]. Construction and Building Materials, 2018, 160: 707-713.

[162] XU G, SHI X. Characteristics and applications of fly ash as a sustainable construction material: A state-of-the-art review [J]. Resources, Conservation and Recycling, 2018, 136: 95-109.

[163] KUMAR A, KUMAR S. Development of paving blocks from synergistic use of red mud and fly ash using geopolymerization [J]. Construction and Building Materials, 2013, 38 (2): 865-871.

[164] GUPTA V K, GUPTA M, SHARMA S. Process development for the removal of lead and chromium from aqueous solutions using red mud—an aluminium industry waste [J]. Water Research, 2001, 35 (5): 1125-1134.

[165] CANESTRARI F, VIRGILI A, GRAZIANI A, et al. Modeling and assessment of self-healing and thixotropy properties for modified binders [J]. International Journal of Fatigue, 2015, 70: 351-360.

[166] CHUNG K, LEE S, PARK M, et al. Preparation and characterization of microcapsule-containing self-healing asphalt [J]. Journal of Industrial and Engineering Chemistry, 2015: S1226086X-S15001409X.

[167] LV Q, HUANG W, ZHU X, et al. On the investigation of self-healing behavior of bitumen and its influencing factors [J]. Materials & Design, 2017, 117 (Complete): 7-17.

[168] MAZZONI G, STIMILLI A, CANESTRARI F. Self-healing capability and thixotropy of bituminous mastics [J]. International Journal of Fatigue, 2016, 92: 8-17.

[169] SUN D, LIN T, ZHU X, et al. Indices for self-healing performance assessments based on molecular dynamics simulation of asphalt binders [J]. Computational Materials Science, 2016, 114: 86-93.

[170] BRESSI S, GILLES D A, PARTL M. An advanced methodology for the mix design optimization of hot mix asphalt [J]. Materials & Design, 2016, 98: 174-185.

[171] CONG L, SWIERTZ D, BAHIA H. Mix design factors to reduce noise in hot-mix asphalt [J]. Transportation Research Record Journal of the Transportation Research Board, 2013, 2372 (-1): 17-24.

[172] Sangyum Lee, Cheolmin Baek, PARK J J. Performance-based mix design of unmodified and lime-modified hot mix asphalt [J]. Canadian Journal of Civil Engineering, 2012, 39 (7): 824-833.

[173] ROBERTS F L, MOHAMMAD L N, WANG L B. History of hot mix asphalt mixture design in the united states [J]. Journal of Materials in Civil Engineering, 2002, 14 (4): 279-293.

[174] CHATURABONG P, BAHIA H U. Effect of moisture on the cohesion of asphalt mastics and bonding with surface of aggregates [J]. Road Materials and Pavement Design, 2016: 1-13.

[175] D ANGELO J, DONGRÉ R. Practical use of multiple stress creep and recovery test [J]. Transportation Research Record: Journal of the Transportation Research Board, 2009, 2126: 73-82.

[176] ROSSMAN L A. Storm water management model user's manual, version 5.0 [M]. National Risk Management Research Laboratory, Office of Research and Development, 2010.

[177] 朱浩然, 于明明, 吴华菓. 基于暴雨洪水管理模型的透水铺装结构对城市雨洪的影响模拟研究 [J]. 公路, 2019, 64 (01): 65-72.

[178] 胡爱兵, 任心欣, 裴古中. 采用SWMM模拟LID市政道路的雨洪控制效果 [J]. 中国给水排水, 2015, 31 (23): 130-133.

[179] ZHANG K, CHUI T F M, YANG Y. Simulating the hydrological performance of low impact de-

velopment in shallow groundwater via a modified SWMM [J]. Journal of Hydrology, 2018, 566: 313-331.

[180] KONG F, BAN Y, YIN H, et al. Modeling stormwater management at the city district level in response to changes in land use and low impact development [J]. Environmental Modelling and Software, 2017, 95: 132-142.

[181] QIN H, LI Z, FU G. The effects of low impact development on urban flooding under different rainfall characteristics [J]. Journal of environmental management, 2013, 129: 577-585.

[182] PALLA A, GNECCO I. Hydrologic modeling of low impact development systems at the urban catchment scale [J]. Journal of Hydrology, 2015, 528: 361-368.

[183] PALLA A, GNECCO I, CARBONE M, et al. Influence of stratigraphy and slope on the drainage capacity of permeable pavements: laboratory results [J]. Urban Water Journal, 2015, 12 (5): 394-403.

[184] LI Q, WANG F, YU Y, et al. Comprehensive performance evaluation of LID practices for the sponge city construction: A case study in guangxi, china [J]. Journal of environmental management, 2019, 231: 10-20.

[185] 胡伦坚.《透水沥青路面技术规程》(CJJ/T190—2012) 研究与编制 [J]. 建筑技术, 2013, 44 (06): 546-549.

[186] PRATT C J, MANTLE J D G, SCHOFIELD P A. UK research into the performance of permeable pavement, reservoir structures in controlling stormwater discharge quantity and quality [J]. Water Science and Technology, 1995, 32 (1): 63-69.

[187] DRAKE J, BRADFORD A. Assessing the potential for rehabilitation of surface permeability using regenerative air and vacuum sweeping trucks [J]. CHI Monograph, 2011.

[188] ABBOTT C L, COMINO MATEOS L. In‐situ hydraulic performance of a permeable pavement sustainable urban drainage system [J]. Water and Environment Journal, 2003, 17 (3): 187-190.

[189] NAPA. Porous asphalt pavement design construction and maintenance [S]. 2008.

[190] ACPA. Stormwater management with pervious concrete pavement [S]. 2006.

[191] SMITH D R. Permeable interlocking concrete pavement [G]. Third Edition. 2006.

[192] BEAN E Z, HUNT W, F. N. Permeable pavement research summary [Z]. Department of Biological and Agricultural Engineering, 2005.

[193] SCHOLES L, REVITT D M, ELLIS J B. Predicting the pollutant removal potentials of sustainable drainage systems: third national conference on sustainable drainage [C]. 2005.

[194] AASHTO. Guide for design of on pavement structures [S]. 1993.

[195] 季长玲, 张华丽. 沥青路面力学-经验设计方法 (MEPDG) 简介 [J]. 公路交通科技 (应用技术版), 2016, 12 (10): 119-121.

[196] JONES D, HARVEY J, LI H, et al. Laboratory testing and modeling for structural performance of fully permeable pavements: Final Report [R]. 2010.

[197] LI H, JONES D, HARVEY J. Development of mechanistic-empirical design procedure for fully permeable pavement under heavy traffic [J]. Transportation Research Record: Journal of the Transportation Research Board, 2012, 2305 (1): 83-94.

[198] ROSE L S, AKBARI H, TAHA H. Characterizing the fabric of the urban environment: A case study of Greater Houston, Texas [R]. Office of Scientific & Technical Information Technical Reports, 2003.

[199] AKBARI H, ROSE L S. Characterizing the fabric of the urban environment: A case study of

Metropolitan Chicago, Illinois and Executive Summary [R]. Lawrence Berkeley National Laboratory, 2001.

[200] 张鑫. 沥青路面热反射与热阻技术降温机理与应用研究 [D]. 哈尔滨：哈尔滨工业大学, 2011.

[201] AKBARI H, MATTHEWS H D. Global cooling updates: Reflective roofs and pavements [J]. Energy & Buildings, 2012, 55: 2-6.

[202] POMERANTZ M, AKBARI H, CHEN A, et al. Paving materials for heat island mitigation [J]. Proceedings of the 1998 ACEEE Summer Study on Energy Efficiency in Buildings 9: 135, Berkeley, California, 1997.

[203] MOHAJERANI A, BAKARIC J, JEFFREY-BAILEY T, et al. The Urban Heat Island Effect, its Causes, and Mitigation, with Reference to the Thermal Properties of Asphalt Concrete [J]. Journal of Environmental Management, 2017, 197: 522-538.

[204] SANTAMOURIS M. Using cool pavements as a mitigation strategy to fight urban heat island—A review of the actual developments [J]. Renewable & Sustainable Energy Reviews, 2013, 26 (10): 224-240.

[205] TSELIOU A, TSIROS I X, LYKOUDIS S, et al. An evaluation of three biometeorological indices for human thermal comfort in urban outdoor areas under real climatic conditions [J]. Building & Environment, 2010, 45 (5): 1346-1352.

[206] LI H, HE Y, HARVEY J. Human Thermal Comfort: Modeling the Impact from Different Cool Pavement Strategies [C]: Transportation Research Board 95th Annual Meeting, Washington DC, United States, 2016. January, 10-14.

[207] DU Y, ZHENG H, CHEN J, et al. A novel strategy of inducing solar absorption and accelerating heat release for cooling asphalt pavement [J]. Solar Energy, 2018, 159: 125-133.

[208] JI X, ZHENG N, NIU S, et al. Development of a rutting prediction model for asphalt pavements with the use of an accelerated loading facility [J]. Road Materials & Pavement Design, 2016, 17 (1): 15-31.

[209] KINOUCHI T, YOSHINAKA T, FUKAE N, et al. Development of cool pavement with dark colored high albedo coating [C]: 5th Symposium on the Urban Environment, Vancouver, BC, 2004.

[210] POMERANTZ M, AKBARI H, CHANG S C, et al. Examples of cooler reflective streets for urban heat-island mitigation: Portland cement concrete and chip seals [R]. Berkeley, California, 2003.

[211] LI H, HARVEY J T, HOLLAND T J, et al. The use of reflective and permeable pavements as a potential practice for heat island mitigation and stormwater management [J]. Environmental Research Letters, 2013, 8 (1): 3865-3879.

[212] 曹雪娟, 李瑞娇, 杨晓宇. 路用环氧类热反射涂料的研制及性能评价 [J]. 化工新型材料, 2016 (12): 140-143.

[213] 冯德成, 张鑫. 热反射涂层开发及路用性能观测研究 [J]. 公路交通科技, 2010, 27 (10): 17-20.

[214] 曹雪娟, 唐伯明, 朱洪洲. 降低沥青路面温度的热反射涂层性能研究 [J]. 重庆交通大学学报（自然科学版）, 2010, 29 (3): 391-393.

[215] 罗婷倚, 曹雪娟, 朱洪洲, 等. 含氟丙烯酸酯热反射涂料制备与降温性能研究 [J]. 武汉理工大学学报, 2012, 34 (12): 41-46.

[216] 曹雪娟，刘攀，罗婷倚，等. 含氟乳液的制备及其热反射涂料的性能评价 [J]. 科学技术与工程，2016，16（26）：264-269.

[217] MALLICK R B，SINGH D，VEERARAGAVAN A. Extension of Asphalt Pavement Life by Reduction of Temperature [J]. Transportation in Developing Economies，2016，2（1）.

[218] XIE N，LI H，ABDELHADY A，et al. Laboratory investigation on optical and thermal properties of cool pavement nano-coatings for urban heat island mitigation [J]. Building and Environment，2019，147：231-240.

[219] 孙威. 沥青路面热反射水性涂层材料制备与性能研究 [D]. 南京：东南大学，2016.

[220] 刘杰，李翔，魏刚. 水性太阳热反射隔热涂料的研究 [J]. 北京化工大学学报（自然科学版），2009，36（1）：44-49.

[221] QIN Y. A review on the development of cool pavements to mitigate urban heat island effect [J]. Renewable & Sustainable Energy Reviews，2015，52：445-459.

[222] WAN W C，HIEN W N，TAN P P，et al. A Study on the Effectiveness of Heat Mitigating Pavement Coatings in Singapore [C]：2nd International Conference on Countermeasures to Urban Heat Islands，Berkeley，California，2009. September 19-23.

[223] 王丽琛. 沥青路面红外反射涂层的增强机理研究 [D]. 南京：东南大学，2017.

[224] DIVONE L V，ROSENFELD A H，JR F E W. Improving Energy Efficiency in Buildings [C] // Intelligent Data Engineering & Automated Learning-ideal，International Conference，Burgos，Spain，September，1980.

[225] HÄKKINEN T，MÄKELÄ K. Environmental adaption of concrete. Environmental impact of concrete and asphalt pavements [C] //Pavements". VTT Research Notes 1752，Technical Research Centre of，1996.

[226] HORVATH A，HENDRICKSON C. Comparison of Environmental Implications of Asphalt and Steel-Reinforced Concrete Pavements [J]. Transportation Research Record Journal of the Transportation Research Board，1998，1626（1）：105-113.

[227] 方福森. 水泥混凝土路面与沥青混凝土路面的经济与能耗分析 [J]. 交通科学与工程，1988.

[228] 张中奎. 再生沥青路面的工效和能耗定额分析 [J]. 西南公路，1995（1）：21-22.

[229] 韩存玉. 高速公路水泥路面与沥青路面经济学比较 [J]. 黑龙江交通科技，2007，30（7）：125-126.

[230] 易守春，高彦芝，胡小圆. 温拌和半温拌沥青混合料的能耗计算和环境评价（编译）[J]. 石油沥青，2009，23（5）：68-71.

[231] 唐忠平，宋远慧. 低能耗温拌沥青混凝土施工技术在高寒地区路面工程中的应用 [J]. 路基工程，2011，2011（5）：159-162.

[232] 朱青青. 路面工程 LCCA 项目级模型及应用 [D]. 2010.

[233] STANDARDIZATION I O F. ISO 14040 Environmental Management-Life Cycle Assessment-Principles and Framework [S]. Geneva，Switzerland：2006.

[234] US EPA O O A，DIVISION S. MOVES（Motor Vehicle Emission Simulator）[J]. United States Environmental Protection Agency，2013.

[235] WANG T，HARVEY J T，JONES D. A Framework for Life-Cycle Cost Analyses and Environmental Life-Cycle Assessments for Permeable Pavements [J]. University of California Pavement Research Center Technical Memorandum，2010.

[236] LEVINSON R. Life-cycle assessment and co-benefits of cool pavements [J]. California Air Resources Board，2017.

[237] YU B, LU Q. Life cycle assessment of pavement: Methodology and case study [J]. Transportation Research Part D, 2012, 17 (5): 380-388.

[238] LAGERBLAD B. Carbon dioxide uptake during concrete life cycle-state of the art [R]. Stockholm, Sweden: Swedish Cement and Concrete Research Institute, CBI, 2006.

[239] Ⅲ J W, SMITH M. Life-Cycle Cost Analysis in Pavement Design [J]. Monte Carlo Method, 1999.

[240] DELWAR M, PAPAGIANNAKIS A T. Relative Importance of User and Agency Costs in Pavement LCCA [C] //International Conference on Managing Pavements, 2001.

[241] MARGNI M, CURRAN M A. Life Cycle Impact Assessment [M]. 2012.

[242] VANDAM T J, HARVEY J T, MUENCH S T. Towards Sustainable Pavement Systems: A Reference Document [R]. Federal Highway Administration, 2015.

[243] 维基百科. 不确定性分析 [EB/OL]. [2018.5.19]. http://wiki.mbalib.com/wiki/%E4%B8%8D%E7%A1%AE%E5%AE%9A%E6%80%A7%E5%88%86%E6%9E%90.

[244] HUANG Y, BIRD R, BELL M. A comparative study of the emissions by road maintenance works and the disrupted traffic using life cycle assessment and micro-simulation [J]. Transportation Research Part D Transport & Environment, 2009, 14 (3): 197-204.

[245] HUANG J, VALEO C, HE J, et al. The Influence of Design Parameters on Stormwater Pollutant Removal in Permeable Pavements [J]. Water Air & Soil Pollution, 2016, 227 (9): 311.